Stefan Bruno Werling

**Deflektometrie zur automatischen Sichtprüfung
und Rekonstruktion spiegelnder Oberflächen**

Schriftenreihe Automatische Sichtprüfung und Bildverarbeitung
Band 3
Herausgeber: Prof. Dr.-Ing. Jürgen Beyerer

Lehrstuhl für Interaktive Echtzeitsysteme
am Karlsruher Institut für Technologie

Fraunhofer-Institut für Optronik, Systemtechnik
und Bildauswertung IOSB

Deflektometrie zur automatischen Sichtprüfung und Rekonstruktion spiegelnder Oberflächen

von
Stefan Bruno Werling

Dissertation, Karlsruher Institut für Technologie
Fakultät für Informatik
Tag der mündlichen Prüfung: 21. Januar 2011

Impressum

Karlsruher Institut für Technologie (KIT)
KIT Scientific Publishing
Straße am Forum 2
D-76131 Karlsruhe
www.ksp.kit.edu

KIT – Universität des Landes Baden-Württemberg und nationales
Forschungszentrum in der Helmholtz-Gemeinschaft

Diese Veröffentlichung ist im Internet unter folgender Creative Commons-Lizenz
publiziert: http://creativecommons.org/licenses/by-nc-nd/3.0/de/

KIT Scientific Publishing 2011
Print on Demand

ISSN: 1866-5934
ISBN: 978-3-86644-687-8

Meiner Familie gewidmet

Vorwort

Die vorliegende Dissertation entstand während meiner Tätigkeit als wissenschaftlicher Mitarbeiter am Lehrstuhl für Interaktive Echtzeitsysteme der Fakultät für Informatik des Karlsruher Instituts für Technologie.

Mein besonderer Dank gilt Herrn Prof. Dr.-Ing. Jürgen Beyerer für die stetige Anteilnahme an der vorliegenden Arbeit und die Förderung durch Anregungen und Diskussion.

Herrn Prof. Dr.-Ing. Fernando Puente León gilt mein Dank für die freundliche Übernahme des Korreferats und sein Interesse an dieser Arbeit.

Danken möchte ich Herrn Dr. Jonathan Balzer für die vertiefenden Diskussionen über die Deflektometrie. Auch gilt mein Dank den Kollegen des Lehrstuhls für Interaktive Echtzeitsysteme für die freundschaftliche und anregende Arbeitsatmosphäre.

Nicht zuletzt geht mein Dank an meine studentischen Hilfskräfte, Studien- und Diplomarbeiter deren Einsatz mit zum Gelingen dieser Arbeit beigetragen hat.

Hatzenbühl, den 19. März 2011   Stefan Bruno Werling

Kurzfassung

Die Inspektion spiegelnder Oberflächen unterscheidet sich signifikant von der Prüfung diffuser Flächen, da die Objekte nur aufgrund ihrer Spiegelbilder einem Beobachter zugänglich sind. Hier setzen die deflektometrischen Methoden zur Gewinnung von Gestaltinformationen über spiegelnde Oberflächen an. Durch Beobachtung von a priori bekannten Mustern lassen sich bei Hinzunahme von Zusatzwissen Spiegelflächen qualitativ und quantitativ prüfen. In der vorliegenden Arbeit wird eine systematische Einführung in die Deflektometrie gegeben. Anschließend wird eine robotergeführtes Sensorsystem zur automatischen Sichtprüfung von spiegelnden Flächen ausführlich beschrieben. Zur qualitativen Inspektion werden das Konzept der inversen Muster sowie verschiedene Strategien zur Auswertung der deflektometrischen Registrierung präsentiert. Zur Rekonstruktion spiegelnder Flächen wird ein neuartiger Algorithmus dargelegt. Große und/oder komplex geformte Objekte können mit dem beschriebenen Sensorsystem geprüft und rekonstruiert werden. Damit stehen für alle industrierelevanten Sichtprüfaufgaben Methoden zum Einsatz auf einem kompakten Sensorsystem bereit. Das diesen Methoden zugrunde liegende deflektometrischen Normalenfeld enthält das vollständige, über eine visuelle Beobachtung zugängliche Wissen über eine spiegelnde Oberfläche.

Schlagworte: Deflektometrie – spiegelnde Oberflächen – Sichtprüfung – Oberflächenrekonstruktion – Normalenfelder – Sensorkopf

Abstract

The inspection of specular surfaces differs significantly from the case of non-specular surfaces. In contrast to the non-specular case, the appearance of a specular surface is dominated by the reflections of the environment that are visible in it. The transfer of this principle into automated visual inspection is called deflectometry. The main principle of deflectometric surface acquisition is to use a highly controllable environment, where a screen on which a well-defined pattern is presented is observed via the specular reflecting surface. Knowing that pattern, it is possible to inspect the surface qualitatively and—at least with certain additional knowledge—to reconstruct the surface under test.

After presenting the theoretical background of deflectometry, the qualitative and quantitative evaluation of the deflectometric observation are described in detail. Thereby a new iterative reconstruction scheme is introduced. It is shown that an inspection of specular and partially specular objects is feasible in an industrially applicable inspection system. For complexly formed and/or large objects, a robot based inspection setup is proposed and modelled in detail.

Keywords: deflectometry – specular surfaces – visual inspection – surface reconstruction – normal fields – sensor head

Inhaltsverzeichnis

Symbolverzeichnis

a	Vektor senkrecht auf $\hat{n}_S$ und koplanar zu s und s_r
A_{Cam}	Bildaufnehmender Bereich des Kamerasensors
a_{lin}	Linearisiertes Tangentenfeld a
b	Vektor $b = \hat{n}_S \times a$
b_{lin}	Linearisiertes Tangentenfeld b
$d(\cdot, \cdot)$	Abstand zweier Funktionen
d'_L	Abstand der virtuellen Monitorebene vom Kameraursprung
δ_{Cam}	Abstand der Kamerapixel
D_{defekt}	Defektdurchmesser
$\mathrm{diam}(M)$	Maximaler Durchmesser von M.
d_{LS}	Mittlere Entfernung des Monitors zur Prüffläche
δ_{Mon}	Abstand der Monitorpixel
$\partial\Omega_{xy}$	Rand von Ω_{xy}
$D_{reg,x}$	Defektproportionale Monitor-Spaltendifferenz
$D_{reg,y}$	Defektproportionale Monitor-Zeilendifferenz
d_S	Kamera-Objekt Abstand
$d_{Spiegel}$	Abstand der Spiegelebene vom Kameraursprung
$D_{\hat{v}}(\hat{n}_m)$	Vektorgradient des Normalenfeldes $\hat{n}_m$ in Richtung $\hat{v}$
$\mathcal{E}$	Elektrische Feldstärke
E_e	Bestrahlungsstärke
EL	Eintrittsluke
EL_{max}	Maximale Eintrittsluke
E_{Mon}	Schirmbelegungsenergie
$\hat{e}_{zc}$	Einheitsvektor in Richtung der z-Achse des Kamerasystems
f_B	Bildweite
FB	Feldblende
f_{Cam}	Brennweite des Objektivs
$f_h(x)$	Näherungslösung einer Differentialgleichung
f_j	Elemente des Lösungsvektors einer diskreten Näherung

f^λ	Element aus der Lösungsschar des deflektometrischen Rekonstruktionsproblems
g	Grauwertbild der Kamera
γ_r	Winkel zwischen Beobachtungsrichtung und der Richtung der direkten spiegelnden Reflexion
$\mathbf{H}$	Hessematrix
$\mathcal{H}$	Magnetische Feldstärke
$\mathbf{H}_{\text{Mon}}$	Homogene Transformationsmatrix Monitor- nach Kamerakoordinaten
$h^{(r)}$	Elementdurchmesser des Elementes r einer Triangulierung
$\mathbf{H}_{\text{S}}$	Householdermatrix
$\mathbf{H}_{\text{World}}$	Homogene Transformationsmatrix Welt- nach Kamerakoordinaten
$\mathcal{I}_{\text{CamCols}}$	Indexmenge der Spalten des Kamerasensors
i_{CamRow}	Zeilenindex des Kamerasensors
$\mathcal{I}_{\text{CamRows}}$	Indexmenge der Zeilen des Kamerasensors
II_{s}	Zweite Fundamentalform
I_{s}	Erste Fundamentalform
j_{CamCol}	Spaltenindex des Kamerasensors
$\mathbf{J}_{\text{n}}(\hat{n}_{\text{m}})$	Jacobi-Matrix des Normalenfeldes $\hat{n}_{\text{m}}$
K	Geometrische Konfiguration
$\mathfrak{K}$	Geometrischer Konfigurationsraum
K_{G}	Gauß-Krümmung
k_{L}	Lipschitz-Konstante
K_{M}	Mittlere Krümmung
κ_{max}	Maximale Hauptkrümmung
κ_{min}	Minimale Hauptkrümmung
K_{opt}	Optimale geometrische Konfiguration
$\kappa_{x,\lambda}$	Hauptnormalenkrümmung in x-Richtung für die Lösungsfläche f^λ
l	Deflektometrische Messung
$\mathcal{L}$	Lösungsmannigfaltigkeit des deflektometrischen Rekonstruktionsproblems
L_{e}	Strahldichte der einfallenden Strahlung
L_{height}	Höhe des Monitors
l_{r}	Deflektometrische Registrierung
L_{r}	Strahldichte der reflektierten Strahlung

$l_{r,cols}$	Abbildung Kamerapixel zu Monitor-Spalten
$L_{r,diffus}$	Diffuse Strahldichte bei der Lambertschen Reflexion
$l_{r,rows}$	Abbildung Kamerapixel zu Monitor-Zeilen
L_{width}	Breite des Monitors
m	Auf dem Monitor dargestelltes Muster
$\tilde{m}$	Inverses Muster
m_j	Intensitätswert des Musters am Monitorpixel j
$M_{\hat{s}}$	Menge der Sichtstrahlrichtungen
$\hat{n}'_L$	Normalenvektor der virtuellen Monitorebene
N_{Cam}	Anzahl der Pixel der Kamera
$N_{CamCols}$	Anzahl der Spalten des Kamerasensors
$N_{CamRows}$	Anzahl der Zeilen des Kamerasensors
N_λ^i	Anzahl der Perioden eines Musters beim mehrstufigen Phasenschiebeverfahren auf der Stufe i
N_{Mon}	Anzahl der Pixel des Monitors
$\hat{n}_m$	Deflektometrisches Normalenfeld
$\hat{n}_{mc}$	Deflektometrisches Normalenfeld in Kamerakoordinaten
$\hat{n}_{m,lin}$	Durch Modellannahme linearisiertes Normalenfeld
N_{Pos}	Anzahl der Prüfpositionen bei der Kalibrierung
n_{refrac}	Brechzahl
N_{shift}	Anzahl der Phasenverschiebungen
$\hat{n}_{Spiegel}$	Normalenvektor der Spiegelebene
N_{Stereo}	Anzahl der Messkonstellationen bei der Multistereo-Bestimmung der Normalendisparitäten
O	Ursprung Weltkoordinatensystem
Ω	Sichtbereich der Kamera, Koordinatensystem kontextabhängig
O_B	Ursprung Bildkoordinatensystem
O_C	Ursprung Kamerakoordinatensystem
Ω_c	Sichtbereich der Kamera in Kamerakoordinaten
P	Phänomenologische Systemmatrix **P** des Systems Monitor-Oberfläche-Kamera
P_B	Punkt in der Bildebene π_B
φ_e	Azimuth der einfallenden Strahlung
φ_r	Azimuth der reflektierten Strahlung
$\pi'_{L,k}$	Virtuelle Monitorebene für die Kalibrierposition k
π_B	Bildebene

$p_{i,j}$	Element der phänomenologischen Systemmatrix $\mathbf{P}$; Beitrag des Intensitätswerts am Monitorpixel j zum Grauwert g_i des Kamerapixels i
π_L	Monitorebene
π_L'	Virtuelle Monitorebene
$\pi_{L,k}$	Spiegelbild der virtuellen Monitorebene $\pi_{L,k}'$ für die Kalibrierposition k, d. h. mögliche Lage der Monitorebene π_L
π_S	Ebene des Kalibrierspiegels
P_L	Punkt in der Monitorebene
P_L'	Virtueller Monitorpunkt
P_P	Hauptpunkt, Schnittpunkt der optischen Kameraachse mit der Bildebene π_B
P_S	Punkt auf der Oberfläche S
ψ	Eikonal
$P[\hat{s}]$	Menge der Punkte auf dem Sichtstrahl in Richtung $\hat{s}$
q	Projiziertes Normalenfeld
q_{lin}	Linearisiertes projiziertes Normalenfeld
$\mathbf{R}$	Rotationsmatrix
ρ_{brdf}	Bidirektionale Reflektanzverteilungsfunktion
ρ_{BRDF}	Bidirektionale Reflektanzverteilungsfunktion (integrale Form)
$\rho_{\lambda,BRDF}$	Spektrale Bidirektionale Reflektanzverteilungsfunktion
$\mathbf{R}_{Cam}$	Rotationsmatrix, Spaltenvektoren sind Basisvektoren des Kamerasystems in Weltkoordinaten
ρ_{diffus}	BRDF im Falle der Lambertschen Reflexion
$R_{E,0}$	Konstante im Reflexionsmodell nach Phong
R_{ER}	Reflexionsgrad einer rauen Oberfläche
R_q	Mittlerere quadratische Oberflächenrauheit
$\rho_{spiegelnd}$	BRDF für spiegelnde Oberflächen
s	Sichtstrahl
$SO(3)$	Drehgruppe (spezielle orthogonale Gruppe) im dreidimensionalen Raum
S_P	Inspektionsbereich auf S für eine Prüfkonstellation
s_{PL}	Kamerasichtstrahl zum Punkt P_L
s_r	Reflektierter Sichtstrahl
S^2	Einheitssphäre

t	Translationsvektor
t_{Cam}	Ursprung des Kamerasystems in Weltkoordinaten
θ_e	Polwinkel der einfallenden Strahlung
θ_r	Polwinkel der reflektierten Strahlung
$\mathcal{T}_h$	Triangulierung
$T^{(r)}$	Finites Element, Dreieck, Viereck,Tetraeder,...
U_{Mon}	Relative Schirmüberdeckung
V_R	Verhältnis der Reflexionsgrade für raue zu ideal spiegelnden Flächen
W_P	Weingarten-Abbildung

Allgemeine Schreibweisen

Vektoren werden mit Kleinbuchstaben kursiv und fett und Matrizen in fetten Großbuchstaben gesetzt. $\|x\|$ bezeichnet die euklidsche Norm des Vektors x, Einheitsvektoren werden mit einem Dach gekennzeichnet, d. h. es gilt $\|\hat{x}\| = 1$. Das Skalarprodukt zweier Vektoren x, y wird mit $\langle x | y \rangle$ bezeichnet. „Definitionsgemäß gleich" wird mit dem Symbol $:=$ abgekürzt. Der Gradient $\mathrm{grad}\,(f) := \nabla f$ einer Funktion f ist ein Spaltenvektor.

1 Einleitung

Bei der Inspektion von Oberflächen, die in der optischen Industrie eingesetzt werden oder einfach nur „schön" aussehen sollen wie z. B. Karosserieteile, spielt die spiegelnde (gerichtete) Reflexion oft die entscheidende Rolle. Die visuelle Prüfung spiegelnder Oberflächen stellt die Prüfpraxis jedoch vor große Herausforderungen, da die meisten Prüfverfahren (z. B. auf Basis der Triangulation) zumindest teilweise diffus reflektierende Oberflächen voraus setzen.

Spiegelnde Objekte sind einem Betrachter nicht direkt, sondern nur aufgrund von Spiegelbildern umgebender Szenen zugänglich. Eine Objektivierung dieses Sachverhaltes wird zusätzlich dadurch erschwert, dass dem Beobachter Defekte in spiegelnden Oberflächen aus verschiedenen Sichtrichtungen i. Allg. in unterschiedlicher Ausprägung erscheinen.

Deflektometrische Verfahren orientieren sich am intuitiven Verhalten eines menschlichen Prüfers bei der Inspektion bzw. an der visuellen Alltagswahrnehmung spiegelnder Flächen (vgl. Abbildung 1.1) und erweitern damit die Mess- und Prüfmöglichkeiten bei diesem Objekttyp.

Die vorliegende Arbeit untersucht die Möglichkeiten der Deflektometrie im Kontext der automatischen Sichtprüfung spiegelnder und komplex geformter Objekte. Die Gestalt der industrierelevanten Oberflächen kann dabei meist als sogenannte Freiformfläche[1] charakterisiert werden. Eine gute Übersicht über den aktuellen Stand der Messtechnik für Objekte mit Freiformoberflächen bieten Savio et al. [Sav07].

Die hier präsentierten Untersuchungen haben ihren Ursprung im Konzept eines kompakten Sensorkopfes, im wesentlichen bestehend aus einer Kamera und einem Monitor, der robotergeführt auch komplex geformte Objekte der Prüfung zugänglich macht. Nach der Darlegung des aktuellen Forschungsstandes und benötigter Grundlagen, erfolgt die systematische

---

[1]Freiformflächen sind gekennzeichnet durch komplexe geometrische Features, die nach ISO 17450-1 [ISO] keine Invarianten besitzen. Damit sind z. B. Rotationsflächen keine Freiformflächen.

Abbildung 1.1: Alltägliche Wahrnehmung spiegelnder Flächen durch Beobachtung von Spiegelbildern der Umwelt.

Darstellung dieses Sensorsystems in Kapitel 4. Die sich daran anschließenden Kapitel untersuchen methodische Aspekte der Deflektometrie zur Sichtprüfung und Rekonstruktion. Leitfrage dabei ist: Welches Wissen über Oberflächen kann man aus der Beobachtung von gespiegelten Mustern erhalten? Die Beobachtung eines Musters führt dabei zum Konzept des „inversen Musters" (Kapitel 5), die Beobachtung einer Musterserie zur deflektometrischen Registrierung und qualitativen Bauteilprüfung (Kapitel 6) und schließlich führt eine zusätzliche Systemkalibrierung zu den deflektometrischen Normalenfeldern und dem Problem der Oberflächenrekonstruktion (Kapitel 7).

Die vorliegende Arbeit orientiert sich demnach an zwei strukturierenden Fragen: An der Frage nach den Möglichkeiten der automatischen Sichtprüfung spiegelnder Objekte mittels kompaktem Sensorkopf (Sensorik) und an der Frage nach dem Wissen über die Gestalt von Objekten aus der Beobachtung von Mustern bei Hinzunahme weiterer Informationen (Methodik).

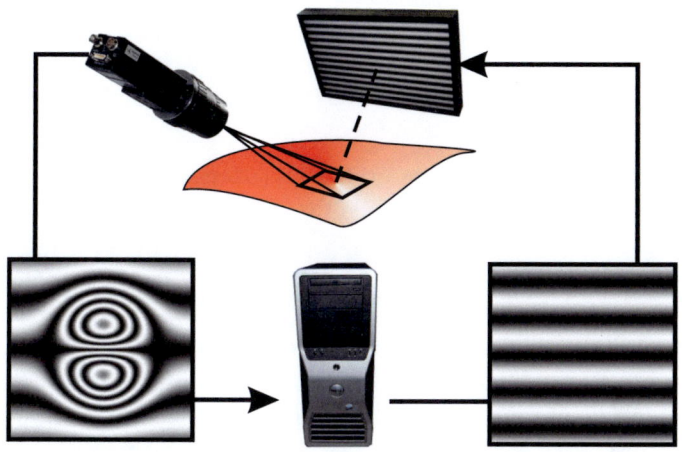

Abbildung 1.2: Grundprinzip der Deflektometrie.

1.1 Deflektometrie – eine Definition

Beginnen wir ganz grundsätzlich: Was ist Deflektometrie?

Definition 1 (*Allgemeine Deflektometrie*). Mit *Deflektometrie*[2] werden allgemein alle Verfahren zur Gewinnung von Gestaltinformationen[3] spiegelnder Oberflächen durch automatische Auswertung von Spiegelbildern an sich bekannter Szenen bezeichnet.

Diese Definition lässt Raum für die Existenz verschiedener deflektometrischer Verfahren. In Abbildung 1.2 ist die dieser Arbeit zugrunde liegende technische Umsetzung der Deflektometrie skizziert. Rechnergesteuert wird dabei ein Muster auf einem Monitor angezeigt und nachfolgend von einer Kamera über die Prüffläche beobachtet. Durch Auswertung des aufgenommenen Bildes lassen sich, bei Kenntnis des dargestellten Bildes, Aussagen über die Oberfläche treffen. Dies reicht von einfachen Prüfentscheidungen „In-Ordnung" oder „Nicht-in-Ordnung" bis hin zur 3D-Rekonstruktion des Prüfobjektes.

---

[2] „Messung der Abweichung"; lat.: deflectere: abweichen, abbiegen und griech.: μετρική: Zählung, Messung

[3] Krümmung, Neigung, Form,…der Gestalt; Welligkeit und Rauheit werden ignoriert.

Anzumerken ist, dass der Strahlengang des optischen Systems bestehend aus Kamera, spiegelnder Fläche und Monitor umkehrbar ist. Bei Austausch der Kamera durch einen Projektor und Austausch des Monitors durch einen von einer Kamera beobachteten Schirm, können die Methoden der Deflektometrie analog angewandt werden.

Die wesentlichen Eigenschaften der Deflektometrie fasst folgender Satz zusammen:

Satz 1 (*Charakteristische Eigenschaften der Deflektometrie*). Das deflektometrische Verfahren hat folgende charakteristische Eigenschaften:

- Die deflektometrischen Verfahren sind inhärent *mehrdeutig*. Der Zusammenhang zwischen Beobachtungsrichtungen und beobachteten Monitorpunkten wird durch Oberflächennormalen bestimmt, wobei es längs jeden Sichtstrahls unendlich viele hypothetische Normalen gibt, die zum selben Messergebnis führen würden, vgl. Abbildung 1.3. Man beobachtet also die Tangentialräume hypothetischer Oberflächen [Roz07].

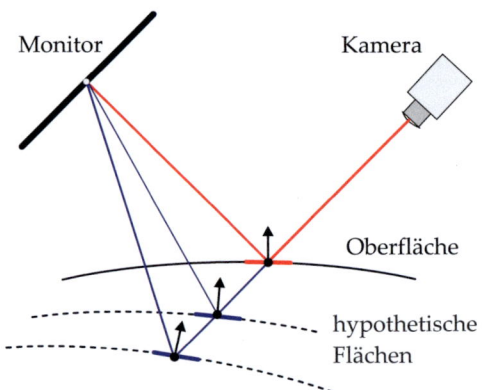

Abbildung 1.3: Mehrdeutigkeit der Normalen.

Diese inhärente Mehrdeutigkeit führt zu den *deflektometrischen Normalenfeldern* (vgl. Kapitel 3.5) und zur Notwendigkeit der *Regularisierung* des deflektometrischen Rekonstruktionsproblems (vgl. Kapitel 3.6).

- Die deflektometrischen Verfahren sind *neigungsempfindlich*, d. h. empfindlich gegenüber Änderungen der Oberflächennormalen an einem beobachteten Punkt. Neigt sich die Tangentialebene in Abbildung 1.4 um den kleinen Winkel $\delta\alpha$, ändert sich die gesehene Position auf dem Monitor um $\delta L \approx 2\,d_{LS}\,\delta\alpha$. Die Sensitivität der deflektometrischen Verfahren ist damit abhängig von der doppelten Entfernung d_{LS} des Monitors zur Oberfläche.

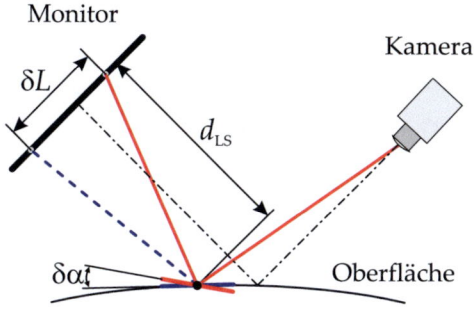

Abbildung 1.4: Neigungsempfindlichkeit

- Die deflektometrischen Methoden haben im Bezug zur menschlichen visuellen Wahrnehmung ein *ausgezeichnetes Koordinatensystem*. Die zweite Ableitung der Oberfläche bei einer *Parametrisierung in Kamerakoordinaten* steht in direktem Zusammenhang zur *wahrgenommenen Krümmung*.

  Die Änderung der Oberflächennormalen innerhalb des Sichtkegels Ω in Abbildung 1.5 (b) im Vergleich zum ebenen Fall in Abbildung 1.5 (a) führt zu beobachteten Verzerrungen (Kompressionen, Dehnungen) der Umwelt bzw. Muster innerhalb dieses Sichtkegels[4]. Damit ermöglicht die Auswertung dieser Verzerrungen die Bestimmung der zweiten Ableitung der Oberfläche [Fle04, Wei06]. Der Zusammenhang zwischen menschlicher Wahrnehmung spiegelnder Oberflächen und Deflektometrie wird in der vorliegenden Arbeit regelmäßig aufgegriffen, besonders aber in Kapitel 3.7 ausführlich dargestellt.

---

[4]Dabei werden zusätzliche Änderungen durch perspektivische Effekte vernachlässigt. Dies ist insbesondere dann zulässig, falls die Höhenänderung der Fläche innerhalb des Sichtbereichs klein gegenüber der Entfernung der Fläche zur Kamera und zum Muster ist.

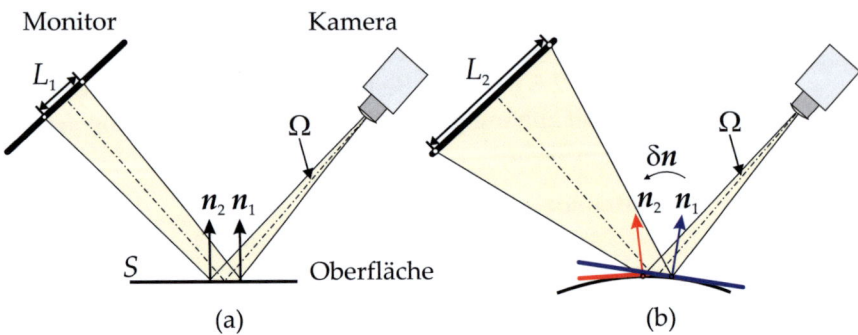

(a) (b)

Abbildung 1.5: Zweite Ableitung der Oberfläche bzw. Änderung der Oberflächennormalen in Kamerakoordinaten führt zur Beobachtung komprimierter (vergrößerter/verkleinerter) Muster.

Nach der Klärung des „Was" und des Wesens der Deflektometrie wird im nächsten Abschnitt das „Werden" und der aktuelle Forschungsstand skizziert bevor schließlich ausführlich das „Wie" der Sensorik und Methodik besprochen wird.

2 Stand der Technik

Die Beschäftigung mit spiegelnden Flächen hat eine lange Tradition. Spiegel wurden nicht nur als Alltagsgegenstände betrachtet und benutzt, sondern spezielle Eigenschaften optischer Abbildungen begannen auch früh die Menschen zu interessieren. Ein Beispiel dazu ist der chinesische Zauberspiegel [Sch02] der auf den ersten Blick wie ein gewöhnlicher Spiegel aussieht aber bei gerichteter Beleuchtung ein Schattenbild wirft, das proportional zur zweiten Ableitung der Reliefstruktur der Spiegelrückseite ist. Damit stellt der chinesische Zauberspiegel ein frühes Beispiel von „inverser Deflektometrie" dar – der Vorgabe des Musters und der Anpassung der spiegelnden Oberfläche.

Im Folgenden werden die Beiträge zur Deflektometrie in zwei zeitliche Abschnitte unterteilt. Frühe Beiträge zur Deflektometrie zeigen, dass Grundideen wie spekulares Stereo, spekularer Fluss oder Verknüpfung von photometrischem Stereo und Deflektometrie eine lange Tradition haben, während Beiträge die zum aktuellen Diskurs beitragen, neue Ansätze insbesondere im Bereich der Oberflächenrekonstruktion und im Bereich der Sensorik aufzeigen.

2.1 Frühe Arbeiten

Erste Ansätze der Beschäftigung mit der Deflektometrie im Sinne der Definition 1 lassen sich bis in die 1980iger zurückverfolgen. In eine Zeit also, in der man sich wissenschaftlich verstärkt mit Fragen der automatischen Bildverarbeitung beschäftigte und auch die ersten Bildverarbeitungsunternehmen im deutschsprachigen Raum gegründet wurden: Opsis GmbH (1984), Vitronic GmbH (1984), ISRA Systemtechnik GmbH (heute ISRA Vision AG) (1985).

Kafri und Livnat [Kaf81] benutzen ein Moiré-Verfahren um Oberflächenverformungen sichtbar zu machen. Paralleles Licht wird dabei an einer spiegelnden Oberfläche reflektiert und passiert zwei Ronchi-Gitter wodurch ein Moiré-Muster erzeugt wird. Die Autoren sind unter den ersten, die den Begriff „Deflectometry" benutzen.

Ritter und Hahn [Rit83] erweitern den Ansatz des Reflexionsmoiré indem sie nur noch ein Gitter benötigen. Aus der Beobachtung der Gitterbilder schließen sie auf Neigungsänderungen der Prüffläche zurück.

Ikeuchi [Ike81] verknüpft früh das photometrische Stereo mit der Bestimmung von Oberflächennormalen. Coleman und Jain [Col82] erweitern das photometrische Stereo auf texturierte teilspiegelnde Oberflächen.

Blake und Brelstaff [Bla88] und Sanderson et al. [San88] benutzen Stereokonfigurationen um die Mehrdeutigkeit der deflektometrischen Normalenbestimmung zu beheben. Dabei benutzen Sanderson et al. eine strukturierte aktive Beleuchtung

Wang und Inokuchi [Wan93] schlagen verschiedene Rekonstuktionsverfahren vor, die sich hinsichtlich ihres Regularisierungsansatzes unterscheiden. Einer der beschriebenen Ansätze behandelt explizit das spekulare Stereo, wobei als Disparitätsmaß die Norm der Differenz der Oberflächennormalen für beide Kameras eingeführt wird.

Zisserman et al. [Zis89] untersuchen den Zusammenhang von spiegelnden Reflexionen und dem optischen Fluss und Wolff und Boult [Wol89, Wol91] den Zusammenhang von spiegelnden Reflexionen und Polarisation.

Blake und Bülthoff [Bla90, Bla91] stellen die Frage nach der menschlichen Wahrnehmung von Spiegelungen.

Schließlich legen Chen et al. [Che00] den Stand der Technik zur optischen 3D-Gestaltbestimmung im Jahre 1999 dar.

Für weitere frühe Arbeiten siehe [Ami82, Hea88, Bol91] und im deutschen Sprachraum [Mar83, Bey97].

2.2 Aktueller Diskurs

Forschungsarbeiten im Bereich Deflektometrie können grob unterteilt werden im Hinblick auf industrielle Prüfzwecke (Bestimmung der Flächenkrümmung) und auf die Rekonstruktion spiegelnder Flächen. Während der Fokus der frühen Arbeiten auf dem Sichtprüfungsaspekt der Deflektometrie lag, ist das deflektometrische Rekonstruktionsproblem ein Hauptarbeitsgebiet der gegenwärtigen Forschung [Kam08, Ihr08, Bal10b, Bal10a]. Darüber hinaus erweitern Kutulakos und Steger [Kut08] das Rekonstruktionsproblem auf Oberflächen mit Mehrfachreflexion.

Es lassen sich insgesamt drei Quellen unterscheiden: Die Suche nach industriell einsetzbaren Prüfverfahren für spiegelnde oder teilspiegelnde Oberflächen, dann das Streben die menschliche visuelle Wahrnehmung spiegelnder Flächen zu verstehen und schließlich der Bereich der Computergrafik mit dem Wunsch nach 3D-Modellen (auch) von spiegelnden Objekten.

Für eine Taxonomie der deflektometrischen Verfahren können diese bewertet werden nach:

1. dem Ziel des Verfahrens (qualitative Sichtprüfung, Rekonstruktion),

2. der verwendeten Sensorik (Art der Mustererzeugung, direkte Beobachtung eines Musters über eine Spiegelfläche vs. Projektion eines Musters über eine Spiegelfläche auf einen beobachteten Schirm,...),

3. der Methode der Normalen- bzw. Gradientenbestimmung (Auswertung einer strukturierten Beleuchtung, photometrisches Stereo, direkte Auswertung eines Musters, spezifische Aufbauten,...),

4. der Regularisationsmethode zur Oberflächenrekonstruktion (Shape-From-Shading, Stereo, optischer Fluss, Linearisierung,...).

Da jedes deflektometrische Verfahren i. d. R. durch mehrere dieser Kategorien beschrieben wird, sollen nachfolgend für jeden Aspekt typische Arbeiten genannt werden.

Sensorik: Eine aktuelle Tendenz im Bereich der Deflektometrie stellen die Bemühungen dar, die Anwendung der deflektometrischen Methoden in Bereiche kleinster Objektgrößen und hinsichtlich den Spiegelungseigenschaften der Objektoberflächen auszudehnen. Häusler et al. [Häu08] schlagen mit „Mikrodeflektometrie" ein Verfahren zur Bestimmung von Gestaltinformationen spiegelnder Oberflächen vor, wobei sie eine laterale Auflösung besser als 1 μm und eine Höhenauflösung von 1 nm erreichen. Höfling et al. [Höf00] und Kickingereder [Kic06] beschreiben den Einsatz der Deflektometrie bei teilspiegelnden Oberflächen. Zur Prüfung rauer Oberflächen schlagen Kammel [Kam04] und Horbach [Hor05, Hor07] den Einsatz von

Mustern im infraroten Spektralbereich vor. Die Möglichkeit einer weiteren Ausdehnung in den Bereich der Terahertz-Strahlung zeigen Hils et al. [Hil07].

Methode der Normalen- bzw. Gradientenbestimmung: Die meisten Methoden benutzen eine Kodierung von Musterpositionen durch strukturierte Beleuchtung zur Bestimmung der deflektometrischen Registrierung (vgl. Kapitel 6). Das Standardverfahren beruht dabei auf der Beobachtung phasenverschobener Sinusmuster [Kna04b, Kam04, Yam07], wobei die seit langem bekannten Phasenschiebeverfahren (z. B. [Dir88]) in den Bereich der Deflektometrie übertragen werden. Höfling et al. [Höf00] zeigen, dass der Einsatz von Sinusmustern auch bei teilspiegelnden Oberflächen möglich ist. Aktuelle Forschungen im Bereich der Phasenschiebeverfahren untersuchen die Einsatzmöglichkeiten bei der Echtzeitrekonstruktion von 3D-Objekten [Zha05, Zha10]. Einen allgemeinen Überblick über Strategien zur Positionskodierung bieten Salvi et al. [Sal04]. Dabei ist zu bemerken, dass die punktbezogenen Kodierverfahren bei der Streifenprojektion auf die Deflektometrie übertragbar sind.

Weitere Arbeiten beruhen auf der Beobachtung der Deformation von Linien [Sav05, Tar05, Roz07] oder Texturen [Fle04, Wei06].

Ein Zugang zur Gradientenbestimmung bei teilspiegelnden Oberflächen überträgt die Methoden des photometrischen Stereo auf die Deflektometrie [Sol96, Fra08].

Andere Arbeiten gebrauchen spezifische Hardwareaufbauten [Häu08, Seß09] zur Normalenbestimmung.

Regularisierung: Da alle deflektometrischen Rekonstruktionsverfahren eine (wenn auch implizite) Regularisierung benötigen, bietet sich diese als taxonomisches Kriterium besonders an [Bal08]. Es ist erhellend, Beiträge zur deflektometrischen Rekonstruktion diesbezüglich zu studieren.

Der aktuelle Forschungstrend in Deutschland lässt sich am einfachsten anhand der erschienenen Dissertationen beobachten [Pér01, WW03, Kam04, Hor06, Kic06, Kna06, Pet06, Hor07, Bal08, Kam08, Seß09].

Schließlich hat der Wunsch nach ökonomischer Verwertbarkeit der Forschungsergebnisse auch im Bereich der Deflektometrie zu zahlreichen Patenten geführt [Nay91, Par97, Mas97, Asw98, Häu99, Seß00, Pet01, ViA02, Bot03, Kna04a, Sti04, Kra05, Bal06b, Wag08].

3 Grundlagen der Deflektometrie

In diesem Kapitel werden die für die automatische Sichtprüfung und Rekonstruktion grundlegenden methodischen Aspekte der Deflektometrie dargestellt. Die Deflektometrie gehört zu den optischen und berührungslosen Mess- und Prüfverfahren. Die grundlegende Frage lautet hierbei: Welches Wissen über ein Objekt, genauer, welches Wissen über eine Objekt*oberfläche*, kann durch *Hinsehen* gewonnen werden? Damit verknüpft ist die Frage wie der Mensch Objektoberflächen wahrnimmt und bewertet.

3.1 Wissen über Oberflächen

Im Rahmen der automatischen Sichtprüfung lassen sich zwei supplementäre Aspekte des Wissens über Oberflächen unterscheiden:

- die *Gestalt* der Oberfläche und

- die *Reflektanz* der Oberfläche.

Sind beide Eigenschaften einer Oberfläche bekannt, so ist diese für die Aufgabenstellung der Sichtprüfung vollständig beschrieben. Eigenschaften wie Härte, Festigkeit, thermisches Verhalten usw. werden dabei ignoriert.

Bei der Beschreibung der geometrischen Form der zu prüfenden Objekte wird in der vorliegenden Arbeit nur deren Gestalt, nicht jedoch deren Welligkeit und Rauheit [Whi03, Bak04] betrachtet. Zur allgemeinen Modellierung von Flächen wird auf die umfangreichen Werke aus dem Bereich der Computergrafik [Sal99, Ago05b, Ago05a] verwiesen.

Die Beschreibung der Objektgestalt geschieht mittels des mathematischen Flächenbegriffs. Zur diskreten, approximativen Beschreibung dieser Flächen werden in dieser Arbeit Triangulationen[5] und Punktmengen benutzt.

---

[5] Anschaulich: Punkte mit definiertem Zusammenhang

Zum Modellierungsproblem von Flächen aus Punktmengen wird auf die Arbeit von Linsen verwiesen [Lin01].

Die Reflektanzeigenschaften einer Objektoberfläche umfassen alle optischen Eigenschaften die mittels einer visuellen Beobachtung dieser Fläche zugänglich sind. Zu diesen Eigenschaften zählen die Streu- und Remissionseigenschaften sowie die Wellenlängen- und Winkelabhängigkeit des beobachteten vom auf die Fläche einfallenden Lichts. Polarisationseigenschaften des Lichts werden nur am Rande bei den Regularisationsverfahren betrachtet, ausführlicher siehe unten. Die Reflektanz einer Oberfläche lässt sich vollständig durch die bidirektionale Reflektanzverteilungsfunktion darstellen.

Die Begriffe der Gestalt und Reflektanz werden in den nachfolgenden Abschnitten weiter entfaltet.

3.2 Gestalt von Oberflächen

Die wesentlichen geometrischen Eigenschaften von Oberflächen werden im Nachfolgenden näher dargelegt. Der grundlegende Begriff zur Beschreibung einer kontinuierlichen Objektoberfläche ist dabei der Begriff der regulären Fläche. Diese ist im dreidimensionalen Raum wie folgt definiert (die Darstellung orientiert sich an Bär [Bär00]):

Definition 2 (*Reguläre Fläche*). Sei $S \subset \mathbb{R}^3$ eine Teilmenge. Wir nennen S eine *reguläre Fläche*, falls es zu jedem Punkt $P_S \in S$ eine offene Umgebung V_{P_S} von P_S im $\mathbb{R}^3$ gibt, falls es ferner eine offene Teilmenge $U_S \subset \mathbb{R}^2$ und eine Abbildung $f_S : U_S \to V_{P_S}$ gibt, so dass gilt

1. $f_S(U_S) = S \cap V_{P_S}$ und $f_S : U_S \to V_{P_S}$ ist ein Diffeomorphismus,

2. die Jakobimatrix $J_u\left(f_S(u)\right)$ hat für jeden Punkt $u \in U_S$ den Rang 2.

Dabei legt (1) fest, dass zwei Parameter, nämlich die Koordinaten von $u \in U_S \subset \mathbb{R}^2$, zur Beschreibung von S genügen und (2) sichert die lineare Unabhängigkeit dieser Parameter.

Definition 3 (*Parametrisierung; Koordinaten*). Die Abbildung $f_S : U_S \to V_{P_S}$ bzw. das Tripel (U_S, V_{P_S}, f_S) heißt *lokale Parametrisierung* von S um P_S.

Die Menge $S \cap V_{P_S}$ heißt Koordinatenumgebung von P_S. Die Komponenten $u = (u_1, u_2)^\top$ sind dann die *Koordinaten* des Punktes $f_S(u) \in S$ bezüglich der Parametrisierung f_S.

Parametrisierte Flächendarstellung: Aufgrund obiger Definition lässt sich eine Fläche direkt in einer parametrisierten Form darstellen. Sei $U_S \subset \mathbb{R}^2$ offen und $f_S : U_S \to \mathbb{R}^3$ eine glatte Funktion[6], dann ist

$$S = \left\{ f_S(u_1, u_2) \in \mathbb{R}^3 \; \middle| \; \begin{pmatrix} u_1 \\ u_2 \end{pmatrix} \in U_S, \; f_S(u_1, u_2) = \begin{pmatrix} x(u_1, u_2) \\ y(u_1, u_2) \\ z(u_1, u_2) \end{pmatrix} \right\} \quad (3.1)$$

eine reguläre Flache.

Funktionsgraphen: Sei $\Omega_{xy} \subset \mathbb{R}^2$ offen und $f : \Omega_{xy} \to \mathbb{R}$ eine glatte Funktion. Der *Graph* von f ist die Menge

$$S = \left\{ (x, y, z)^\top \in \mathbb{R}^3 \; \middle| \; (x, y)^\top \in \Omega_{xy}, \; z = f(x, y) \right\}. \quad (3.2)$$

Für diese Definition sind die beiden Bedingungen aus Definition 2 erfüllt. Damit stellt die Funktionsgraphendarstellung von S eine reguläre Fläche dar. Zum Beweis siehe Bär [Bär00]. Die im Kapitel über Flächenrekonstruktionen (Kap. 7) vorgeschlagenen Verfahren basieren auf der Funktionsgraphenrepräsentation von Flächen.

Implizite Flächendarstellung: Sei $\Omega \subset \mathbb{R}^3$ offen und $\varphi : \Omega \to \mathbb{R}$, $\varphi(x, y, z)$ eine glatte Funktion. Falls grad $\varphi \neq \mathbf{0}$ für alle $(x, y, z)^\top \in S$ gilt, dann ist

$$S = \left\{ (x, y, z)^\top \in \Omega \; \middle| \; \varphi(x, y, z) = 0 \right\} \quad (3.3)$$

eine reguläre Fläche (Beweis in [Bär00]). Man spricht in diesem Fall auch von einer impliziten Flächendarstellung.

Mittels impliziten Funktionen lassen sich auch Niveauflächenscharen eines Skalarfeldes bzw. eine Flächenfamilie darstellen

$$S_c = \left\{ (x, y, z)^\top \in \Omega \; \middle| \; \varphi(x, y, z) = c \right\}, \quad (3.4)$$

mit einer beliebigen aber fest gewählten Konstanten $c \in \mathbb{R}$. Diese legt eine *Niveaufläche* (Isokonturfläche) des Skalarfeldes φ fest.

---

[6]Eine Funktion $f : \mathbb{R}^m \to \mathbb{R}^n$ heißt glatt, wenn alle partiellen Ableitungen unendlich oft differenzierbar sind.

Niveauflächendarstellungen werden nachfolgend zur Beschreibung von
Simultanlösungen des deflektometrischen Rekonstruktionsproblems gebraucht. Darüber hinaus erlaubt diese Flächendarstellung eine einfache
Einbettung von Problemen auf Flächen in den dreidimensionalen euklidischen Raum (Bertalmio et al. [Ber00]).

Diskrete Flächendarstellung: Zur diskreten Beschreibung von Flächen werden Punktmengen und deren Triangulierungen benutzt. Darunter werden
reguläre Zerlegungen einer Fläche in Dreiecke, Vierecke, ... bzw. eines
Volumens in Tetraeder, Quader usw. verstanden.

Definition 4 (*Triangulierung, Vernetzung*). Sei $\Omega_h \subset \mathbb{R}^d$, $d \in \{2,3\}$, eine
offene Menge mit polygonalem Rand, sei $\mathcal{T}_h$ eine Zerlegung von Ω_h in
eine endliche Anzahl von offenen polygonalen Teilmengen $T^{(1)}, \ldots, T^{(R_h)}$
(Dreiecke, Vierecke, Tetraeder...). Gilt

(i) $\displaystyle\bigcup_{r=1}^{R_h} \overline{T}^{(r)} = \overline{\Omega}_h$,   und $T^{(i)} \cap T^{(j)} = \emptyset$ für $i \neq j$

und gilt zusätzlich für alle $i,j \in \{1,\ldots,R_h\}$ mit $i \neq j$

(ii) $\overline{T}^{(i)} \cap \overline{T}^{(j)} = \begin{cases} \emptyset \text{ oder} \\ \text{eine gemeinsamer Eckknoten oder} \\ \text{eine gemeinsame Kante oder} \\ \text{eine gemeinsame Fläche (für d = 3)}, \end{cases}$

dann heißt die Zerlegung $\mathcal{T}_h = \left\{ T^{(r)} \mid r = 1, \ldots, R_h \right\}$ des Gebiets Ω_h eine
Vernetzung oder *Triangulierung* von Ω_h. Dabei werden mit $\overline{T}^{(r)} = T^{(r)} \cup$
$\partial T^{(r)}$ und $\overline{\Omega}_h = \Omega_h \cup \partial \Omega_h$ die abgeschlossenen Mengen von $T^{(r)}$ und Ω_h
bezeichnet. Der Index h weist hin auf den maximalen Elementdurchmesser[7]
$h = \max\limits_{1,\ldots,R_h} h^{(r)}$ der Elemente aus $\mathcal{T}_h$.

Bemerkung 1: Die $T^{(r)}$ werden auch als *finite Elemente* bezeichnet [Jun01].
Bemerkung 2: Für ein beliebiges Gebiet (Definitionsbereich, Fläche) $\Omega \subset \mathbb{R}^d$
wird die Triangulierung von Ω_h derart gewählt, dass $\Omega_h \to \Omega$ für $h \to 0$
gilt, d. h. das kontinuierliche Gebiet Ω kann durch eine immer feinere
Triangulierung beliebig gut approximiert werden.

---

[7]Der Elementdurchmesser $h^{(r)}$ ist der maximale Abstand zweier beliebiger Punkte in $\overline{T}^{(r)}$.

3.2.1 Differentialgeometrie

Im Folgenden sollen einige grundlegende Begriffe und Ergebnisse der Differentialgeometrie zur späteren Anwendung bereit gestellt werden, vgl. dazu die klassischen Werke von do Carmo [dC76] oder Struik [Str61].

Definition 5 (*Normalenfeld auf S*). Sei S eine reguläre Fläche. Ein *Normalenfeld auf S* ist eine Abbildung

$$n : S \to \mathbb{R}^3,$$

so dass $n(\mathrm{P}) \perp T_{\mathrm{P}}S$ für alle $\mathrm{P} \in S$. $T_{\mathrm{P}}S$ bezeichnet dabei die Tangentialebene [8] von S im Punkt P.

In der Deflektometrie wird noch der Begriff des Normalenfeldes definiert in einem Volumen $\Omega \subset \mathbb{R}^3$ gebraucht. Diesen Begriff führen wir zurück auf den des Normalenfeldes auf einer Fläche.

Definition 6 (*Normalenfeld auf Ω*). Sei $\Omega \subset \mathbb{R}^3$ eine offene Menge. Ein *Normalenfeld auf Ω* ist eine Abbildung

$$n : \Omega \to \mathbb{R}^3,$$

so dass für alle $\mathrm{P} \in \Omega$ eine Fläche S_c existiert, mit $n(\mathrm{P}) \perp T_{\mathrm{P}}S_c$ für alle $\mathrm{P} \in S_c$. Eine geeignete Beschreibung der Flächen S_c liefert Gleichung (3.4).

Einheitsnormalenfelder werden nachfolgend mit $\hat{n} = n / \|n\|$ bezeichnet. Allgemein werden in dieser Arbeit Einheitsvektoren mit einem Dach gekennzeichnet, es gilt also $\|\hat{x}\| = 1$ für einen beliebigen Vektor x.

Die Darstellung des Einheitsnormalenfeldes für eine parametrisierte Fläche nach Gleichung (3.1) lautet

$$\hat{n}(u_1, u_2) = \frac{\partial_{u_1} f \times \partial_{u_2} f}{\|\partial_{u_1} f \times \partial_{u_2} f\|}, \tag{3.5}$$

mit den Abkürzungen $\partial_{u_1} f = \frac{\partial f(u_1, u_2)}{\partial u_1}$ und $\partial_{u_2} f = \frac{\partial f(u_1, u_2)}{\partial u_2}$.

---

[8] Sei $S \subset \mathbb{R}^3$ eine reguläre Fläche, sei $\mathrm{P} \in S$. Dann heißt $T_{\mathrm{P}}S = \{x \in \mathbb{R}^3 | \exists \, \epsilon > 0 \text{ und eine glatte parametrisierte Kurve } c : (-\epsilon, \epsilon) \to S \text{ mit } c(0) = \mathrm{P} \text{ und } \dot{c}(0) = x\}$ die *Tangentialebene* von S in P.

Das Einheitsnormalenfeld zur Funktionsgraphendarstellung nach Gleichung (3.2) liefert

$$\hat{n}(x,y) = \frac{1}{\sqrt{(\partial_x f)^2 + (\partial_y f)^2 + 1}} \begin{pmatrix} -\partial_x f \\ -\partial_y f \\ 1 \end{pmatrix} .$$

Schließlich erhält man das Einheitsnormalenfeld für die implizite Flächendarstellung nach Gleichung (3.3)

$$\hat{n}(x,y,z) = \frac{\nabla \varphi(x,y,z)}{\|\nabla \varphi(x,y,z)\|} . \tag{3.6}$$

Gilt für die Funktion φ zusätzlich $\|\nabla \varphi(x,y,z)\| = 1$ spricht man von einer *Distanzfunktion* (signed-distance-function) (Osher und Fedkiw [Osh03]).

Zur Beschreibung der Richtung eines Einheitsnormalenvektors $\hat{n}$ werden nur zwei Parameter benötigt. Deshalb kann man ein Einheitsnormalenfeld auch als Abbildung $\hat{n} : S \to S^2$ auffassen[9] und bezeichnet diese als *Gauß-Abbildung*.

Der zentrale Flächenbegriff im Rahmen der vorliegenden Arbeit ist der Begriff der Krümmung. Einen einheitlichen Zugang zu den verschiedenen Konzepten von Krümmung liefert die Weingarten-Abbildung.

Definition 7 (*Weingarten-Abbildung*). Sei $S \subset \mathbb{R}^3$ eine reguläre Fläche mit Orientierung gegeben durch das Einheitsnormalenfeld $\hat{n}$. Der Endomorphismus

$$W_P : T_P S \to T_P S,$$
$$W_P(x) = -d_P \hat{n}(x)$$

heißt *Weingarten-Abbildung*. Dabei bezeichnet $d_P \hat{n}$ das Differential des Einheitsnormalenfeldes im Punkt $P \in S$.

3.2.1.1 Krümmung

Definition 8 (*Hauptkrümmungen*). Die beiden *Hauptkrümmungen* κ_{max} und κ_{min} sind der maximale und minimale Eigenwert der Weingarten-Abbildung W_P.

---

[9]Für die Einheitssphäre S^2 gilt: $S^2 = \{ x \subset \mathbb{R}^3 \mid \|x\| = 1 \}$.

Definition 9 (*Gauß-Krümmung, mittlere Krümmung*). Sei $S \subset \mathbb{R}^3$ eine orientierte reguläre Fläche, sei $P \in S$ ein Punkt und κ_{max} und κ_{min} die Hauptkrümmungen von S in P. Dann ist das Quadrat des geometrischen Mittels der Hauptkrümmungen

$$K_G = \kappa_{max} \cdot \kappa_{min} = \det(W_P)$$

die *Gauß-Krümmung* von S in P. Weiter bezeichnet man das arithmetische Mittel der Hauptkrümmungen

$$K_M = \frac{1}{2}(\kappa_{max} + \kappa_{min}) = \frac{1}{2}\,\mathrm{Spur}(W_P)$$

als *mittlere Krümmung* von S in P.

Definition 10 (*Mittleres Krümmungsfeld*). Als mittleres Krümmungsfeld[10] der Fläche S wird

$$\mathbf{K}_M = K_M\,\hat{n}.$$

bezeichnet. Das Krümmungsfeld zeigt in Richtung des Einheitsnormalenfeldes von S und hat den Betrag K_M.

Das mittlere Krümmungsfeld ist invariant gegen Orientierungswechsel von Flächen und auch auf nichtorientierbaren Flächen definiert.

Die Berechnung der Krümmungen für parametrisierte Flächen kann über die erste und zweite Fundamentalform erfolgen.

Betrachten wir dazu die parametrisierte Flächendarstellung nach Gleichung (3.1) und dem zugehörigen Einheitsnormalenfeld nach Gleichung (3.5). Der Ausdruck

$$\begin{aligned}
I_s &= \langle df \mid df \rangle \\
&= \langle \partial_{u_1} f\, du_1 + \partial_{u_2} f\, du_2 \mid \partial_{u_1} f\, du_1 + \partial_{u_2} f\, du_2 \rangle \\
&= E_s\, du_1^2 + 2F_s\, du_1\, du_2 + G_s\, du_2^2,
\end{aligned}$$

mit $E_s = \langle \partial_{u_1} f \mid \partial_{u_1} f \rangle$, $F_s = \langle \partial_{u_1} f \mid \partial_{u_2} f \rangle$ und $G_s = \langle \partial_{u_2} f \mid \partial_{u_2} f \rangle$ heißt *erste Fundamentalform*.

---

[10] engl.: *mean curvature vector field*.

Der Ausdruck

$$\begin{aligned}
\mathrm{II_s} &= \langle -\,\mathrm{d}f \mid \mathrm{d}\hat{n} \rangle \\
&= -\,\langle \partial_{u_1} f\,\mathrm{d}u_1 + \partial_{u_2} f\,\mathrm{d}u_2 \mid \partial_{u_1}\hat{n}\,\mathrm{d}u_1 + \partial_{u_2}\hat{n}\,\mathrm{d}u_2 \rangle \\
&= L_s\,\mathrm{d}u_1^2 + 2M_s\,\mathrm{d}u_1\,\mathrm{d}u_2 + N_s\,\mathrm{d}u_2^2,
\end{aligned}$$

mit $L_s = -\langle \partial_{u_1} f \mid \partial_{u_1}\hat{n} \rangle$, $M_s = -\frac{1}{2}\left(\langle \partial_{u_1} f \mid \partial_{u_2}\hat{n}\rangle + \langle \partial_{u_2} f \mid \partial_{u_1}\hat{n}\rangle\right)$ und $N_s = -\langle \partial_{u_2} f \mid \partial_{u_2}\hat{n}\rangle$ heißt *zweite Fundamentalform*.

Gauß- und mittlere Krümmung lassen sich aus den beiden Fundamentalformen berechnen, vgl. Agoston [Ago05b]:

$$\begin{aligned}
K_G &= \frac{L_s N_s - M_s^2}{E_s G_s - F_s^2}, \\
K_M &= \frac{E_s N_s + G_s L_s - 2F_s M_s}{2(E_s G_s - F_s^2)}.
\end{aligned}$$

Für die beiden Hauptkrümmungen gilt dann

$$\begin{aligned}
\kappa_{\max} &= K_M + \sqrt{K_M^2 - K_G}, \\
\kappa_{\min} &= K_M - \sqrt{K_M^2 - K_G}.
\end{aligned} \tag{3.7}$$

Einen ausführlichen Überblick zur Berechnung der verschiedenen Krümmungen bei impliziten Flächendarstellungen liefert der Artikel von Goldman [Gol05].

Gegeben sei eine implizite Flächendarstellung nach Gleichung (3.3) und deren Einheitsnormalenfeld nach Gleichung (3.6), dann gilt für die mittlere Krümmung der Fläche

$$K_M(x) = -\mathrm{div}\,\hat{n}(x) = -\mathrm{div}\left(\frac{\nabla\varphi(x)}{\|\nabla\varphi(x)\|}\right) = \frac{\nabla\varphi^\top \mathbf{H}(\varphi)\nabla\varphi - \|\nabla\varphi\|^2 \Delta\varphi}{2\|\nabla\varphi\|^3}, \tag{3.8}$$

mit der Hesse-Matrix $\mathbf{H}(\varphi) = \left[\frac{\partial^2 \varphi}{\partial x_i \partial x_j}\right]_{i,j \in \{1,2,3\}}$.

Im Fall einer Distanzfunktion ($\|\nabla\varphi\| = 1$) vereinfacht sich dies zu

$$K_M(x) = -\mathrm{div}\left(\nabla\varphi(x)\right).$$

Für die Gauß-Krümmung gilt für die implizite Flächendarstellung [11]

$$K_G(x) = \frac{\nabla\varphi^\top \mathbf{H}(\varphi)\nabla\varphi}{\|\nabla\varphi\|^4}.$$

Die beiden Hauptkrümmungen berechnen sich dann mit Gleichung (3.7). Die Beweise für die Krümmungsformeln bei impliziter Flächendarstellung finden sich bei Goldman [Gol05].

3.2.1.2 Krümmung – diskret

Die diskrete Differentialgeometrie beschäftigt sich mit der Übertragung der differentialgeometrischen Eigenschaften von Flächen auf diskrete Flächenrepräsentationen, vgl. [Mey02, Des06, War07].

Es gibt zahlreiche Publikationen mit unterschiedlichen Zugängen zur Approximation von Krümmungen basierend auf triangulierten, polygonalen Flächen. Einen Überblick liefern z. B. Maltret und Daniel in [Mal02]. Ein weit verbreiteter Zugang beruht auf der Approximation durch lokale, analytische Flächen, z. B. parabolisches Fitting [San90, Sto92, Ham93, Krs97, Krs98]. Frühe Ansätze einer diskreten Approximationstheorie der Gaußschen Differentialgeometrie finden sich z. B. in den Arbeiten von Sauer [Sau53, Sau70].

Magid et al. [Mag07] geben einen umfangreichen experimentellen Vergleich für verschiedene diskrete Approximationen der mittleren und der Gauß-Krümmung. Für synthetisch erzeugte Daten schlagen die Autoren im Falle der mittleren Krümmung einen auf parabolischem Fitting basierenden Algorithmus und im Falle der Gauß-Krümmung ein auf dem Satz von Gauß-Bonnet beruhendes Schema vor. Die nachfolgende Darstellung dieser Ansätze folgt der Arbeit von Magid et al.

In Abbildung 3.1 ist ein Ausschnitt aus einer triangulierten Fläche dargestellt. Die Knoten des Netzes werden mit $v, v_i \in \mathbb{R}^3$ und die Kanten mit $e_i = \overline{v v_i}$ bezeichnet, dabei ist v der aktuell betrachtete Knoten und v_i die Knoten seiner Umgebung mit $i \in \{0, \dots, N_v - 1\}$. Mit N_v wird dabei die Anzahl der Knoten in der 1-Ring-Nachbarschaft vom Knoten v bezeichnet.

---

[11]Man beachte den Normierungsfaktor $\|\nabla\varphi\|^4$ im Nenner. Dies bewirkt, dass die Fläche beschrieben durch $c\,\varphi(x) = 0$, $c \in \mathbb{R}\backslash\{0\}$ die gleiche Gauß-Krümmung wie $\varphi(x) = 0$ besitzt.

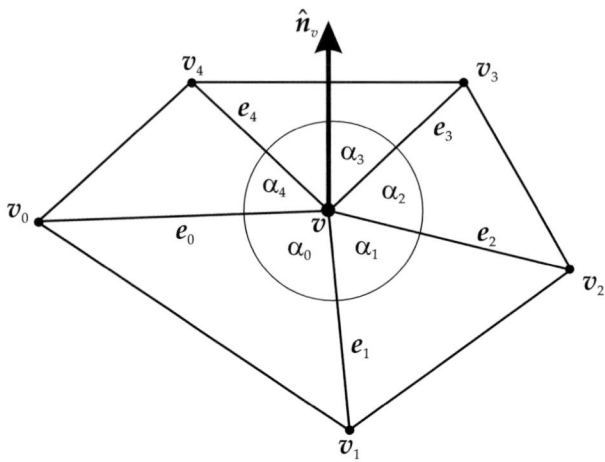

Abbildung 3.1: Trianguliertes Flächenelement: Bezeichnung von Knoten und Kanten.

Die Einheitsnormale $\hat{n}_i^v$ einer umliegenden Facette, definiert durch das Dreieck $\triangle(v_i, v, v_{(i+1) \bmod N_v})$, wird durch das Kreuzprodukt der Kanten $\overline{v\,v_i}$ und $\overline{v\,v_{(i+1) \bmod N_v}}$ bestimmt:

$$\hat{n}_i^v = \frac{(v_i - v) \times (v_{(i+1) \bmod N_v} - v)}{\|(v_i - v) \times (v_{(i+1) \bmod N_v} - v)\|}. \tag{3.9}$$

Die Einheitsnormale am Knoten v kann damit als Mittelwert der umliegenden Facettennormalen

$$\hat{n}_v = \frac{n_v}{\|n_v\|}, \quad n_v = \frac{1}{N_v} \sum_{i=0}^{N_v-1} \hat{n}_i^v \tag{3.10}$$

berechnet werden.

Legt man ein lokales Koordinatensystem mit seinem Ursprung in den Knoten v, der z-Achse parallel zu $\hat{n}_v$ und einer beliebigen x-Achsenorientierung (die y-Achse liegt damit auch fest), kann man eine Quadrik

$$z_v = a_v x_v^2 + b_v x_v y_v + c_v y_v^2$$

an den Knoten v anpassen. Die Koeffizienten a_v, b_v und c_v lassen sich mittels der Least-Squares-Methode bestimmen. Die approximierte mittlere und Gauß-Krümmung der Fläche im Knoten v ergeben sich dann durch

$$K_M = a_v + c_v \; ; \quad K_G = 4a_vc_v - b_v{}^2 \, .$$

Nachfolgend wird als zweite Aproximationsmethode der Gauß-Bonnet-Ansatz dargestellt. Betrachten wir wiederum den Knoten v und seine unmittelbare Nachbarschaft $\{v_i\}_{i=0}^{N_v-1}$. Anwendung des Satzes von Gauß-Bonnet für Polygone liefert in diesem Fall[12]

$$\iint\limits_{A_v} K_G \, dA = 2\pi - \sum_{i=0}^{N_v-1} \alpha_i \, ,$$

mit der zum Knoten v zugeordneten Fläche A_v der Vernetzung und den Winkeln α_i zwischen zwei aufeinanderfolgenden Kanten $e_i = v_i - v$, vgl. Abbildung 3.1 (zum Beweis siehe [Str61, Bär00]). Unter der Annahme, dass K_G in der unmittelbaren Nachbarschaft des betrachteten Knotens konstant ist und einer Triangulierung in Dreieckselementen kann das Flächenintegral folgendermaßen ausgewertet werden:[13]

$$K_G = \frac{2\pi - \sum\limits_{i=0}^{N_v-1} \alpha_i}{\frac{1}{3} A_{v,\text{ges}}} \, ,$$

dabei bezeichnet $A_{v,\text{ges}}$ den Gesamtflächeninhalt aller Dreiecke in unmittelbarer Nachbarschaft von v, vgl. [Mee00, Kim02].

Basierend auf einem ähnlichen integralen Ansatz geben Magid et al. eine Darstellung für die mittlere Krümmung:

$$K_M = \frac{\frac{1}{4} \sum\limits_{i=0}^{N_v-1} \|e_i\| \beta_i}{\frac{1}{3} A_{v,\text{ges}}} \, .$$

---

[12]Man spricht von $2\pi - \sum\limits_{i=0}^{N_v-1} \alpha_i$ als dem Winkeldefekt im Knoten v. Liegen alle Polygone z. B. Dreiecke zusammen mit dem Konten v in einer Ebene, dann ist die Summe der Winkel α_i gleich 360°, der Winkeldefekt damit gleich 0. Der Winkeldefekt misst also anschaulich die Abweichung von einer Ebene.

[13]Der Faktor $\frac{1}{3}$ im Nenner kann folgendermaßen veranschaulicht werden: jedes am Knoten v anliegende Dreieck kann in drei gleiche Teile zerlegt werden. Rechnet man approximativ zu jedem Knoten v ein Drittel der umgebenden Gesamtfläche $A_{v,\text{ges}}$ hinzu, erhält man eine nichtüberlappende Zuordnung der gesamten Fläche der Vernetzung zu den einzelnen Knoten. Es gibt in der Literatur eine Reihe von alternativen Vorschlägen zur Aufteilung der Gesamtfläche der Vernetzung, z. B. Meyer et al. [Mey02].

Hierbei bezeichnet β_i die Normalenabweichung, d. h. den Winkel zwischen den Normalen $\hat{n}_i^v$ und $\hat{n}_{i\ \mathrm{mod}\ N_v}^v$, siehe Gleichung (3.9) und [Dyn01, Kim02]. Damit stehen eine ganze Reihe unterschiedlicher Algorithmen zur Verfügung um die Gauß-Krümmung und insbesondere die im Rahmen der Deflektometrie wichtigere mittlere Krümmung approximativ auf gemessenen Punktmengen einzuführen.

Merkmale, die auf Krümmungen basieren, eignen sich weiterhin zur Klassifikation von Oberflächen.

3.2.1.3 Krümmung – Formmerkmale

Koenderink und van Doorn [Koe92] schlagen ein Schema zur Formklassifikation von Flächen basierend auf den beiden Hauptkrümmungen vor. Für jeden Punkt der Fläche werden die beiden Hauptkrümmungen bestimmt und in folgendes Polarkoordinatensystem eingetragen:

$$M_\phi = \tan^{-1}\frac{\kappa_{\min}}{\kappa_{\max}},$$

$$M_r = \sqrt{\kappa_{\max}^2 + \kappa_{\min}^2}.$$

Dabei beschreibt das Merkmal M_ϕ die Form („shape index") und M_r die Krümmung („curvedness"). Punkte im ersten Quadranten dieses Raumes sind Elemente konvexer Flächen, im dritten Quadranten konkaver und im zweiten und vierten Quadranten hyperbolischer Flächen. Eine aktuelle Anwendung dieser Merkmale geben z. B. Ho und Gibbins in [Ho09]. Böhm [Böh05] gibt darüber hinaus weitere Flächenbeschreibungsmerkmale an.

3.3 Reflektanz von Oberflächen

Nach der Beschreibung der Gestalt werden in diesem Abschnitt die für die Deflektometrie grundlegenden Beschreibungen des Reflektanzverhaltens von spiegelnden bzw. teilspiegelnden Oberflächen zusammengetragen.

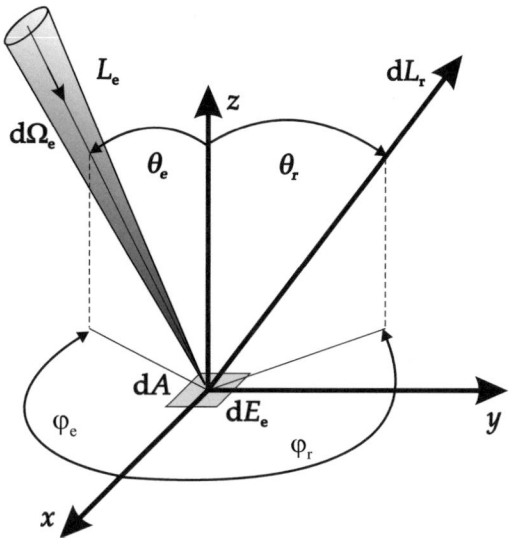

Abbildung 3.2: Geometrie zur Bestimmung der BRDF.

Durch die bidirektionale Reflektanzverteilungsfunktion (BRDF)[14] lässt sich die Reflektanz einer Oberfläche vollständig modellieren. Eine erste Definition der BRDF gab Nicodemus 1965 [Nic65], eine umfassende Nomenklatur wurde von Nicodemus et al. 1977 [Nic77] definiert.

Definition 11 (*BRDF*). Bezeichne ρ_{brdf} die *BRDF*, θ_e, φ_e bzw. θ_r, φ_r Polwinkel und Azimuth der einfallenden bzw. reflektierten Strahlung, $\theta_e, \theta_r \in [0, \pi]$ und $\varphi_e, \varphi_r \in [0, 2\pi)$ (siehe Abbildung 3.2), dann gilt

$$\rho_{\mathrm{brdf}}(\theta_e, \varphi_e; \theta_r, \varphi_r) = \frac{\mathrm{d}L_r(\theta_r, \varphi_r)}{\mathrm{d}E_e(\theta_e, \varphi_e)} = \frac{\mathrm{d}L_r(\theta_r, \varphi_r)}{L_e(\theta_e, \varphi_e) \cos\theta_e \, \mathrm{d}\Omega_e}.$$

Dabei ist $L_e \cos\theta_e \, \mathrm{d}\Omega_e$ der Beitrag der einfallenden Strahldichte aus dem Raumwinkel $\mathrm{d}\Omega_e$ und der Richtung (θ_e, φ_e) zur Bestrahlungsstärke $\mathrm{d}E_e$ auf dem Flächenelement $\mathrm{d}A$; die Strahldichte in Einfalls- und Reflektionsrichtung wird als L_e bzw. L_r bezeichnet.

In integraler Form beschreibt die BRDF die von einem Flächenelement $\mathrm{d}A$ in Richtung (θ_r, φ_r) reflektierte Strahldichte L_r im Verhältnis zu der aus dem

---

[14]engl.: *bidirectional reflectance distribution function*

gesamten Raumwinkel Ω_e auf dA einfallenden Strahlungsleistung

$$\rho_{\text{BRDF}}(\theta_e, \varphi_e; \theta_r, \varphi_r) = \frac{L_r(\theta_r, \varphi_r)}{\int\limits_{\Omega_e} L_e(\theta_e, \varphi_e) \cos \theta_e \, d\Omega_e} \, .$$

Die Wellenlängenabhänigkeit des Reflexionsverhaltens von Oberflächen wird durch die *spektrale BRDF*

$$\rho_{\lambda,\text{BRDF}}(\lambda; \theta_e, \varphi_e; \theta_r, \varphi_r) = \frac{L_{\lambda,r}(\lambda, \theta_r, \varphi_r)}{\int\limits_{\Omega_e} L_{\lambda,e}(\lambda, \theta_e, \varphi_e) \cos \theta_e \, d\Omega_e}$$

beschrieben.

Die BRDF beschreibt also das Verhältnis von reflektierter Strahldichte zu einfallender Bestrahlungsstärke und wird deswegen in der deutschsprachigen Literatur auch als *Reflexionsfaktor* ρ_{BRDF} bzw. als *spektraler Reflexionsfaktor* $\rho_{\lambda,\text{BRDF}}$ bezeichnet [Str05].

Bemerkung: Die BRDF besitzt als raumwinkelbezogene Größe (Einheit: sr^{-1}) einen Wertebereich von $[0, \infty)$. Dies ist für numerische Verfahren, insbesondere bei der Handhabung von Reflexions- und Beleuchtungsmodellen ungünstig und führt deshalb zur Definition des Reflexionsgrades:

Definition 12 (*Reflexionsgrad, spektraler Reflexiongrad*).

$$R_E = \frac{E_r}{E_e}, \quad 0 \le R_E \le 1,$$

bzw. des *spektralen Reflexiongrades*

$$R_{\lambda,E} = \frac{E_{\lambda,r}}{E_{\lambda,e}}, \quad 0 \le R_{\lambda,E} \le 1,$$

also dem Verhältnis der Bestrahlungsstärken statt der Strahldichten [Coh93].

Bei ideal spiegelnden Objekten ist die entscheidende Oberflächeneigenschaft die gerichtete Reflexion von einfallender Strahlung, beschrieben durch das Reflexionsgesetz. Dieses bestimmt die Reflektanzeigenschaften und damit die BRDF. Für teilspiegelnde Oberflächen existieren dagegen verschiedene Modelle, um den Zusammenhang von einfallender und reflektierter Strahlung zu beschreiben. Es muss dabei die ganze Bandbreite von gerichteter Reflexion bis hin zur vollständigen diffusen Streuung beschrieben werden.

3.3.1 Spiegelnde Oberflächen – Reflexionsgesetz

Aufgrund der fundamentalen Bedeutung des Reflexionsgesetzes für die Deflektometrie werden nachfolgend mehrere Zugänge und Darstellungen erläutert.

Die Herleitung grundlegend geometrisch optischer Gesetze folgt der klassischen Darstellung von Born und Wolf [Bor06]. Ausgangspunkt sind die vier Maxwellschen Gleichungen. Unter der Annahme strom- und ladungsfreier Bereiche und großer Entfernung von allen Feldquellen lassen sich elektrische und magnetische Feldstärke ansetzen als

$$\mathcal{E}(x,t) = \mathcal{E}_0(x)e^{-j(\omega t - k_0\psi(x))} \ , \quad \mathcal{H}(x,t) = \mathcal{H}_0(x)e^{-j(\omega t - k_0\psi(x))} \ ,$$

mit dem *Eikonal*[15] $\psi(x)$, der Kreisfrequenz $\omega = 2\pi f$ und der Wellenzahl im Vakuum $k_0 = 2\pi/\lambda_0$. Einsetzen von $\mathcal{E}$ und $\mathcal{H}$ in die Maxwellschen Gleichungen unter der Annahme von sehr großen Werten für k_0[16] führt auf ein Gleichungssystem für ψ, $\mathcal{E}_0$, und $\mathcal{H}_0$. Dieses System hat genau dann nicht triviale Lösungen wenn folgender Zusammenhang zwischen Eikonal und Brechzahl[17] n_{refrac} gilt[18]

$$\langle \nabla\psi(x) \mid \nabla\psi(x) \rangle = \|\nabla\psi(x)\|^2 = n_{\text{refrac}}^2(x) \ ,$$

$$\text{bzw.} \quad \left(\frac{\partial\psi}{\partial x}\right)^2 + \left(\frac{\partial\psi}{\partial y}\right)^2 + \left(\frac{\partial\psi}{\partial z}\right)^2 = n_{\text{refrac}}^2(x,y,z) \ . \tag{3.11}$$

Gleichung (3.11) ist grundlegend für die geometrische Optik und wird als *Eikonalgleichung* bezeichnet. Wird ein fester Punkt einer Strahlungsquelle betrachtet und legt man diesen in den Koordinatenursprung des einbettenden euklidschen Raumes, dann beschreibt die Eikonalgleichung die optische Weglänge der sich in einem Medium mit der Brechzahl n_{refrac} vom Ursprung ausbreitenden Strahlung. Die Betrachtung aller optischen

---

[15]Der Begriff *Eikonal* (griechisch εικών = Bild) wurde 1895 von H. Bruns eingeführt [Bor06]. Das Eikonal beschreibt die optische Weglänge.

[16]Dies ist die grundlegende Annahme der *geometrischen Optik*.

[17]Den Zusammenhang von der Brechzahl mit den elektrodynamischen Materialeigenschaften liefert: $n_{\text{refrac}} = \sqrt{\epsilon_{\text{ref}}\mu_{\text{ref}}}$, mit der ortsabhängigen Dielektrizitätskonstanten ϵ_{ref} und der magnetischen Permeabilität μ_{ref}. Bei metallischer Reflexion, d. h. bei stark absorbierenden Medien, können die optischen Materialeigenschaften durch eine komplexe Brechzahl berücksichtigt werden [Bor06], tabellierte Werte findet man z. B. in [Bas09].

[18]In der vorliegenden Arbeit werden zur Bezeichnung des Gradienten einer Funktion ψ die Symbole $\nabla\psi$ und grad ψ gleichbedeutend verwendet.

Wege mit gleicher Weglänge von diesem Quellpunkt führt zum Begriff der Wellenfront:

Definition 13 (*Wellenfront*). Geometrisch optische *Wellenfronten* sind Flächen für die $\psi(x) = konstant$ gilt.

Die Definition der Wellenfront erlaubt nachfolgend direkt die Definition des geometrisch optischen Lichtstrahls:

Definition 14 (*Geometrisch optischer Lichtstrahl*). *Lichtstrahlen* sind die orthogonalen Trajektorien zu den Wellenfronten $\psi(x) = konstant$.

Diese Trajektorien können mittels gerichteter Raumkurven beschrieben werden. Sei $\gamma : \mathbb{R} \supset [a,b] \rightarrow \mathbb{R}^3$, $\sigma \mapsto \gamma(\sigma)$ ein nach der Bogenlänge σ parametrisierter Lichtstrahl. Für die normierte Kurventangente $\hat{\tau}$ gilt

$$\hat{\tau} = \frac{d\gamma}{d\sigma}, \quad \|\hat{\tau}\| = 1.$$

Da ein Lichtstrahl und damit $\hat{\tau}$ per definitionem orthogonal auf der Wellenfront $\psi(x) = konstant$ steht, also grad $\psi \propto \hat{\tau}$, gilt aufgrund der Eikonalgleichung (3.11)

$$\hat{\tau} = \frac{\operatorname{grad} \psi(x)}{\|\operatorname{grad} \psi(x)\|} = \frac{\operatorname{grad} \psi(x)}{n_{\text{refrac}}}.$$

Damit erhält man die Differentialgleichung der geometrisch optischen Lichtstrahlen

$$n_{\text{refrac}} \frac{d\gamma}{d\sigma} = n_{\text{refrac}} \hat{\tau} = \operatorname{grad} \psi. \tag{3.12}$$

Ableiten nach σ liefert wiederum unter Beachtung von Gleichung (3.11) folgende eikonalfreie Formulierung[19]:

$$\frac{d}{d\sigma}\left(n_{\text{refrac}} \frac{d\gamma}{d\sigma}\right) = \frac{d}{d\sigma}\operatorname{grad} \psi(\gamma(\sigma)) = \frac{1}{2n_{\text{refrac}}}\operatorname{grad} n_{\text{refrac}}.$$

Für eine konstante Brechzahl, d.h. grad $n_{\text{refrac}} = 0$, folgt daraus die geradlinige Ausbreitung der Lichtstrahlen[20].

---

[19] $\frac{d}{d\sigma}\operatorname{grad} \psi(\gamma(\sigma)) = \langle \operatorname{grad}(\operatorname{grad}\psi)| \frac{d\gamma}{d\sigma}\rangle = \langle \operatorname{grad}(\operatorname{grad}\psi)| \frac{\operatorname{grad}\psi}{n_{\text{refrac}}}\rangle = \frac{1}{2n_{\text{refrac}}}\operatorname{grad}\|\operatorname{grad}\psi\|^2$

[20] Es gilt dann $\frac{d^2\gamma}{d\sigma^2} = 0$, also $\gamma = c_1\sigma + c_2$.

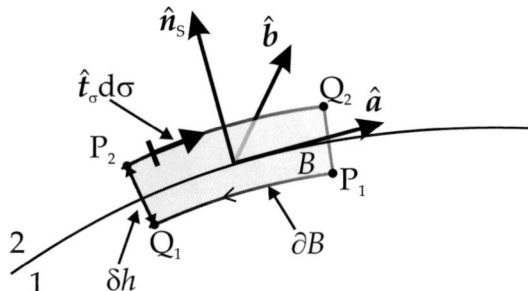

Abbildung 3.3: Geometrie eines Grenzflächenelements B zur Bestimmung des Reflexionsgesetzes.

Nach der geradlinigen Ausbreitung der Lichtstrahlen im homogenen Medium wird nun das Verhalten an Grenzflächen betrachtet. Ziel ist die Ableitung des Reflexionsgesetzes in einer Darstellung die später den Zugang zur Frage der Eindeutigkeit des deflektometrischen Rekonstruktionsproblems liefern wird. Nach Definition 14 und Gleichung (3.12) kann der Vektor $n_{\mathrm{refrac}}\hat{\tau}$ als *Lichtstrahlenvektor* bezeichnet werden. Für die Ausbreitung in Luft $n_{\mathrm{refrac}} = 1$ bezeichnen wir nachfolgend den Sichtstrahlvektor/Lichtstrahlvektor synonym mit $\hat{s} = n_{\mathrm{refrac}}\hat{\tau} = \hat{\tau}$. Es gilt für den Lichtstrahlvektor infolge der Identität[21] rot grad $\equiv 0$ und Gleichung (3.12)

$$\mathrm{rot}\,(n_{\mathrm{refrac}}\hat{\tau}) = 0.\tag{3.13}$$

Die Anwendung des Stokesschen Integralsatzes liefert

$$\int_B \langle \mathrm{rot}\,(n_{\mathrm{refrac}}\hat{\tau})\,|\,\hat{n}_B\rangle\,\mathrm{d}B = \oint_{\partial B} n_{\mathrm{refrac}}\langle \hat{\tau}\,|\,\hat{t}_\sigma\rangle\,\mathrm{d}\sigma = 0,\tag{3.14}$$

mit dem Randkurvenelement $\mathrm{d}\sigma = \hat{t}_\sigma\,\mathrm{d}\sigma$ und dem Tangenteneinheitsvektor $\hat{t}_\sigma$ an die geschlossene Randkurve ∂B.

Betrachten wir zur Ableitung des Reflexionsgesetzes eine Grenzfläche nach Abbildung 3.3 und wenden Gleichung (3.14) auf den abgebildeten Grenzbereich B mit den vier Eckpunkten P_1, Q_1, P_2 und Q_2 an. Der Normalenvektor zum Flächenelement B wird mit $\hat{b}$ bezeichnet; $\hat{a}$ ist ein zunächst beliebiger

---

[21] Es gilt rot $f := \nabla \times f$ und damit rot grad $\psi := \nabla \times (\nabla\psi)$.

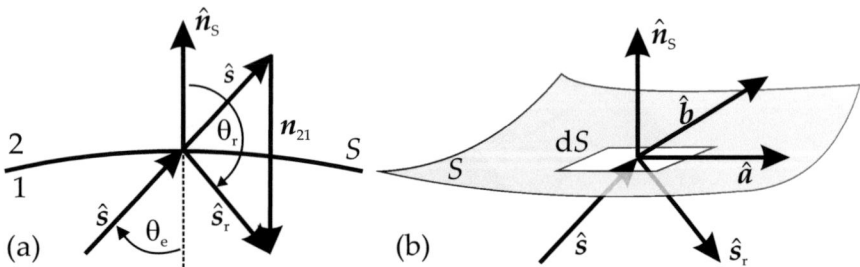

Abbildung 3.4: Zur Geometrie der Reflexion an einer Grenzfläche S.

Tangentenvektor zur Fläche S mit der Flächennormalen $\hat{n}_S$. Das Flächenelement B sei so orientiert, dass

$$\hat{b} = \hat{n}_S \times \hat{a} \tag{3.15}$$

gilt. Das Umlaufintegral in Gleichung (3.14) ergibt mit der Kurvenorientierung ∂B und dem Tangentenvektor $\hat{a}$ nach Abbildung 3.3 und mit $\delta\sigma := \|\overline{P_1 Q_1}\| = \|\overline{P_2 Q_2}\|$, für den Grenzübergang $\delta h \to 0$

$$n_{\text{refrac},2}\langle\hat{\tau}_2|\,\hat{t}_{\sigma,2}\rangle\|\overline{P_2 Q_2}\| + n_{\text{refrac},1}\langle\hat{\tau}_1|\,\hat{t}_{\sigma,1}\rangle\|\overline{P_1 Q_1}\| =$$
$$(n_{\text{refrac},2}\langle\hat{\tau}_2|\,\hat{a}\rangle - n_{\text{refrac},1}\langle\hat{\tau}_1|\,\hat{a}\rangle)\delta\sigma = 0\,.$$

Mit Gleichung (3.15) folgt daraus

$$\left\langle n_{\text{refrac},2}\,\hat{\tau}_2 - n_{\text{refrac},1}\,\hat{\tau}_1 \,\middle|\, \hat{b} \times \hat{n}_S\right\rangle = 0$$
$$\Leftrightarrow \left\langle \hat{b} \,\middle|\, \hat{n}_S \times (n_{\text{refrac},2}\,\hat{\tau}_2 - n_{\text{refrac},1}\,\hat{\tau}_1)\right\rangle = 0\,.$$

Da die Grenzbedingung für alle Orientierungen des Grenzflächenelementes B gelten muss, d. h. für alle Orientierungen des Tangentenvektors $\hat{a}$ und damit auch für alle Orientierungen von $\hat{b}$, gilt schließlich

$$\hat{n}_S \times (n_{\text{refrac},2}\,\hat{\tau}_2 - n_{\text{refrac},1}\,\hat{\tau}_1) = 0\,. \tag{3.16}$$

Dies bedeutet eine stetige Tangentialkomponente des Lichtstrahlvektors $n_{\text{refrac}}\,\hat{\tau}$ an einer Grenzfläche und gleichbedeutend, dass der Vektor $n_{21} = n_{\text{refrac},2}\,\hat{\tau}_2 - n_{\text{refrac},1}\,\hat{\tau}_1$ senkrecht zur Oberfläche S steht (vgl. Abbildung 3.4 (a)). Betrachten wir einen reflektierten Strahl in Luft, $n_{\text{refrac},1} = n_{\text{refrac},2} = 1$ und setzen für den einfallenden Strahl $\hat{s} = \hat{\tau}_1$ und für den reflektierten $\hat{s}_r = \hat{\tau}_2$, dann folgt aus Gleichung (3.16) das *Reflexionsgesetz der geometrischen Optik*

$$\hat{n}_S \times \hat{s} = \hat{n}_S \times \hat{s}_r.$$ (3.17)

Damit liegen einfallender und reflektierter Strahl und Oberflächennormale in einer Ebene und es gilt für den Einfall- und Ausfallwinkel (vgl. Abbildung 3.4 (a))[22]

$$\|\hat{n}_S \times \hat{s}\| = \sin\theta_e = \sin\theta_r = \|\hat{n}_S \times \hat{s}_r\|,$$

also

$$\theta_r = \pi - \theta_e.$$

Damit wurde das für die Deflektometrie grundlegende Reflexionsgesetz aus den Maxwellschen Gleichungen über die Eikonalgleichung (3.11) unter der Annahme kleiner Lichtwellenlänge ($\lambda_0 \to 0$) abgeleitet. Diese Annahme beinhaltet im vorliegenden Zusammenhang, dass die Krümmungsradii der einfallenden Wellenfront und der Oberfläche groß im Vergleich zur Wellenlänge des einfallenden Lichts sein müssen.

Mit den obigen Bezeichnungen für den einfallenden und reflektierten Strahl folgt aus Gleichung (3.16) eine Bestimmungsgleichung für die Oberflächennormale

$$\hat{n}_S = \frac{\hat{s} - \hat{s}_r}{\|\hat{s} - \hat{s}_r\|},$$ (3.18)

da $\hat{s} - \hat{s}_r = n_{12} \| \hat{n}_S$ gilt[23].

Wählen wir die Vektoren $a = \hat{s} + \hat{s}_r$ und $b = \hat{s} \times \hat{s}_r$, dann folgt mit Gleichung (3.18)

$$\langle \hat{n}_S \mid a \rangle = 0,$$
$$\langle \hat{n}_S \mid b \rangle = 0.$$ (3.19)

Die Vektoren a und b sind also Tangentenvektoren an die Fläche S, der Vektor a ist koplanar zu $\hat{s}$, $\hat{s}_r$ und $\hat{n}_S$ und der Vektor b steht senkrecht auf $\hat{n}_S$

---

[22]Beachte, dass $\|\hat{n}_S\| = \|\hat{s}\| = \|\hat{s}_r\| = 1$ gilt.
[23]Man beachte die Wahl der Orientierung der Oberflächennormale, für das Reflexionsgesetz (3.17) spielt die Orientierung von $\hat{n}_S$ keine Rolle.

und a. Damit sind die in der Ableitung des Reflexionsgesetzes eingeführten Vektoren $\hat{a}$ und $\hat{b}$ auf den einfallenden und den reflektierten Strahl zurückgeführt (vgl. die Abbildungen 3.3 und 3.4 (b)). Die Gleichung (3.19) ist eine alternative Beschreibung des Reflexionsgesetzes, wobei die erste Gleichung die Bisektionsbedingung „Einfall- gleich Ausfallwinkel" und die zweite die Koplanaritätsbedingung „einfallender und reflektierter Strahl liegen mit der Oberflächennormalen in einer Ebene" beschreibt. Diese Darstellung eröffnet den Zugang zur Existenz- und Eindeutigkeitsfrage des deflektometrischen Rekonstruktionsproblems; ausführlich bei Balzer [Bal08].

Abschließend wird noch auf eine weitere Darstellung des Reflexionsgesetzes eingegangen. In der Computergrafik, insbesondere bei Anwendungen des Raytracings, wird das Reflexionsgesetz oft in der Form einer *Householdertransformation*[24] [Hou58] benutzt:

$$\hat{s}_r = H_S\,\hat{s}, \quad \text{mit} \quad H_S = I - 2\,\hat{n}_s\,\hat{n}_s^\top, \tag{3.20}$$

d. h. die Richtung des reflektierten Strahls $\hat{s}_r$ erhält man durch Multiplikation der Sichtstrahlrichtung $\hat{s}$ mit der *Householdermatrix* H_S. In Kapitel 4.4 über die Systemkalibrierung wird auf diese Darstellung zurückgegriffen.

Betrachtet man schließlich nicht nur einzelne Lichtstrahlen sondern Lichtstrahlensysteme[25], eröffnet der Satz von Malus und Dupin und der Begriff der Normalenkongruenz einen Zugang zur Beschreibung der Spiegelung an Flächen. Dieser Zugang wird in der vorliegenden Arbeit nicht weiter benötigt, es wird deshalb auf die ausführliche Literatur zum Thema verwiesen, beispielsweise [Kid01, Pot01].

3.3.2 Spiegelnde Oberflächen – Reflexionsmodell

Die Strahldichte ist bei einer optischen Abbildung und damit auch bei einer Spiegelung an einer ebenen Fläche invariant. Damit gilt unter Anwendung des geometrisch optischen Reflexionsgesetzes: $L_r(\theta_r, \varphi_r) = L_e(\theta_e, \varphi_e)$ mit

---

[24]Im dreidimensionalen euklidschen Raum entspricht dies der Spiegelung eines Vektors an einer Ursprungsebene.

[25]Solche Strahlensysteme werden vollständig charakterisiert durch Gleichung (3.13), vgl. [Bor06].

$\theta_r = \theta_e$ und $\varphi_r = (\varphi_e + \pi) \bmod 2\pi$. Daraus erhält man die BRDF für vollspiegelnde Flächen [Hor79]:

$$\rho_{\text{spiegelnd}}(\theta_e, \varphi_e; \theta_r, \varphi_r) = 2\,\delta(\sin^2\theta_r - \sin^2\theta_e)\,\delta(\varphi_r - ((\varphi_e + \pi) \bmod 2\pi))\,.$$

Die Reflektanzeigenschaften spiegelnder Flächen werden also vom Reflexionsgesetz vollständig bestimmt und sind damit a priori bekannt.

3.3.3   Teilspiegelnde Oberflächen – Reflexionsmodelle

Teilspiegelnde Oberflächen werden neben den spiegelnden Anteilen, beschrieben durch das Reflexionsgesetz, durch streuende Anteile charakterisiert. Das vollständige Reflektanzwissen über eine Oberfläche wird, wie oben bereits erwähnt, durch die BRDF beschrieben. Da eine vollständige experimentelle Erfassung der BRDF i. d. R. sehr aufwändig ist, wurden verschiedene Modelle zur Beschreibung der komplexen Reflexionssituation in der Literatur eingeführt. In der vorliegenden Arbeit soll vor allem auf zwei Ansätze eingegangen werden, auf einen heuristischen, zur Anwendung bei Applikationen der Computergrafik geeigneten Ansatz, dem Reflexionsmodell nach Phong[Pho75] und auf ein physikalisch orientiertes, den Einfluss der Wellenlänge auf die Reflexion beschreibendes Modell. Die Auswahl dieser Modelle geschieht im Hinblick auf deren Anwendbarkeit bei der automatischen Sichtprüfung und Rekonstruktion.

Betrachten wir zuerst den Grenzfall der ideal diffusen Oberfläche. Hierbei ist die reflektierte Strahldichte unabhängig von der Abstrahlungsrichtung, also $L_{r,\text{diffus}} = konstant$ und hängt nur von der Einstrahlrichtung ab:

$$L_{r,\text{diffus}} = \rho_{\text{diffus}} E_e(\theta_e, \varphi_e) = \rho_{\text{diffus}} \int\limits_{\Omega_e} L_e(\theta_e, \varphi_e)\cos\theta_e\, d\Omega_e\,. \qquad (3.21)$$

Da die Integration der reflektierten Strahldichte über den kompletten Halbraum im Falle der ideal diffusen Reflexion gleich der Bestrahlungsstärke sein muss (Energieerhaltung)

$$\int\limits_{\Omega_r} L_{r,\text{diffus}}\, d\Omega_r = L_{r,\text{diffus}}\,\pi = E_e\,,$$

gilt für die damit ebenfalls konstante BRDF (vgl. [Hor79])

$$\rho_{\text{diffus}} = \frac{1}{\pi}\,.$$

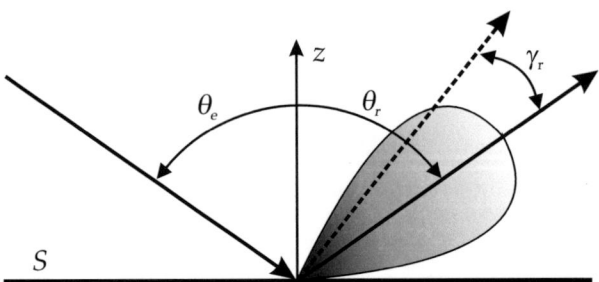

Abbildung 3.5: Geometrie bei der spekularen Reflexion nach Phong.

Eine solche Oberfläche erscheint aus allen Richtungen gleich hell. Man bezeichnet die ideal diffuse Reflexion auch als *Lambertsche Reflexion* und Gleichung (3.21) als *Lambertsches Cosinusgesetz.*

Da industrierelevante Oberflächen selten weder rein diffus noch ideal spiegelnd sind, muss eine Annahme über die Richtungsverteilung von ρ_{brdf} bzw. $\rho_{\lambda,\text{brdf}}$ getroffen werden. Zeigt der spektrale Reflexionsfaktor qualitativ ein deutliches Maximum in Richtung der spiegelnden Reflexion und eine Abnahme mit zunehmender Abweichung von dieser Richtung, spricht man von *gerichtet diffuser Reflexion* (spekulare Reflexion) [Str05]. In der graphischen Datenverarbeitung ist es üblich, die spekulare Reflexion in einen diffusen richtungsunabhängigen Anteil und einen richtungsabhängigen aufzuspalten.

3.3.3.1 Reflexionmodell nach Phong

Im Reflexionsmodell nach Phong wird der richtungsabhängige Reflexionsgrad, unter Vernachlässigung der spektralen Abhängigkeit, modelliert als

$$R_{\text{E}} = R_{\text{E},0} \cos^{n_{\text{d}}} \gamma_{\text{r}} ,$$

(vgl. [Str05]). Dabei ist $R_{\text{E},0}$ eine Konstante mit $0 \leq R_{\text{E},0} \leq 1$. Mit γ_{r} wird der Winkel zwischen Beobachtungsrichtung und der Richtung der direkten spiegelnden Reflexion bezeichnet (vgl. Abbildung 3.5). Der Exponent n_{d} beschreibt schließlich, wie schnell der Reflexionsgrad mit größer werdendem γ_{r} abnimmt, siehe Abbildung 3.6 für eine Darstellung des Reflexionsgrades für verschiedene Exponenten.

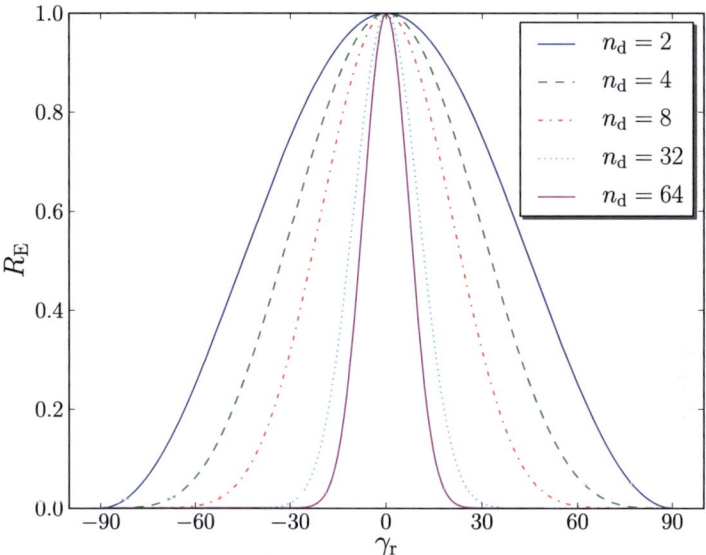

Abbildung 3.6: Winkelabhängigkeit des Reflexionsgrades R_E bei der spekularen Reflexion nach Phong für verschiedene Exponenten n_d .

Material	n_d
Kupfer	2
Gold	32
Silber	32
Aluminium	4
Zinn	8
Matter Lack	8
Glanzlack	64

Tabelle 3.1: Phongmodell: Exponent n_d für verschiedene Materialien ohne Berücksichtigung der Oberflächenrauheit.

Beispiele für den Exponenten n_d für verschiedene Materialien werden in der Tabelle 3.1 dargestellt (nach Franke [Fra06]).

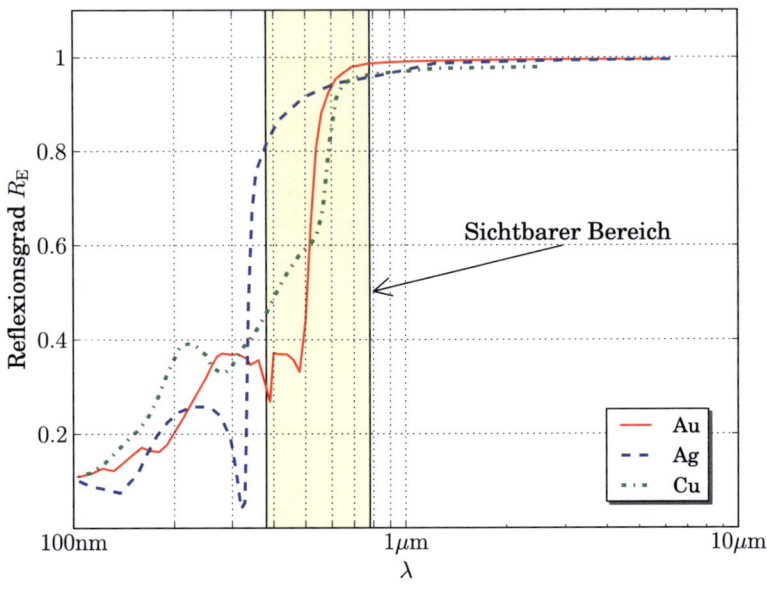

Abbildung 3.7: Reflexionsgrad in Abhängigkeit der Wellenlänge für verschiedene Metalle und senkrechten Einfall nach [Bas09].

Nicht berücksichtigt wird in der Tabelle die Wellenlängenabhängigkeit der einzelnen Materialien; es werden nur die qualitativen Unterschiede im Reflexionsverhalten dargestellt.

Die Beschreibung der spekularen Reflexion nach Phong wird sich später bei der Frage nach idealen Mustern zur Kodierung von Schirmpositionen, bei der deflektometrischen Registrierung, als nützlich erweisen.

3.3.3.2 Wellenlängenabhängige Reflexion

Zur Konstruktion von Spiegeln können die guten Reflexionseigenschaften von Metallen benutzt werden. Dabei werden dünne Metallschichten entweder auf der Vorder- oder Rückseite eines Trägers (z. B. Glas) aufgebracht. Diese Metallspiegel weisen einen hohen Reflexionsgrad im sichtbaren und

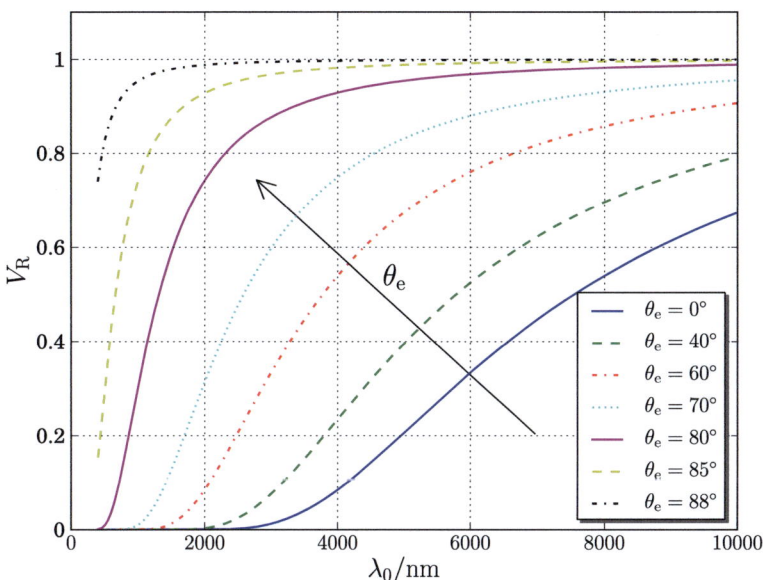

Abbildung 3.8: Verhältnis der Reflexionsgrade nach Gleichung (3.22) für $R_q = 0.5\,\mu\text{m}$.

v. a. im infraroten Spektralbereich auf, vgl. Abbildung 3.7. Die Darstellung der Wellenlängenabhängigkeit des Reflexionsgrades bezieht sich in dieser Abbildung auf senkrechten Strahleinfall und eine ideal glatte Oberfläche.

Betrachtet man die Rauheit einer Oberfläche als Ursache der Lichtstreuung, dann kann für das Verhältnis des Reflexionsgrades R_{ER} für eine raue Oberfläche zum Reflexionsgrad R_E für eine ideal glatte Oberfläche folgende Abhängigkeit von der mittleren quadratischen Oberflächenrauheit[26] R_q hergeleitet werden [Bec63, Nie93]:

$$V_R = \frac{R_{ER}}{R_E} = \exp\left[-\left(\frac{4\pi R_q \cos\theta_e}{\lambda}\right)^2\right]. \tag{3.22}$$

---

[26] engl.: *root-mean-squared roughness*; beschreibt die mittlere quadratische Abweichung eines gemessenen Höhenprofils einer Oberfläche von dessen Mittelwert.

Dabei erfolgt die Beobachtung in Richtung der spiegelnden Reflexion, d. h. es gilt $\theta_e = \theta_r$. Das Verhältnis V_R der Reflexionsgrade wird dabei durch eine Funktion der Wellenlänge, der Oberflächenrauheit und des Einfallswinkels modelliert. Abbildung 3.8 zeigt die Wellenlängenabhängigkeit dieses Quotienten für verschiedene Reflexionswinkel und für eine mittlere quadratische Rauheit von $R_q = 0.5\,\mu$m. Für eine flache Beobachtung einer Fläche ($\theta_e, \theta_r \rightarrow 90°$) geht dabei das Reflexionsgradverhältnis gegen 1. Dies bestätigt die Erfahrung, dass die meisten Flächen bei streifender Beobachtung spiegelnd wirken. Die Abhängigkeit des Reflexionsverhaltens von Einfall- und Ausfallwinkel muss beim Design von Sichtprüfsystemen für teilspiegelnde Flächen berücksichtigt werden. Dies wird ausführlich in Kapitel 4.3 behandelt.

In Abbildung 3.9 wird der Zusammenhang nach Gleichung (3.22) für verschiedene Rauheitswerte R_q dargestellt. Man beobachtet eine Abnahme

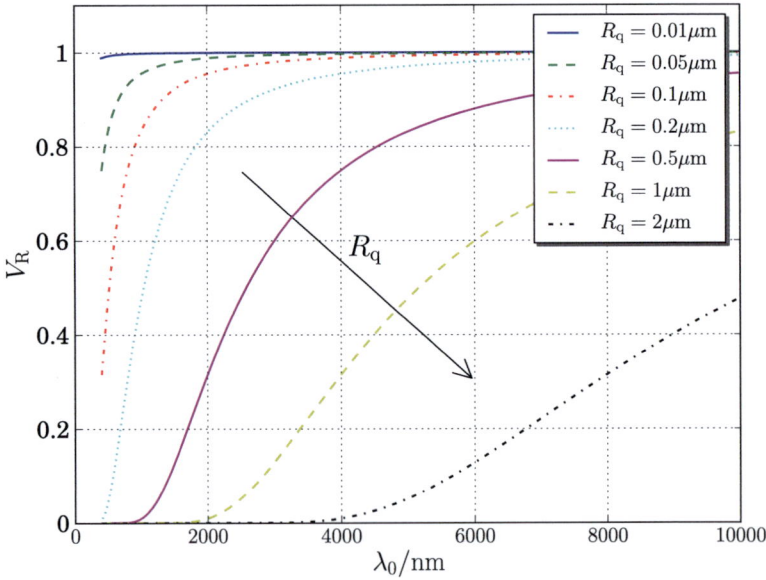

Abbildung 3.9: Verhältnis der Reflexionsgrade nach Gleichung (3.22) für verschiedene Werte von R_q bei einem Beobachtungswinkel $\theta_e = 70°$.

des Reflexionsgradverhältnisses mit zunehmender Rauheit bei einer festen Wellenlänge, aber man erhält einen Wert $V_R > 0.5$ bei einer maximalen mittleren Rauheit von $R_q < 0.5\,\mu m$ im thermischen Infrarot für Wellenlängen größer $2\,\mu m$. Dies bedeutet, dass selbst raue Oberflächen bei Verwendung von hinreichend langen Wellenlängen spiegelnd wirken. Im Bereich der Deflektometrie wurde die Verwendung von thermischer Infrarotstrahlung von Kammel und Horbach vorgeschlagen [Kam04, Hor05, Hor07]. Eine Anwendung der Spiegelungseigenschaft rauer Oberflächen im langwelligen Bereich erfolgt zu Prüf- und Messzwecken bis in den Bereich der Terahertzstrahlung [Hil07]. Ist die Erzeugung und Darstellung von Mustern im Infrarot- und Terahertzbereich gelöst, können alle Methoden der Deflektometrie auch bis in diese Strahlungsbereiche hinein angewandt werden.

3.3.3.3 Weitere Reflexionsmodelle

Torrance und Sparrow [Tor67] entwickelten ein Modell, das sich stärker an den physikalischen Eigenschaften orientiert als das von Phong. Die Objektoberflächen werden dabei mit Microfacetten modelliert. Die Verteilungsfunktion dieser Facetten bestimmen die Reflektanzeigenschaften und damit den Reflexionsgrad der Objektflächen. Dieses Modell ermöglicht einen Zugang zur Modellierung der Rauheit von Oberflächen. Für den Fall der spekularen Reflexion wurde von Cook und Torrance eine Gaußverteilung der Microfacetten vorgeschlagen [Coo82].

Pont und Koenderink [Pon02] beschreiben ein Oberflächenmodell basierend auf einer Verteilung von kleinen sphärischen Spiegeln. Damit können Rückstreuung und Mehrfachreflexionen an der Oberfläche mit einem einheitlichen Modell behandelt werden.

Renhorn und Boreman [Ren08] schlagen ein parametrisches Modell vor, mit dem komplex geformte und experimentell ermittelte BRDFs analytisch beschrieben werden können. Dabei stehen die 14 Parameter ihres Modells in direktem Bezug zu physikalischen Eigenschaften der Oberfläche.

Ein weiteres, im Bereich der Computergrafik oft benutztes Reflektanzmodell, ist das Modell nach Ward [War92]. Dieses Modell erlaubt es, mit wenigen Parametern die gemessene BRDF von realen Objekten zu beschreiben. Dieses Modell gehört, wie das neuere Modell von Renhorn und Boreman, zur Klasse der experimentelle Daten beschreibenden Modelle.

Walter [Wal05] gibt Hinweise zur effizienten Implementierung des Ward-Modells, insbesondere gibt er Hinweise zur analytischen Modellierung von Reflexionskegeln (bounding volumes).

Snyder und Wan [Sny98] führen schließlich ein Modell speziell zur Beschreibung der BRDF im thermischen Infrarot ein.

Die entscheidende Fragestellung, die mittels Reflektanzmodell teilspiegelnder Oberflächen bei Anwendungen der Deflektometrie beantwortet werden muss, ist die Frage nach der hinreichenden Beobachtbarkeit von Mustern über eben diese Oberflächen. Die Reflektanzmodelle erlauben es, teilspiegelnde Oberflächen systemtheoretisch als Tiefpassfilter zu modellieren (siehe Kapitel 6.1) und damit einen Lösungszugang zu dieser Fragestellung zu ermöglichen.

3.4   Wissen über Oberflächen durch Musterauswertung

Ausgangspunkt ist die Frage nach dem Wissen über Oberflächen, das wir durch Beobachtung von Mustern erhalten können. Kennen wir die Gestalt des uns interessierenden Objekts, dann ist dieses in unserem Kontext der spiegelnden Oberflächen vollständig beschrieben, weiteres Oberflächenwissen kann nicht mehr erreicht werden. Es ist also zu prüfen, inwieweit uns die Objektgestalt durch Beobachtung von Spiegelbildern von Mustern zugänglich ist. Darüber hinaus wird die technische Fragestellung nach der Rekonstruktion der Objektgestalt in den Kontext der menschlichen visuellen Wahrnehmung gesetzt und man erhält sowohl zusätzliche Hinweise auf den Wahrnehmungsprozess als auch umgekehrt Hinweise auf Prüfmethoden zur automatischen Sichtprüfung spiegelnder Oberflächen.

Die folgende Darstellung orientiert sich am Zusatzwissen, das benötigt wird, um zum vollständigen Gestaltwissen über eine Oberfläche zu gelangen. Dabei werden in diesem Kapitel nur Zugänge und grundlegende Fragen skizziert, zu deren Beantwortung in den Kapiteln 4 bis 7 eigene Beiträge gegeben werden.

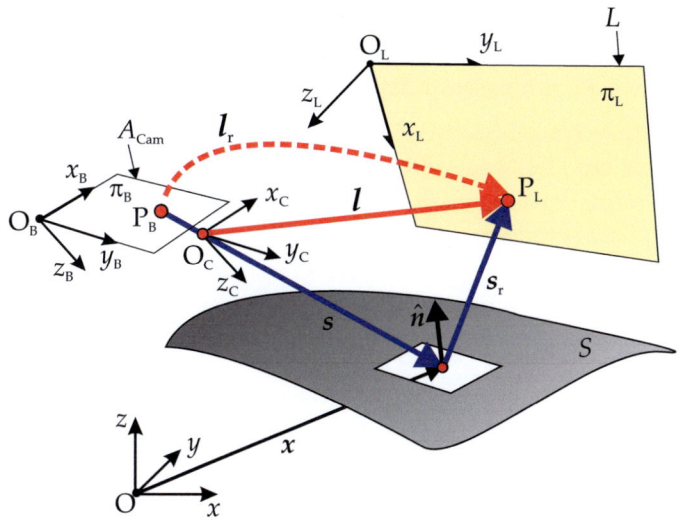

Abbildung 3.10: Grundlegende Geometrie.

3.4.1 Beobachtung und Auswertung eines Musters

Beginnen wir mit der einfachsten Konstellation: Eine Kamera (zentralperspektivisches Kameramodell, siehe Kapitel 4.2.1) beobachtet die Spiegelung *eines* fixen Musters, dargestellt auf einem Monitor L, über eine spiegelnde Fläche S. Das Konzept wurde in Abbildung 1.2 eingeführt. Abbildung 3.10 zeigt dazu die grundlegende Geometrie. Es wird zunächst ein geometrisch optisches Strahlenmodell zugrunde gelegt. Jedem Punkt P_B aus dem Sensorbereich $A_{Cam} \subset \pi_B$ der Bildebene π_B ist ein Sichtstrahl s zugeordnet. Dieser Sichtstrahl wird an der lokalen Flächennormalen gespiegelt (Gleichung (3.20)) und trifft entweder einen Punkt P_L aus dem Monitorbereich $L \subset \pi_L$ der Monitorebene π_L oder einen Punkt aus der nichtleuchtenden Umgebung, modelliert durch die leere Menge $\varnothing$. Man beachte, dass man zwar den Sichtstrahl aufgrund des Sensorpunktes (Kamerapixel) identifizieren kann, den Punkt auf der Monitorebene im Allgemeinen jedoch nicht. Im allgemeinen Fall erhalten wir keine solche Punkt-zu-Punkt-Abbildung, sondern können nur folgende Zuordnung annehmen:

$$A_{Cam} \to L \cup \varnothing, \quad P_B \mapsto R_{P_B} \subset L \cup \varnothing. \tag{3.23}$$

Jedem Punkt (Pixel) aus dem Sensorbereich ist also ein nicht notwendigerweise zusammenhängender Bereich R_{P_B} auf dem Monitor zugeordnet, aus dem das Pixel Strahlung empfängt.

Betrachtet man diesen Sachverhalt aus Sicht des Monitors und berücksichtigt die diskrete Natur des Monitors und Bildbereichs durch zeilenweise, serielle Nummerierung, erhält man die inverse Zuordnung der Monitorpixel zu den Kamerapixeln

$$P_{L,i} \mapsto \{P_{B,j}\},$$

mit $i \in \{1, \ldots, N_{Mon}\}$ und $j \in \{1, \ldots, N_{Cam}\}$. Wobei gilt $N_{Cam} = N_{CamRows} \cdot N_{CamCols}$ und $N_{Mon} = N_{MonRows} \cdot N_{MonCols}$. Dabei bezeichnet $N_{CamRows}$ die Anzahl der Kamera-Zeilen, $N_{CamCols}$ die Anzahl der Kamera-Spalten und $N_{MonRows}$ bzw. $N_{MonCols}$ entsprechend die Monitor-Zeilen und Spalten.

Bis jetzt wurden nur die Abbildungen der Indexmengen betrachtet. Sei $M_L = \{ m_j \mid j = 1, \ldots, N_{Mon} \}$ ein auf dem Monitor dargestelltes Intensitätsmuster[27]. Beobachtet die Kamera dieses Muster über eine spiegelnde Fläche bei einer gegebenen Aufnahmekonstellation, liefert im Allgemeinen jedes Monitor-Pixel j mit dem Intensitätswert m_j einen Beitrag $p_{i,j} m_j$ zum Signal g_i des Kamerapixels i. Es gilt also

$$g_i = \sum_{j=1}^{N_{Mon}} p_{i,j} m_j \quad \forall \, i \in \{1, \ldots, N_{Cam}\}.$$

Der Wert $m_j = 0$ steht dabei für „keine Abbildung" bzw. „keinen Beitrag". In Vektornotation lautet obiger Zusammenhang

$$g = \mathbf{P} \, \mathbf{m} \quad \text{mit} \quad \mathbf{P} \in \mathbb{R}_{\geq 0}^{N_{Cam} \times N_{Mon}}.$$

Systemtheoretisch kann dies gemäß Abbildung 3.11 modelliert werden: einem Eingangsmuster m wird durch das Gesamtsystem Monitor-Oberfläche-Kamera $\mathbf{P}$ ein (Grauwert-)Bild g zugeordnet. Dabei entspricht $\mathbf{P}$ einer phänomenologischen Systembeschreibung. Damit ist man bei der in dieser Arbeit vorgeschlagenen Definition der Deflektometrie (Definition 1) und der Frage nach dem Wissen, das man über eine Oberfläche, oder hier, über

---

[27] An dieser Stelle wird noch keine photometrische Strahlungsübertragung berücksichtigt, zur Systemmodellierung genügt es Eingangs- und Ausgangssignal zu betrachten.

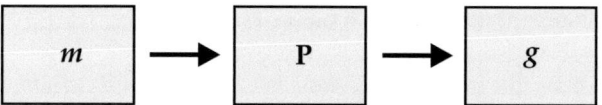

Abbildung 3.11: Signalmodell der Musterabbildung, **P** modelliert die Abbildung eines Musters über eine spiegelnde Fläche bei einer gegebenen Aufnahmekonstellation.

ein System **P** erhalten kann, kennt man dessen Eingangs- und Ausgangssignal, angekommen. Diese Problemstellung bezeichnet man auch als *inverses Problem* wobei dieses inverse Problem vom später dargestellten deflektometrischen Rekonstruktionsproblem zu unterscheiden ist. Es wird sich im weiteren Verlauf dieser Arbeit zeigen, dass sowohl das System **P** trotz Kenntnis von Eingangs- und Ausgangssignal im Allgemeinen nicht identifizierbar ist als auch die der deflektometrischen Beobachtung zugrunde liegende Spiegelfläche nicht ohne Zusatzwissen vollständig rekonstruiert werden kann. Dennoch stellt sich die Frage, welches Wissen über dieses System bzw. über die spiegelnde Prüffläche nur durch Beobachtung eines *einzelnen* Musters zugänglich ist. Dem Autor der vorliegenden Arbeit ist bis jetzt kein Lösungsansatz bekannt, der in voller Allgemeinheit diese Frage beantworten könnte. Diese allgemeine Theorie müsste insbesondere den Fall berücksichtigen, dass Kamerapixeln disjunkte Bereiche des Musters zugeordnet werden.

Für den Spezialfall, dass lokale Bereiche des Musters bei der Beobachtung über die spiegelnde Fläche auswertbar bleiben, werden in dieser Arbeit zwei Lösungszugänge zu obiger Fragestellung aufgezeigt. Der erste neuartige Zugang führt über sogenannte inverse Muster zu einfachen Auswertestrategien bei der automatischen Sichtprüfung. Der zweite Zugang verknüpft das „Gestalt-aus-Textur"-Problem mit der Deflektometrie und basiert auf der Arbeit von Fleming et al. [Fle04]. Diese Ansätze werden ausführlich in Kapitel 5 dargestellt.

Es wird sich als Ergebnis zeigen, dass eine qualitative Prüfung spiegelnder Oberflächen durch Auswertung eines einzelnen Musters leicht möglich ist. Ob eine vollständige Rekonstruktion spiegelnder Flächen durch Auswertung eines einzigen Musters und zusätzlichem Wissen zur Regularisierung möglich ist, bleibt Gegenstand weiterer Forschung.

3.4.2 Beobachtung und Auswertung einer Mustersequenz

Bis jetzt wurde die Frage nach dem Wissen über Oberflächen aus Beobachtung eines einzigen Musters angerissen. Nun sollen die erweiterten Möglichkeiten betrachtet werden, die sich aus einer Beobachtung einer Mustersequenz ergeben. Typische, in der Deflektometrie gebräuchliche Mustersequenzen, dienen der eindeutigen Identifizierung der Schnittpunkte des reflektierten Strahls mit dem Monitor. Diese Mustersequenzen implementieren dazu ein Kodierungsverfahren, z. B. Graycode- oder Phasenschiebeverfahren [Pér01, Kam04]. In Kapitel 6 wird eine eigenständige Weiterentwicklung dieser Verfahren vorgeschlagen. Unter der Annahme der eindeutigen Bestimmung dieses Schnittpunktes erhält man statt Gleichung (3.23) die Zuordnung der folgenden Definition.

Definition 15 (*Deflektometrische Registrierung*). Die Abbildung von Bildpunkten zu Monitorpunkten (allgemein: Schirmpunkten)

$$l_r : A_{\text{Cam}} \to L \cup \varnothing, \quad P_B \mapsto P_L \tag{3.24}$$

wird als *deflektometrische Registrierung* bezeichnet, vgl. Abbildung 3.10. In Koordinatenschreibweise lautet diese

$$l_r : \mathbb{R}^2 \supset A_{\text{Cam}} \to \mathbb{R}^2, \quad (x_B, y_B)^\top \mapsto (x_L, y_L)^\top \tag{3.25}$$

mit dem Nullvektor als Repräsentant für „keinen Schnittpunkt".

Dies setzt bei defokussierten Abbildungen und bei streuenden Oberflächen die sinnvolle Bestimmung einer Hauptreflexionsrichtung (d. h. des Strahls s_r) voraus, z. B. durch Identifikation von s_r mit dem Schwerpunkt des reflektierten Strahlbündels.

Die Systeme Monitor und Kamera sind aus einer physikalischen Perspektive gesehen diskrete Systeme. Jedoch ist es möglich Schnittpunkte auf der Monitorebene bzw. Sensorebene aus umliegenden Pixeln zu interpolieren. Die dieser Arbeit zugrunde liegende Implementierung eines Sensorsystems benutzt dazu bilineare oder Spline-Interpolation, je nach Abwägung von Genauigkeit gegen Geschwindigkeit. Wichtig ist an dieser Stelle jedoch nur, dass die Zuordnung in Gleichung (3.24) als Abbildung zwischen kontinuierlichen Mengen $A_{\text{Cam}} \subset \mathbb{R}^2$ und $L \subset \mathbb{R}^2$ betrachtet werden kann. Gibt es für einen Sichtstrahl keinen Schnittpunkt mit dem Monitor wird dies durch den Wert 0 der Abbildung gekennzeichnet.

Die deflektometrische Registrierung ist separierbar in Abbildungen von Kamerapunkten zu Spalten- und Zeilenpositionen:

$$l_{r,rows} : \mathbb{R}^2 \supset A_{Cam} \to \mathbb{R}, \quad x_B \mapsto l_{r,rows}(x_B),$$
$$l_{r,cols} : \mathbb{R}^2 \supset A_{Cam} \to \mathbb{R}, \quad x_B \mapsto l_{r,cols}(x_B).$$

Man kann die Bildmengen dieser Abbildungen als zwei Grauwertbilder mit den Wertebereichen $\{0, \ldots, N_{MonRows}\}$ und $\{0, \ldots, N_{MonCols}\}$ interpretieren und zu deren Auswertung das ganze Spektrum an Methoden der Grauwertbildverarbeitung heranziehen.

Mittels deflektometrischer Registrierung lassen sich so krümmungsäquivalente Merkmale der Oberfläche bestimmen, die erfolgreich bei der Inspektion von lackierten Flächen eingesetzt werden können; siehe Kapitel 6.

Kennt man die Positionen von Kamera, Monitor und Prüffläche, lässt sich darüber hinaus die Größe kleiner lokaler Defekte bestimmen, vgl. Gleichung (4.12), Seite 106 und Abbildung 4.18 auf Seite 105.

Schließlich ist die deflektometrische Registrierung die Grundlage der Bestimmung von Normalenfeldern und der darauf basierenden Rekonstruktion von spiegelnden Oberflächen.

3.4.3 Normalenfelder

Bis jetzt ist nur die Zuordnung von Sensorpunkten zu Monitorpunkten bekannt, die relative geometrische Position dieser Punkte jedoch nicht. Dieses Wissen kann durch eine Systemkalibrierung (Kapitel 4.4) auf folgende Weise erhalten werden:

Sei $s = (x_C, y_C, z_C)^\top$ ein Punkt im Sichtbereich Ω_c der Kamera. Ein Kameramodell $f_{CamModel}$ liefert für dieses s den zugeordneten Bildpunkt bzw. das entsprechende Kamerapixel (z. B. nach Gleichung (4.4) auf Seite 85)

$$f_{CamModel} : \mathbb{R}^3 \supset \Omega_c \to \mathbb{R}^2, \quad (x_B, y_B)^\top = f_{CamModel}(s).$$

Diesem Punkt ist aufgrund der deflektometrischen Registrierung ein Punkt aus dem Monitorbereich mit den Koordinaten $(x_L, y_L)^\top$ zugeordnet (Gleichung (3.25))

$$(x_L, y_L)^\top = l_r(x_B, y_B).$$

Durch die Systemkalibrierung ist die wechselseitige Lage von Kamera- und Monitorkoordinatensystem bekannt. Also kann der Koordinatenvektor $(x_L, y_L, 0)^\top$ mittels Rotation $\mathbf{R}$ und Translation t aus dem Monitorsystem ins Kamerasystem transformiert werden:

$$l = \mathbf{R}\,(x_L, y_L, 0)^\top + t.$$

Damit erhält man für jeden Vektor $s \in \Omega_c$ einen korrespondieren Vektor l zum entsprechenden Monitorpunkt. Daraus ergibt sich folgende Definition:

Definition 16 (*Deflektometrische Messung*). Bei der *deflektometrischen Messung* wird jedem Sichtstrahl s, der seinerseits von einem Punkt der Kameraebene induziert wird ein Vektor l zum Monitorbereich der Monitorebene zugewiesen:

$$l : \mathbb{R}^3 \supset \Omega_c \to \mathbb{R}^3, \quad s \mapsto l(s) \tag{3.26}$$

Der Fall „reflektierter Sichtstrahl trifft nicht den Monitor" wird durch den Nullvektor gekennzeichnet. Die deflektometrische Messung hängt dabei vom Systemmodell und dessen Kalibrierung sowie von der deflektometrischen Registrierung ab.

Betrachten wir den zum Bildpunkt P_B gehörenden Sichtstrahl $s = \|s\|\,\hat{s}$ nach Abbildung 3.12. Dieser Strahl wird an der spiegelnden Prüffläche reflektiert (vgl. auch Abbildung 3.10) und schneidet die Monitorebene im Punkt P_L. Durch die deflektometrische Messung wird allen Punkten längs der Sichtstrahlrichtung $\hat{s}$ der gleiche Monitorpunkt und damit der gleiche Vektor l zugeordnet.

Die spiegelnde Oberfläche hat zwar diese Messung verursacht, ihre Form und Lage im Raum ist aber zunächst nicht bekannt, d.h. über den Betrag $\|s\|$ des Sichtstrahls kann keine Aussage getroffen werden, wir wissen nur, dass der Strahl in Richtung $\hat{s}$ an der Oberfläche gespiegelt wurde. Nehmen wir eine beliebige Länge des Sichtvektors s an, ist das Dreieck $\triangle(s, s_r, l)$ bekannt, da $s_r = l - s$. Damit sind die Richtungen des einfallenden und reflektierten Strahls auf einer hypothetischen Spiegelfläche am Ort s im Kamerasystem gegeben. Wäre an dieser Stelle die spiegelnde Fläche, müsste auch hier das Reflexionsgesetz gelten. Anwendung des Reflexionsgesetzes (Gleichung (3.18)) und Beachtung der Vorzeichenkonvention für die Nor-

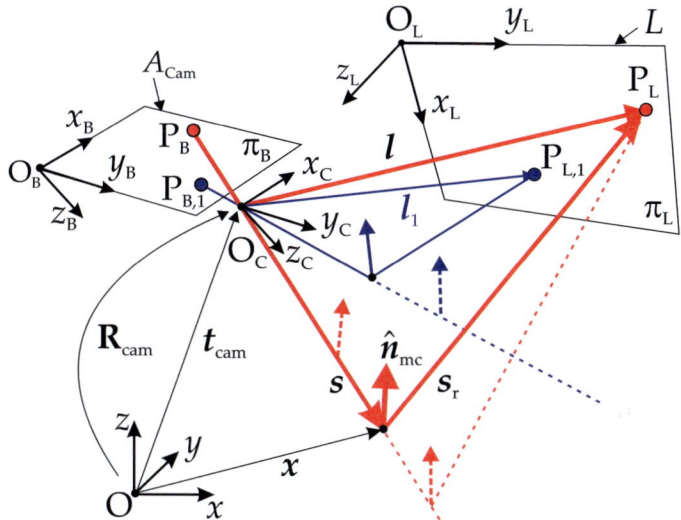

Abbildung 3.12: Geometrie zur Bestimmung des durch die deflektometrische Messung l induzierten Normalenfeldes $\hat{n}_m$.

male nach Abbildung 3.12 liefert also die Einheitsnormale aufgrund der Messung am Ort s

$$\hat{n}_{mc} = \frac{\hat{s}_r - \hat{s}}{\|\hat{s}_r - \hat{s}\|} \quad \text{mit} \quad \hat{s}_r = \frac{l - s}{\|l - s\|} . \tag{3.27}$$

Diese Normale lässt sich für alle Punkte längs der Sichtstrahlrichtung $\hat{s}$ konstruieren, d. h. es gibt unendlich viele hypothetische Spiegelpositionen, die für einen Bildpunkt und damit einer Sichtstrahlrichtung zur gleichen deflektometrischen Messung führen. Dies ist der Grund für die Mehrdeutigkeit bzw. Schlechtgestelltheit des deflektometrischen Rekonstruktionsproblems. Abbildung 3.12 veranschaulicht die Bestimmung der Normalen für zwei Sichtstrahlrichtungen, festgelegt durch die Bildpunkte P_B und $P_{B,1}$.

Dieser grundlegende Sachverhalt wird in folgender Definition festgehalten:

Definition 17 (*Deflektometrisches Normalenfeld*)**.** Die durch die deflektometrische Messung l induzierte Zuordnung von Punkten aus dem Sichtbereich Ω_c der Kamera zu Einheitsnormalen $\hat{n}_{mc}$

$$\hat{n}_{mc} : \Omega_c \to S^2, \quad \hat{n}_{mc}(s) = \frac{n_{mc}(s)}{\|n_{mc}(s)\|}$$

mit

$$n_{\mathrm{mc}}(s) = \frac{l(s) - s}{\|l(s) - s\|} - \frac{s}{\|s\|}$$

wird *deflektometrisches* oder *induziertes Normalenfeld* genannt.

Ist die Lage der Kamera im Raum bekannt, also die Rotation $\mathbf{R}_{\mathrm{Cam}}$ und Translation t_{Cam} des Kamerakoordinatensystems bezüglich des Weltsystems [28], lässt sich das deflektometrische Normalenfeld auch in Weltkoordinaten darstellen

$$\hat{n}_{\mathrm{m}} : \Omega \to S^2, \quad \hat{n}_{\mathrm{m}}(x) = \mathbf{R}_{\mathrm{Cam}}^{-1}\, \hat{n}_{\mathrm{mc}}(\mathbf{R}_{\mathrm{Cam}}\, x - t_{\mathrm{Cam}}). \tag{3.28}$$

Da die charakteristischen Eigenschaften der Normalenfelder von der gewählten Prüfkonstellation abhängen, wird diesbezüglich auf die ausführliche Darstellung im Zusammenhang mit dem Systemdesign in Kapitel 4.3 verwiesen.

Die Normalenfelder erlauben im Rahmen der Sichtprüfung zum einen eine direkte Auswertung z. B. über den Zusammenhang mit den Flächenkrümmungen, zum anderen sind die deflektometrischen Normalenfelder die Grundlage zur Flächenrekonstruktion.

3.5   Rekonstruktionsproblem der Deflektometrie

Die deflektometrische Messung erlaubt also für jeden Sichtstrahl unendlich viele hypothetische Flächenelementpositionen, was zur Frage nach der Struktur dieser „Flächenmenge" führt. Eine Antwort dazu liefert die Beschreibung dieses Problems als Differentialgleichung.

Die einzige Annahme, die über die Oberfläche getroffen werden kann, ist die Gültigkeit des Reflexionsgesetzes an jedem hypothetischen Ort, d. h. es gilt

$$\begin{aligned} \langle \hat{n}_{\mathrm{s}}(x) \mid a(x) \rangle &= 0, \\ \langle \hat{n}_{\mathrm{s}}(x) \mid b(x) \rangle &= 0 \end{aligned} \tag{3.29}$$

---

[28] Im Vorgriff auf die ausführliche Darstellung in Kapitel 4.2.1, vgl. Gleichung (4.1).

für alle $x \in \Omega$, vgl. Gleichung (3.19). Die Vektoren $a(x)$ und $b(x)$ stehen nach Konstruktion senkrecht aufeinander und liegen in der Tangentialebene einer hypothetischen Fläche (siehe auch Ableitung des Refelxionsgesetzes). Sie bilden also *deflektometrische Tangentialfelder* im Sichtbereich der Kamera.

Wie können diese Tangentialfelder auf die deflektometrische Messung zurückgeführt werden? Betrachten wir dazu zunächst die Tangentialfelder in Kamerakoordinaten a_c und b_c. Es gilt nach Konstruktion $a_c = \hat{s} + \hat{s}_r$ und $b_c = \hat{s} \times \hat{s}_r$ (Gleichung (3.19)). Ein Vergleich mit Gleichung (3.27) und Definition 17 liefert

$$a_c(s) = \frac{s}{\|s\|} + \frac{l(s) - s}{\|l(s) - s\|},$$

$$b_c(s) = \frac{s}{\|s\|} \times \frac{l(s) - s}{\|l(s) - s\|}, \quad s \in \Omega_c.$$

Eine anschließende Transformation ins Weltkoordinatensystem ist problemlos möglich, damit sind die Felder $a(x)$ und $b(x)$ direkt durch die deflektometrische Messung l bestimmt.

Diese Tangentialfelder lassen sich von einem Startpunkt aus integrieren und man erhält Kurven $p(\tau)$ und $q(\tau)$ die ganz in einer hypothetischen Oberfläche liegen (vgl. zur folgenden Darstellung die Arbeit von Balzer [Bal08]). Dies führt direkt zum *charakteristischen* Differentialgleichungssystem

$$\frac{dp(\tau)}{d\tau} = a\,(p(\tau)), \quad p(0) = s_0 \in \Omega,$$
$$\frac{dq(\tau)}{d\tau} = b\,(q(\tau)), \quad q(0) = p_0 \in p(\tau). \tag{3.30}$$

Dieses System hat in einer offenen Umgebung des Startwertes s_0 eine eindeutige Lösung, nämlich die Charakteristiken des Systems, zum Beweis siehe [Bal08].

Kennt man einen Wert $s_0 \in S$ lässt sich mittels Gleichung (3.30) die gesuchte „wahre" Fläche S basierend auf der deflektometrischen Messung rekonstruieren. Die Familie der Lösungsflächen wird durch einen eindimensionalen Parameter, hier durch den Anfangswert[29] s_0, beschrieben. Man hat somit eine *eindimensionale Lösungsmannigfaltigkeit* [Bal08].

Damit kann die eingangs gestellte Frage nach der „Flächenmenge" als Rekonstruktionsproblem beantwortet werden.

---

[29]Es genügt beispielsweise die Vorgabe des Betrags $\|s_0\|$.

Definition 18 (*Deflektometrisches Rekonstruktionsproblem*). Integration des deflektometrischen Normalenfeldes $\hat{n}_\mathrm{m}$ liefert eine eindimensionale Lösungsmannigfaltigkeit $\mathcal{L}$ in Ω. Gesucht ist die Lösung $S \in \mathcal{L}$ aus dieser Mannigfaltigkeit, so dass das Normalenfeld auf dieser Lösung mit dem Normalenfeld auf der der deflektometrischen Messung zugrunde liegenden Fläche gleich ist. Ziel ist es, die Messung verursachende Fläche zu rekonstruieren.

Bemerkung: Diese Definition erfordert von der Lösung des Rekonstruktionsproblems nicht die Kenntnis der absoluten Lage der rekonstruierten Fläche im Raum sondern nur die Übereinstimmung der Normalenfelder der Lösung und der ursprünglichen Prüffläche. Damit fallen auch Rekonstruktionen, die auf der deflektometrischen Stereomethode beruhen, unter diese Definition. Die Stereomethode selektiert ein zweidimensionales Feld aus dem auf ganz Ω definierten Normalenfeld $\hat{n}_\mathrm{m}$. Die Integration dieses Feldes führt auf eine lineare Differentialgleichung, die ohne Kenntnis eines Anfangswertes bis auf eine Konstante gelöst werden kann, man erhält somit die Fläche, weiß aber nicht wo sie liegt. Genaueres zu dieser Methode im Abschnitt über die Regularisierung (Kapitel 3.6) und in Kapitel 7.

Es bedarf also Wissens über die deflektometrische Messung hinaus, um das Rekonstruktionsproblem zu lösen. Dies führt zum Begriff der Regularisierung.

Definition 19 (*Deflektometrische Regularisierung*). Die Auswahl einer Lösung aus der Lösungsmannigfaltigkeit des deflektometrischen Rekonstruktionsproblems bezeichnet man als *deflektometrische Regularisierung*.

In Abbildung 3.13 wird der Lösungsraum eines Rekonstruktionsproblems veranschaulicht. Die diesen Rekonstruktionen zugrunde liegende Fläche ist ein in einen ebenen Spiegel eingelassenes spiegelndes Ellipsoid; dies stellt ein Modell eines technischen Spiegels dar, wie er in der optischen Messtechnik eingesetzt wird. Im Teilbild 3.13(b) werden eingebettet in das Normalenfeld $\hat{n}_\mathrm{m}$ drei Lösungsflächen zu unterschiedlichen Regularisierungswerten dargestellt. Der Regularisierungswert wird in der Abbildung als Level bezeichnet und stellt anschaulich die z-Koordinate des Anfangswerts s_0 bei festgehaltenen x- und y-Koordinaten dar. Wenn im Folgenden von *Lösungslevel* gesprochen wird, ist damit immer eine eindeutige Auswahl aus der Lösungsmannigfaltigkeit gemeint; der Begriff deutet auf die

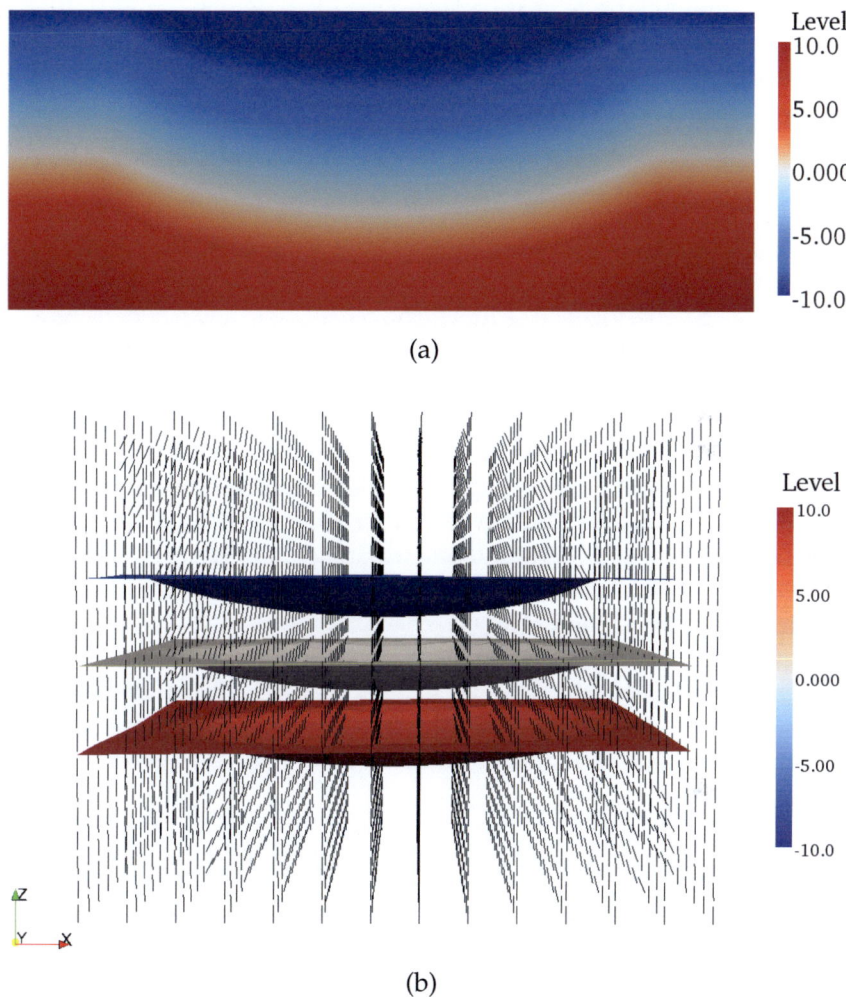

Abbildung 3.13: Beispiele aus der Lösungsmanigfaltigkeit des deflektometrischen Rekonstruktionsproblems für einen Ellipsoidspiegel.

Lösung des Rekonstruktionsproblems basierend auf impliziten Flächendarstellungen hin. Im Teilbild 3.13(a) wird der kontinuierliche Charakter der Lösungsstruktur veranschaulicht. Dargestellt ist hier ein Schnitt durch das Lösungsvolumen. Farblich kodiert sind die verschiedenen Lösungen, diese sind hierbei die Niveauflächen eines Skalarfeldes. Zu Einzelheiten der Lösungsberechnung wird auf die eigenständigen Beiträge in Kapitel 7 verwiesen.

Charakteristische Eigenschaften der Lösungsmenge des deflektometrischen Rekonstruktionsproblems können für folgenden Sonderfall schon hier angegeben werden:

Satz 2 (*Lösungsmannigfaltigkeit bei parallelen Sicht- und Reflexionsstrahlen*). Befindet sich das beobachtete Muster sehr weit von der spiegelnden Fläche entfernt (also näherungsweise im Unendlichen), sind alle einem Sichtstrahl zugeordneten reflektierten Strahlen parallel, längs eines Sichtstrahls sind damit die möglichen Normalen gleich. Im Sichtbereich Ω_c der Kamera kann dadurch jedem Sichtstrahl ein Repräsentant für alle Normalen längs dieses Strahls zugeordnet werden; diese Normalen bilden also eine Äquivalenzklasse. Damit unterscheiden sich die einzelnen Lösungsflächen nur durch eine Skalierung, bedingt durch die perspektivische Beobachtung der Kamera. Beobachtet die Kamera zusätzlich objektseitig telezentrisch das Prüfobjekt, sind auch alle Sichtstrahlen parallel. Damit sind in diesem Sonderfall die einzelnen Lösungsflächen identisch.

Nachdem gezeigt wurde, dass das deflektometrische Rekonstruktionsproblem Zusatzwissen zur Auswahl der gewünschten Lösung bedarf, stellt sich die Frage nach dem methodischen Zugang zu diesem Wissen.

3.6 Regularisierung durch Zusatzwissen

In diesem Abschnitt sollen verschiedene Zugänge zur Regularisierung des deflektometrischen Rekonstruktionsproblems dargelegt werden. Dabei werden eigene Beiträge bei der Regularisierung mittels Stereoauswertung, der Regularisierung mittels Lasertriangulation und bei der Regularisierung durch Approximation beigesteuert. Regularisierungsverfahren können unterteilt werden in Ansätze, die bei allen spiegelnden Flächen anwendbar sind und in solche, die zumindest teilspiegelnde Anteile der Prüfflächen voraussetzen. Zu letzteren gehören die Regularisierung mittels Shape-From-Shading und die Lasertriangulationsmethode.

Begonnen wird mit dem in der Literatur am meisten benutzten Ansatz.

3.6.1 Regularisierung mittels Stereoauswertung

Da das deflektometrische Stereoverfahren nicht im Fokus dieser Arbeit liegt, werden hier nur zwei wesentliche Aspekte behandelt, erstens die Möglichkeit zur Gewinnung von Rand- oder Anfangswerten zur Lösung des Rekonstruktionsproblems und zweitens die Frage nach der Eindeutigkeit dieser Werte. Im Kapitel 4.3 wird schließlich noch ein Zusammenhang zum Systemdesign hergestellt. Es sei aber bemerkt, dass die Untersuchung der deflektometrischen Normalenfelder tiefe Einblicke in diese Stereomethode ermöglicht.

Zunächst wird das deflektometrische Stereoverfahren skizziert, welches aufgrund der Vielzahl von Publikationen zum Thema als deflektometrischer Standardansatz angesehen werden kann. Die Idee, Information über spiegelnde Flächen und deren Normalenfelder aus verschiedenen Ansichten zu gewinnen, geht mindestens zurück auf die Arbeiten von Ikeuchi [Ike81]. Später haben, unter anderen, Blake und Brelstaff [Bla88], Wang und Inokuschi [Wan93], Bonfort et al. [Bon03], Knauer et al. [Kna04b], Knauer [Kna06], Kickingereder und Donner [Kic04], Kickingereder [Kic06], Petz und Tutsch [Pet05], Petz [Pet06] und Horneber [Hor06] diesen Ansatz erfolgreich aufgegriffen.

Eine deflektometrische Messung mit einer Kamera liefert ein Normalenfeld $\hat{n}_m^{(1)}$ im Sichtbereich $\Omega^{(1)}$ dieser Kamera nach Gleichung (3.28). Eine zweite Kamera[30] mit unterschiedlicher Sichtrichtung auf das Prüfobjekt liefert ebenso ein Normalenfeld $\hat{n}_m^{(2)}$ im Sichtbereich $\Omega^{(2)}$.

Jedem Punkt x aus der Schnittmenge $\Omega = \Omega^{(1)} \cap \Omega^{(2)}$ können also zwei Normalen zugeordnet werden. Auf der Prüffläche S müssen diese Normalen übereinstimmen:

$$\hat{n}_m^{(1)}(x) = \hat{n}_m^{(2)}(x) \quad \forall \, x \in S \cap \Omega.$$

Für Punkte außerhalb S beobachtet man in der Regel eine Abweichung der Normalenrichtungen, vgl. Abbildung 3.14(b).

Dies führt zur grundlegenden Idee: Bestimme längs Suchrichtungen v durch Ω die Punkte, für die die beiden Normalenrichtungen bestmöglich übereinstimmen. Diese Punkte sind mögliche Oberflächenpunkte und die so

---

[30]Oder die selbe Kamera aus unterschiedlicher Position: Monokulares Stereo.

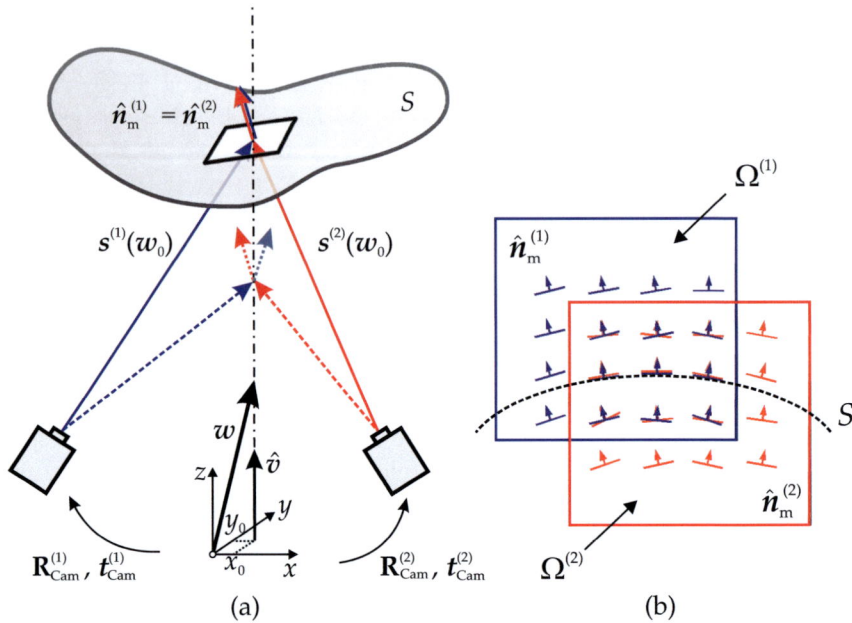

Abbildung 3.14: Zur Bestimmung der Disparität zweier Normalenfelder $\hat{n}_m^{(1)}$ und $\hat{n}_m^{(2)}$. Teilbild (a) legt die Geometrie und Nomenklatur dar; Teilbild (b) veranschaulicht die Grundidee.

bestimmten Normalen sind die Oberflächennormalen. Dieses Verfahren selektiert dabei eine zweidimensionale Mannigfaltigkeit aus den dreidimensionalen deflektometrischen Normalenfeldern.

Das einfachste Maß zur Bestimmung der Normalenabweichung $\delta_{\mathrm{disp}} : \mathbb{R}^3 \supset \Omega \to \mathbb{R}$, auch *Normalendisparität* genannt, ist die Länge des Differenzvektors der Einheitsnormalen $\delta_{\mathrm{disp}}(x) = \|\hat{n}_m^{(2)}(x) - \hat{n}_m^{(1)}(x)\|$. Ein elaborierteres Maß[31] schlagen Bonfort und Sturm [Bon03] vor:

$$\delta_{\mathrm{disp}}(x) = \frac{1}{2} \sum_{i=1}^{2} \left[\arccos \left(\left\langle \hat{n}_m^{(i)}(x) \,\middle|\, \frac{1}{2} \sum_{j=1}^{2} \hat{n}_m^{(j)}(x) \right\rangle \right) \right]^2 ,$$

welches besonders für Multistereo-Ansätze geeignet ist.

---

[31] Dies entspricht in etwa der Varianz der Winkel zwischen den betrachteten Normalen und deren Mittelwert.

Ein weiteres Disparitätsmaß ergibt sich aus der Betrachtung der Varianz der Einheitsnormalenvektoren bei N_{Stereo} Aufnahmekonstellationen:

$$\delta_{\text{disp}}(x) = \frac{1}{N_{\text{Stereo}}} \sum_{i=1}^{N_{\text{Stereo}}} \|\hat{n}_{\text{m}}^{(i)}(x) - n_{\text{mean}}(x)\|^2 = 1 - \langle n_{\text{mean}}(x)| \, n_{\text{mean}}(x)\rangle$$

$$(3.31)$$

mit dem Mittelwert der gemessenen Normalen $n_{\text{mean}} = \frac{1}{N_{\text{Stereo}}} \sum_{i=1}^{N_{\text{Stereo}}} \hat{n}_{\text{m}}^{(i)}$.

Im Vergleich zum Maß nach Bonfort und Sturm wird hierbei auf die Berechnung des arccos verzichtet und lässt sich somit sehr effizient auswerten.

Mit diesem Grundprinzip lassen sich Normalen und Flächenpunkte bestimmen. Es zeigt sich, dass diese unterschiedlichen Aufgabenstellungen von verschiedenen Aufnahmekonstellationen unterschiedlich gut unterstützt werden, ausführlich hierzu siehe Kapitel 4.3.

In der vorliegenden Arbeit wird v. a. auf die stereobasierte Bestimmung von Flächenpunkten zur Regularisierung des Rekonstruktionsproblems zurückgegriffen.

3.6.1.1 Bestimmung von Randwerten

In [Wer07b] wurde vom Autor der vorliegenden Arbeit ein Algorithmus zur Bestimmung der minimalen Normalendisparität vorgeschlagen, der in Abbildung 3.14(a) veranschaulicht wird. Im Gegensatz zu andern Ansätzen, z. B. [Pet06], wird die Suchrichtung frei gewählt und kann insbesondere in Richtung des größten Vektorgradienten des Normalenfeldes gewählt werden. Der Algorithmus besteht im Wesentlichen aus drei Schritten: Wahl des Suchbereichs Ω, dann der Festlegung der Suchrichtung $\hat{v}$ und des Startpunktes v_{a} (mit Ω liegt jetzt auch der Endpunkt v_{b} des Suchbereichs fest) und als letztem Schritt, der Bestimmung des globalen Minimums der Normalendisparität δ_{disp} in dem gegebenem Intervall. Ein möglicher Oberflächenpunkt für das durch v_{a} und v_{b} gegebene Suchintervall ist dann durch

$$w_0 = v_{\text{a}} + \left(\arg\min_{\zeta} \delta_{\text{disp}}(v_{\text{a}} + \zeta \, \hat{v}) \right) \hat{v}$$

mit $0 \leq \zeta \leq \|v_{\text{b}} - v_{\text{a}}\|$ gegeben. In Abbildung 3.14(a) wird die Suchrichtung in z-Richtung des Weltkoordinatensystems festgelegt, $\hat{v} = (0,0,1)^{\top}$.

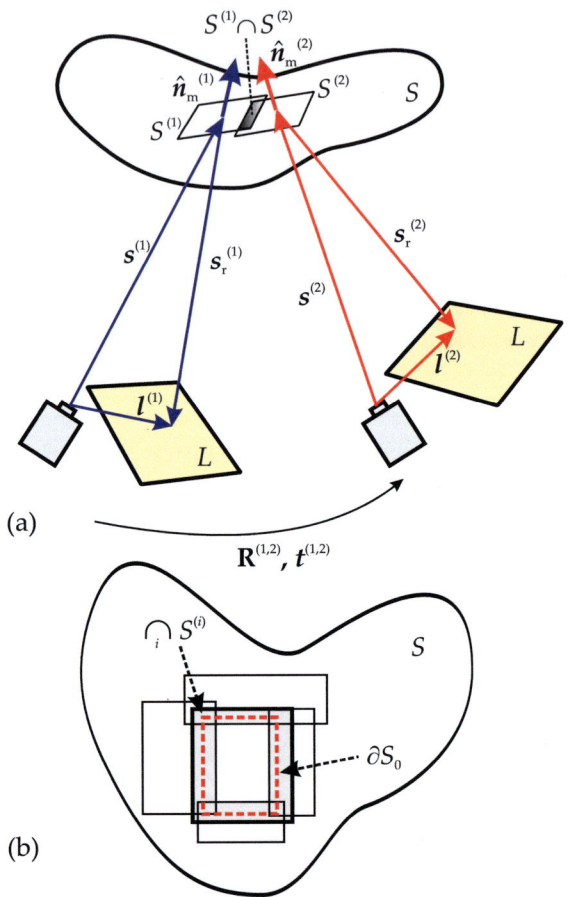

Abbildung 3.15: Zur Bestimmung von Regularisierungspunkten bzw. Rand-kurven in überlappenden Prüfbereichen.

Die Sensorkopfpositionen sind durch die Transformationen $\mathbf{R}_{\mathrm{Cam}}^{(1)}$, $\mathbf{t}_{\mathrm{Cam}}^{(1)}$ und $\mathbf{R}_{\mathrm{Cam}}^{(2)}$, $\mathbf{t}_{\mathrm{Cam}}^{(2)}$ bekannt, damit kann für jeden Sichtstrahl $\mathbf{s}^{(1)}(\mathbf{w})$ und $\mathbf{s}^{(2)}(\mathbf{w})$ das entsprechende Normalenfeld berechnet und längs $\mathbf{w}(\zeta) = (x_0, y_0, \zeta)^\top$ die minimale Disparität $\delta_{\mathrm{disp}}(\mathbf{w}(\zeta))$, also ein Punkt auf der Prüffläche S, gesucht werden.

Abbildung 3.15 setzt dieses Vorgehen in den Kontext der automatischen Sichtprüfung spiegelnder Oberflächen mit einem kompakten, robotergeführten Sensorkopf (vgl. Kapitel 4).

Die Prüfgeometrie besteht dabei aus einer fixen Kamera-Monitor-Anordnung. Durch die Roboterführung wird ein monokularer Stereoansatz ermöglicht. Da nur ein einzelner Regularisierungspunkt zur Lösung des deflektometrischen Rekonstruktionsproblems für eine Prüfposition (i) benötigt wird, genügt es, die minimale Normalendisparität nur in überlappenden Randbereichen der verschiedenen Prüfpositionen zu bestimmen, vgl. Abbildung 3.15(a). Es können nicht nur einzelne Regularisierungspunkte, sondern auch ganze Randkurven bestimmt werden, siehe Abbildung 3.15(b). Das deflektometrische Rekonstruktionsproblem lässt sich damit als Randwertproblem formulieren [Wer07a]. Dazu wird die gesuchte Fläche als Funktionsgraph angesetzt (vgl. Gleichung (3.2)).

Einsetzen der Flächennormalen nach Gleichung (3.6) in das Reflexionsgesetz in der Form von Gleichung (3.29) liefert für einen Prüfpatch nach Kürzung des Normierungsterms der Normalen

$$a_1(x,y,f)\frac{\partial f}{\partial x} + a_2(x,y,f)\frac{\partial f}{\partial y} = a_3(x,y,f),$$

$$b_1(x,y,f)\frac{\partial f}{\partial x} + b_2(x,y,f)\frac{\partial f}{\partial y} = b_3(x,y,f),$$

$$f(x,y) = G_0(x,y), \quad G_0 : \partial S_{xy,0} \to \mathbb{R},$$

$$\nabla f(x,y) = \Gamma(x,y), \quad \Gamma : \partial S_{xy,0} \to \mathbb{R}^2,$$

(3.32)

mit den Tangentialfeldern $a(x,y,z) = (a_1(x,y,z), a_2(x,y,z), a_3(x,y,z))^\top$ und $b(x,y,z) = (b_1(x,y,z), b_2(x,y,z), b_3(x,y,z))^\top$, die nur von der deflektometrischen Messung und der bekannten Prüfgeometrie abhängen. Weiter wird mit $\partial S_{xy,0}$ die Projektion von ∂S_0 auf die xy-Ebene bezeichnet. Damit ist das deflektometrische Rekonstruktionsproblem als Randwertproblem formuliert, das sich z. B. mittels Finiter-Element-Methode lösen lässt.

In Abbildung 3.16(b) werden schließlich experimentell gewonnene Ergebnisse dargestellt. Das Prüfobjekt ist dabei ein ebener Spiegel. Teilbild (a) zeigt das Disparitätsfeld $\delta_{\text{disp}}(x)$ für fünf überlappende Prüfbereiche des für diese Arbeit entwickelten Sensorsystems. Dabei wird der Sensorkopf im Abstand von 50 cm vom Prüfobjekt sternförmig um jeweils 20 cm verfahren.

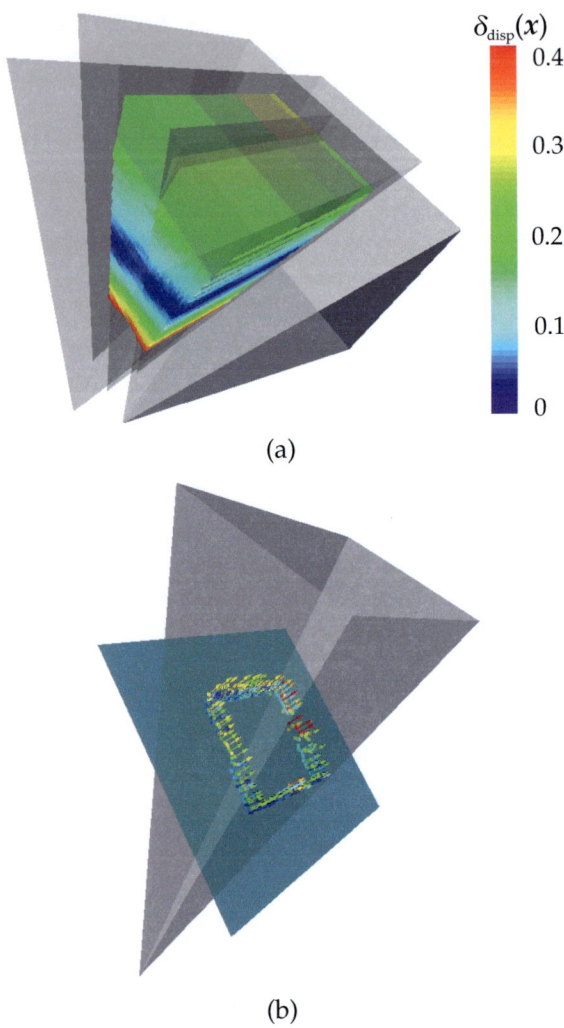

(a)

(b)

Abbildung 3.16: Bestimmung einer Randkurve mittels deflektometrischem Stereo. Teilbild 3.16(a): Bestimmung des Disparitätenfelds nach Gleichung (3.31) für 5 überlappende Kamerasichtkegel, Teilbild 3.16(b): Selektion der Randkurve, zusätzlich sind die Normalen längs dieser Kurve dargestellt.

Der Bereich mit nahezu verschwindender Disparität (dunkelblau dargestellt) weist auf die echte Prüffläche hin. In Teilbild (b) wird eine extrahierte
Randkurve mit zugehörigen Normalen längs dieser Kurve dargestellt. Zusätzlich ist die Prüfspiegelfläche eingezeichnet. (Rekonstruierte Flächen
werden in Kapitel 7 präsentiert.)

Der hier vorgestellte monokulare Stereoansatz hat folgende Vorteile:

- minimale Hardwarekosten durch monokulares Stereo,

- maximale Stereobasis durch Bestimmung der Disparitäten nur in den
  Randbereichen,

- glatte Übergänge zwischen Oberflächenpatches verschiedener Prüfbereiche durch Kenntnis der Lage und der Normalen im Randbereich,

- multiple Lösungsstrategien für einen durch die Randkurve begrenz-
  ten Prüfpatch (z. B. Geschwindigkeit vs. Genauigkeit).

3.6.1.2 Eindeutigkeit der Randwerten

Bisher wurde die Bestimmung von Normalen, Punkten und Randkurven
mittels Stereoansatz erörtert. Es bleibt die Frage nach der Eindeutigkeit
dieser Bestimmung.

Dieser Frage soll in dieser Arbeit durch Betrachtung der Lösungsmannigfaltigkeit des deflektometrsichen Rekonstruktionsproblems nachgegangen
werden. Betrachten wir dazu zunächst Beispiele aus den Lösungsräumen
für das Rekonstruktionsproblems eines konvexen Paraboloid-Spiegels S
aus unterschiedlichen Aufnahmerichtungen, vgl. Abbildung 3.17. Die Bestimmung von Normalen und Flächenpunkten mittels Stereoverfahren ist
dabei nur in den überlappenden Bereichen der Sichtkegel der Kameras
möglich. Diese Abbildung zeigt deutlich, dass sich die Lösungskurven im
überlappenden Bereich schneiden und nur am Ort des wahren Spiegels
übereinstimmen. Dies bedeutet, dass an jedem Punkt $x \in S_1$ auf einer beliebigen (außer der wahren) Fläche aus dem Lösungsbereich der Kamera 1

$$\hat{n}_m^{(1)}(x) \neq \hat{n}_m^{(2)}(x) \quad \forall x \in S_1 \quad \text{und} \quad S_1 \neq S$$

gilt, m. a. W. Gleichheit der Normalen an einem Punkt x würde Berührung
einer Lösungsflächen aus dem Bereich der Kamera 1 mit einer Fläche aus
dem Lösungsbereich der Kamera 2 an diesem Punkt bedeuten.

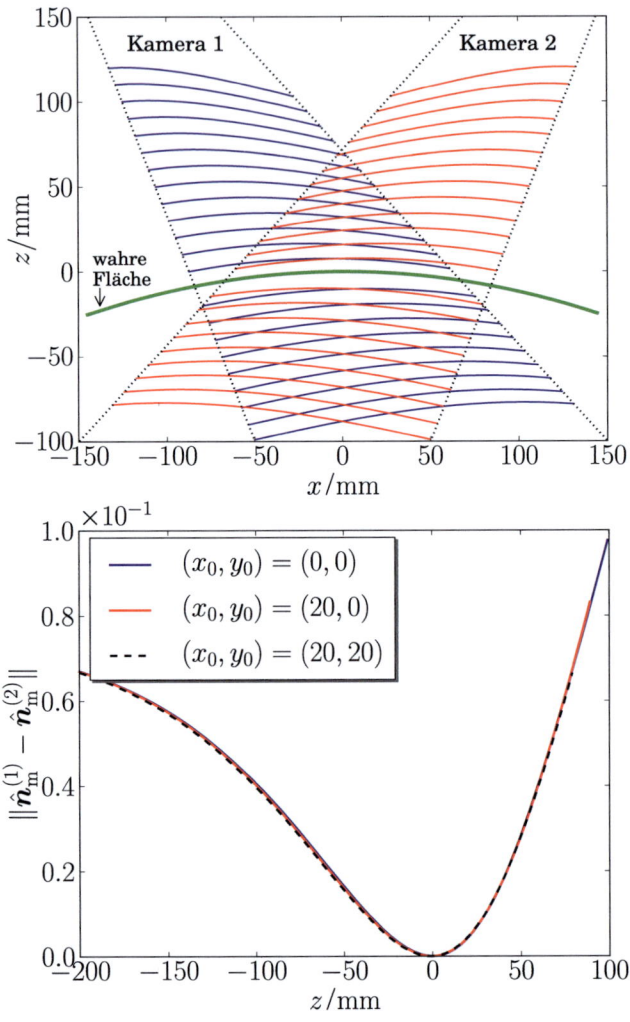

Abbildung 3.17: Darstellung der Lösungsräume der Rekonstruktionsprobleme für ein konvexes Paraboloid (oben) und die Normalendisparitäten längs dreier senkrechter Schnittgeraden durch die Lösungsmannigfaltigkeiten (unten).

Im unteren Teilbild der Abbildung 3.17 sind dazu die Normalendisparitäten längs dreier senkrechten Schnittgeraden durch die Lösungsmannigfaltigkeiten der beiden Aufnahmekonstellationen dargestellt. Deutlich erkennt man dabei das eindeutige globale Mininimum der Disparität im Bereich der wahren Fläche. Dies zeigt, dass bei perspektivischer Beobachtung eines nicht weit entfernten Musters (vgl. Satz 2, Seite 50) über ebene Flächen, konvexe Paraboloide und ebenso für konvexe Sphären, das Stereoverfahren für zwei beliebige Positionen eindeutige Ergebnisse liefert, [32] vergleiche dazu noch einmal Abbildung 3.17. Gilt dies aber auch für beliebige Flächen?

In Abbildung 3.18 ist ein Schnitt durch die Lösungsräume für zwei Kamerapositionen und einen sinusförmigen Spiegel (gestrichelt eingezeichnet) dargestellt.

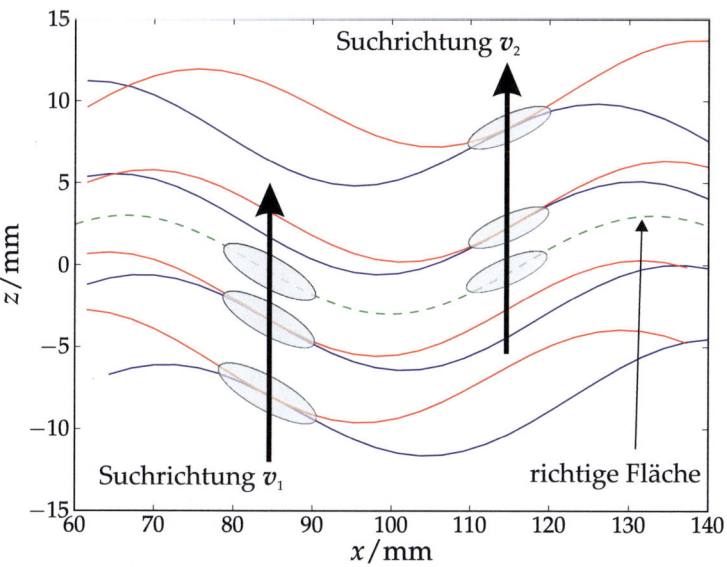

Abbildung 3.18: Mehrdeutigkeit bei der Bestimmung von Normalendisparitäten längs zweier Suchrichtungen durch die Lösungsräume bzw. deren Normalenfelder bei einer Stereoanordnung.

---

[32]Dies ist bemerkenswert, da z. B. das Regularisierungsverfahren mittels optischem Fluss nicht bei allen Bewegungen der Sensorik bzw. des Objektes eingesetzt werden kann.

Längs den Suchrichtungen v_1 und v_2 berühren sich die Lösungsflächen außer für die echte Fläche noch in zwei anderen Orten, d. h. für diese sinusförmige Prüffläche und den zugrunde liegenden Stereoaufbau, existieren zumindest lokale Mehrdeutigkeiten, die sich ohne Zusatzwissen nur aufgrund der Betrachtung der Normalendisparitäten nicht auflösen lassen. Lokale Mehrdeutigkeiten zeigen also schon einfache Prüfgeometrien. Siehe dazu die Arbeit von Balzer [Bal07].

Gibt es darüber hinaus auch Flächen die sich global mittels Stereoansatz nicht voneinander unterscheiden lassen? Nachfolgend wird dazu ein neuer Algorithmus zur geometrischen Konstruktion von solchen Flächenpaaren angegeben.

Wählen wir o.B.d.A. irgendeinen Punkt im gemeinsamen Sichtbereich der Kameras. Dieser Punkt bildet zusammen mit den beiden Projektionszentren der Kameras eine Ebene, vgl. Abbildung 3.19. Da der gesamte Inspektionsbereich durch eine Ebenenschar durch die Projektionszentren aufgespannt werden kann, genügt es, den Konstruktionsalgorithmus auf einer solchen Schnittebene zu beschreiben. Die Fortsetzung auf den gesamten Inspektionsbereich gelingt dann problemlos.

Wählen wir einen Startpunkt am rechten Rand des Inspektionsbereichs der Kamera 1, so dass dieser außerhalb des Sichtkegels der Kamera 2 liegt. Das Flächenstück A_1 wird nur von Kamera 1 gesehen, kann also beliebig vorgeben werden, z. B. durch eine ebene Fläche. Dieses Flächenstück induziert im Teilbereich $\Omega_1^{(1)}$ ein Normalenfeld $\hat{n}_{m,1}^{(1)}$, so dass alle weiteren möglichen Lösungsflächen in $\Omega_1^{(1)}$ dieses Normalenfeld erfüllen müssen[33]. Durch Vorgabe eines Randpunktes wird eine Lösung B_1 aus der Lösungsmannigfaltigkeit des Rekonstruktionsproblems zu $\hat{n}_{m,1}^{(1)}$ selektiert, wobei diese Lösungsfläche wiederum ein Normalenfeld $\hat{n}_{m,1}^{(2)}$ im Bereich $\Omega_1^{(2)}$ induziert. Dadurch sind die Normalenfelder in den Bereichen $\Omega_1^{(1)}$ und $\Omega_1^{(2)}$ bestimmt. Das Normalenfeld $\hat{n}_{m,1}^{(2)}$ in $\Omega_1^{(2)}$ legt jetzt alle möglichen Lösungen in diesem Teilvolumen fest. Wählen wir A_2 aus dieser Lösungsmenge mit stetigem Anschluss an A_2. An dieser Stelle existieren nun 2 Teilflächen B_1 und $A_1 \cup A_2$, die sich bei der gewählten Stereogeometrie nicht unterscheiden lassen.

---

[33]Zur Nomenklatur: $\Omega_k^{(i)}$ bezeichnet die Teilmenge des Sichbereichs der Kamera i der durch die Teilfläche mit Index k aufgespannt wird; gleiches gilt für die durch diese Teilfläche induzierten Normalenfelder $\hat{n}_{m,k}^{(i)}$.

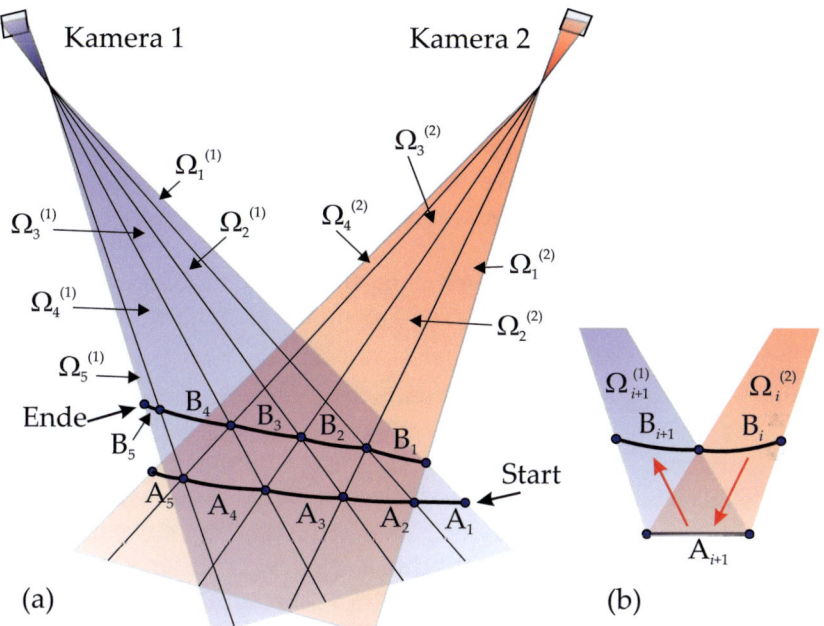

Abbildung 3.19: Zur Konstruktion von zwei spiegelnden Flächen $A = \{A_i\}$ und $B = \{B_i\}$, die für eine gegebene Stereokonstellation nicht unterscheidbar sind, Teilbild (a). Mögliche Reihenfolge der Konstruktion, Teilbild (b).

Dieses Verfahren lässt sich iterativ fortsetzen, so dass $A_i \rightarrow B_i$ und $B_i \rightarrow A_{i+1}$ bedingt.

Die Grundidee des Algorithmus ist die Konstruktion der Teilflächen B_i, B_{i+1} in disjunkten Bereichen der durch die Fläche A_{i+1} aufgespannten Sichtkegel $\Omega_{i+1}^{(1)}$ und $\Omega_i^{(2)}$ (Abbildung 3.19(b)). Stereoverfahren bedürfen unterschiedlicher Sichtrichtungen auf das Prüfobjekt, damit gilt $\Omega^{(1)} \neq \Omega^{(2)}$ und folglich lassen sich solche disjunkte Teilbereiche immer konstruieren. Im Algorithmus 3.1 (siehe Seite 64) wird das Verfahren zusammengefasst.

Das Ergebnis der vorangegangenen Überlegungen wird in Satz 3 festgehalten:

Satz 3 (*Mehrdeutigkeit des deflektometrischen Stereoverfahrens*). Für jede Stereoanordnung lassen sich spiegelnde Flächen A und B mit $A \neq B$ im gemeinsamen Sichtbereich der Kameras $\Omega^{(1)} \cap \Omega^{(2)}$ konstruieren, die nur durch Bestimmung der Normalendisparitäten nicht unterscheidbar sind.

Der Beweis erfolgt aufgrund des angegebenen Konstruktionsverfahrens, das nur $\Omega^{(1)} \neq \Omega^{(2)}$ voraussetzt und somit bei allen Stereoanordnungen anwendbar ist.

In der Abbildung 3.20 werden abschließend Schnitte durch die Lösungsmannigfaltigkeiten für ein konkaves Paraboloid dargestellt. Im Gegensatz zum konvexen Fall nach Abbildung 3.17 (Seite 58) zeigt dieses Beispiel eine gute Übereinstimmung der Lösungsflächen aus beiden Aufnahmekonstellationen. Insbesondere zeigt die Normalendisparität längs dreier senkrechter Schnitte durch die Lösungsräume drei ausgeprägte Minima. Darüber hinaus liegen die Normalendisparitäten im gesamten Sichtbereich in einer Größenordnung von 10^{-6}, was aus praktischen Gründen eine Bestimmung der Normalen für die gegeben Aufnahmekonstellation unmöglich macht[34]. Das Stereoverfahren versagt in diesem Beispiel also global.

Bemerkung 1: Es lassen sich mit diesem Konstruktionsprinzip auch lokal mehrdeutige Flächen für mehr als zwei Kamerapositionen konstruieren.

Bemerkung 2: Bei vollspiegelnden Flächen gibt es im Allgemeinen wenige effektive Alternativen zur Stereomethode für die Bestimmung von echten Oberflächenpunkten.

Bemerkung 3: Lassen sich Oberflächenpunkte aufgrund ihrer charakteristischen Ausprägung in den verschiedenen Kameraansichten identifizieren, so lassen sich für diese Punkte die Verfahren der üblichen (bei nichtspiegelnden Oberflächen angewandten) Stereoauswertung einsetzen, vgl. Horbach [Hor07].

---

[34]Bei einem Monitorabstand von 1m bedeutet eine Messung einer Normalenabweichung von 10^{-6} eine Bestimmung der Schnittpositionen des reflektierten Strahls ebenso in der Größenordnung von 10^{-6}m; dies ist mit herkömmlichen LCD-Monitoren nicht realisierbar.

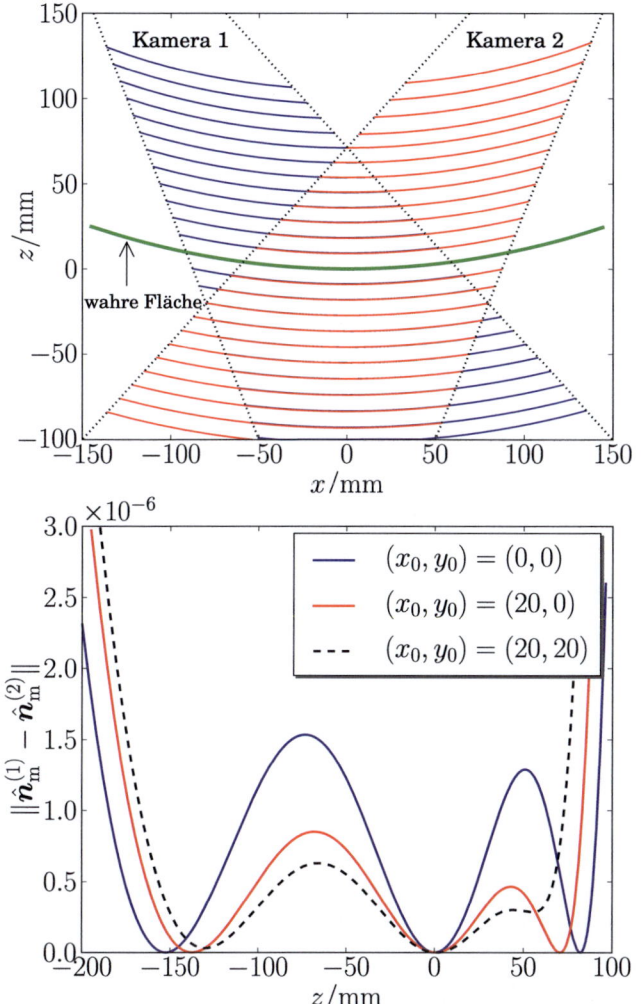

Abbildung 3.20: Darstellung der Lösungsräume der Rekonstruktionsprobleme für ein konkaves Paraboloid (oben) und die Normalendisparitäten längs dreier senkrechter Schnittgeraden durch die Lösungsmannigfaltigkeiten (unten).

Algorithmus 3.1 Flächenkonstruktion mit spekularer Stereoäquivalenz.

1: *Gegeben*: Stereoanordnung mit zwei Kamerasichtbereichen $\Omega^{(1)}$ und $\Omega^{(2)}$ mit $\Omega = \Omega^{(1)} \cap \Omega^{(2)} \neq \emptyset$ und $\Omega^{(1)} \neq \Omega^{(2)}$

2: *Ergebnis*: Flächen $A = \bigcup_i A_i$ und $B = \bigcup_i B_i$

3: Wähle Startfläche $A_1 \subset \Omega^{(1)}$ mit $A_1 \cap \Omega^{(2)} = \emptyset \longrightarrow \Omega_1^{(1)}$

4: Löse ReconstProblem$(\Omega_1^{(1)}) \longrightarrow$ Lösungsmannigfaltigkeit $\mathcal{L}_1^{(1)}$

5: Wähle $B_1 \in \mathcal{L}_1^{(1)} \longrightarrow \Omega_1^{(2)}$

6: $i \leftarrow 0$

7: **repeat**

8:　　$i \leftarrow i+1$

9:　　Löse ReconstProblem$(\Omega_i^{(2)}) \longrightarrow \mathcal{L}_i^{(2)}$

10:　　Wähle $A_{i+1} \in \mathcal{L}_i^{(2)}$ mit stetigem Anschluss an $A_i \longrightarrow \Omega_{i+1}^{(1)}$

11:　　Löse ReconstProblem$(\Omega_{i+1}^{(1)}) \longrightarrow \mathcal{L}_{i+1}^{(1)}$

12:　　Wähle $B_{i+1} \in \mathcal{L}_{i+1}^{(1)}$ mit stetigem Anschluss an $B_i \longrightarrow \Omega_{i+1}^{(2)}$

13: **until** $\bigcup_i \Omega_i^{(1)} \supseteq \Omega^{(1)}$ oder $\bigcup_i \Omega_i^{(2)} \supseteq \Omega^{(2)}$

3.6.2　Regularisierung mittels Optischem Fluss

Verschiebt man die spiegelnde Oberfläche nur infinitesimal bleibt das Korrespondenzproblem von Sichtstrahl zu Oberflächenpunkt handhabbar. Die Auswertung des optischen Flusses liefert die benötigte Zusatzinformation zur Regularisierung des deflektometrischen Rekonstruktionsproblems. Die Grundidee, aus den Bewegungen eines Beobachters Informationen über die beobachtete spiegelnde Fläche zu erhalten, geht mindestens bis auf Zisserman et al. [Zis89] zurück. Dies ist genau die Strategie, die eine Versuchsperson intuitiv ergreift, um interessierende Details spiegelnder Flächen ins „richtige Licht" zu rücken. Roth und Black [Rot06] haben ein auf optischem Fluss basierendes approximatives Rekonstruktionsverfahren spiegelnder Flächen vorgeschlagen. Dieses Modell wurde von Lellmann et al. [Lel08] durch eine geschlossene analytische Lösung erweitert. Ausführlich beschreibt Balzer in [Bal08] dieses Regularisierungsverfahren. Vasilyev et al. [Vas08] benutzen schließlich mehrere unabhängige Bewegungen und die daraus folgenden optischen Flüsse zur Regularisierung des Rekonstruktionsproblems.

3.6.3 Regularisierung durch Polarisation

Dieser Regularisierungsansatz basiert auf dem a priori Wissen über die Winkelabhängigkeit der Polarisation des einfallenden und reflektierten Lichts bei einer gegebenen Oberfläche. Mit diesem Wissen ist es möglich zusätzliche Informationen über die Oberflächennormalen mittels einer Polarisationsserie zu gewinnen, welche zur Regularisierung des Rekonstruktionsproblems benutzt werden kann. Rahmann und Canterakis [Rah01] haben ein auf Polarisationseffekten basierendes Verfahren zur Normalenbestimmung vorgeschlagen. Für diffus reflektierende Oberflächen wurde von Wolff [Wol89] und von Wolff und Tarrance [Wol91] ein Ansatz zur Bestimmung von Oberflächennormalen basiered auf einem Fresnelschen Reflexionsmodell präsentiert und nachfolgend auf spiegelnde Flächen erweitert. Morel et al. [Mor05] beschreiben einen Shape-from-Polarization-Ansatz, den sie auf metallische Oberflächen erweitern. Atkinson [Atk07a] gibt schließlich einen guten Überblick über den Zusammenhang von Polarisation und Oberflächengestalt.

3.6.4 Regularisierung mittels Shape-From-Contour

Der Shape-From-Contour-Ansatz orientiert sich an der menschlichen visuellen Wahrnehmung, die Konturwissen zur Schätzung der 3D-Gestalt von Objekten benutzt [Koe84]. Ist bei der deflektometrischen Inspektion die Kontur des Prüfobjekts zugänglich, können von dieser Merkmale zur Regularisierung abgeleitet werden. Kennt man a priori die Größe des Prüfobjektes, kann aufgrund der Kontur die Lage im Sichtkegel der Kamera geschätzt werden, wodurch eine Lösung aus der Lösungsmannigfaltigkeit des Rekonstruktionsproblems selektiert werden kann. Durch Benutzung eines Stereoaufbaus ergeben sich wieder in beiden Objektansichten identifizierbare Merkmale, die mittels klassischem Stereoansatz ausgewertet werden können.

Mit dem Shape-From-Contour-Ansatz ist das folgende Regularisierungsverfahren eng verwandt.

3.6.5 Regularisierung mittels Annahme über Objektlage

Dieses Verfahren beruht darauf, dass nur ein einzelner Objektpunkt, der Regularisierungsparameter, zur vollständigen Objektrekonstruktion nötig ist. Wird für einen Objektpunkt seine Lage im Raum geschätzt, z. B. durch eine fixierte Position innerhalb eines Prüfaufbaus, so reicht dies für eine Oberflächenrekonstruktion aus. Es bleibt die Frage nach der Genauigkeit mit der diese Annahme erfolgen muss, um eine vorgegebene Rekonstruktionsgenauigkeit einzuhalten.

Da die Rekonstruktionsgenauigkeit von der geometrischen Anordnung von Kamera und Monitor zum Objekt abhängt, werden Beispiele dazu in den Kapiteln 4.3.2.1 und 4.3.2.2 gegeben. Es wird sich zeigen, dass bei geschicktem Systemaufbau eine gute Rekonstruktionsgenauigkeit bei einer im Verhältnis dazu großen Spannweite von Auswahlmöglichkeiten aus dem Lösungsraum möglich ist. Ein optimiertes Systemdesign unterstützt dieses Regularisierungsverfahren, welches damit für eine Bauteilprüfung im industriellen Umfeld, mit einer im Allgemeinen bekannten Prüfobjektlage, gut einsetzbar ist.

3.6.6 Regularisierung mittels modellbasierter Linearisierung

Die Differentialgleichungen, die das deflektometrische Rekonstruktionsproblem beschreiben sind nichtlinear bzw. quasilinear. Betrachten wir dazu nochmals das System quasilinearer Differentialgleichungen erster Ordnung nach Gleichung (3.32). Die Koeffizientenfunktionen $a(x, y, f(x, y))$ und $b(x, y, f(x, y))$ hängen dort von der gesuchten Funktion $f(x, y)$ ab und beschreiben die auf der deflektometrischen Messung beruhenden Tangenten an die gesuchte Fläche. Ist ein Flächenmodell $\zeta : \mathbb{R}^2 \to \mathbb{R}$, $z = \zeta(x, y)$ bekannt, so kann dies zur Selektion von Tangenten aus den dreidimensionalen Tangentenfeldern herangezogen werden:

$$a_{\lin}(x, y) = a(x, y, \zeta(x, y)),$$
$$b_{\lin}(x, y) = b(x, y, \zeta(x, y)).$$

Dies bedeutet eine Linearisierung des Rekonstruktionsproblems, da dadurch die Abhängigkeit der Tangentenfelder $a(x, y, f)$ und $b(x, y, f)$ von

$f(x,y)$ eliminiert wird. Aus dem quasilinearen System nach Gleichung (3.32) wird damit das lineare

$$a_{1,\text{lin}}(x,y)\frac{\partial f(x,y)}{\partial x} + a_{2,\text{lin}}(x,y)\frac{\partial f(x,y)}{\partial y} = a_{3,\text{lin}}(x,y),$$

$$b_{1,\text{lin}}(x,y)\frac{\partial f(x,y)}{\partial x} + b_{2,\text{lin}}(x,y)\frac{\partial f(x,y)}{\partial y} = b_{3,\text{lin}}(x,y),$$

$$f(x,y) = G_0(x,y), \quad G_0 : \partial S_{\text{xy},0} \to \mathbb{R},$$

$$\nabla f(x,y) = \Gamma(x,y), \quad \Gamma : \partial S_{\text{xy},0} \to \mathbb{R}^2.$$

Durch Auswahl eines zweidimensionalen Teilraums aus den dreidimensionalen Tangentenfeldern bzw. aus dem dreidimensionalen deflektometrischen Normalenfeld wird also das Rekonstruktionsproblem linear, genau dies bewirkt auch die Selektion von Normalen mittels spekularer Stereomethode. Diese Auswahl kann auch mit anderen Verfahren getroffen werden. Kennt man z. B. die ungefähre Objektlage, kann mittels ebenem Schnitt durch das Normalenfeld eine mindestens qualitative Oberflächenrekonstruktion erreicht werden. Dieser Ansatz ist im Vergleich zur vorangegangenen Methode gröber. Kennt man ein Modell des Objekts, so kann die Auswahl der Normalen aus dem Normalenfeld dadurch erfolgen. Da nur ein Regularisierungspunkt nötig und das deflektometrische Normalenfeld durch die deflektometrische Messung leicht zugänglich ist, wird der Ansatz der Regularisierung mittels Annahme über die Objektlage bevorzugt.

In Abbildung 3.21 wird der Regularisierungsansatz mittels modellbasierter Linearisierung an einem Beispiel demonstriert. Die Prüffläche ist eine Sphäre mit einem Radius von 300 mm. Die Kamera befindet sich 450 mm von der Prüfoberfläche entfernt und der Prüfbereich beträgt 60 mm × 60 mm. Aus dem deflektometrischen Normalenfeld wird mittels ebenem Schnitt (grobes, lineares Modell der Prüffläche) parallel zur xy-Ebene bei $z = 57$ mm ein zweidimensionales Normalenfeld selektiert, vgl. Abbildung 3.21(a). Dieses wird mit der Finiten-Differenz-Methode integriert. In Abbildung 3.21(b) ist der absolute Rekonstruktionsfehler dargestellt. Trotz grober Normalenselektion kann der punktweise Rekonstruktionsfehler in diesem Beispiel in weiten Bereichen kleiner als 200 μm gehalten werden.

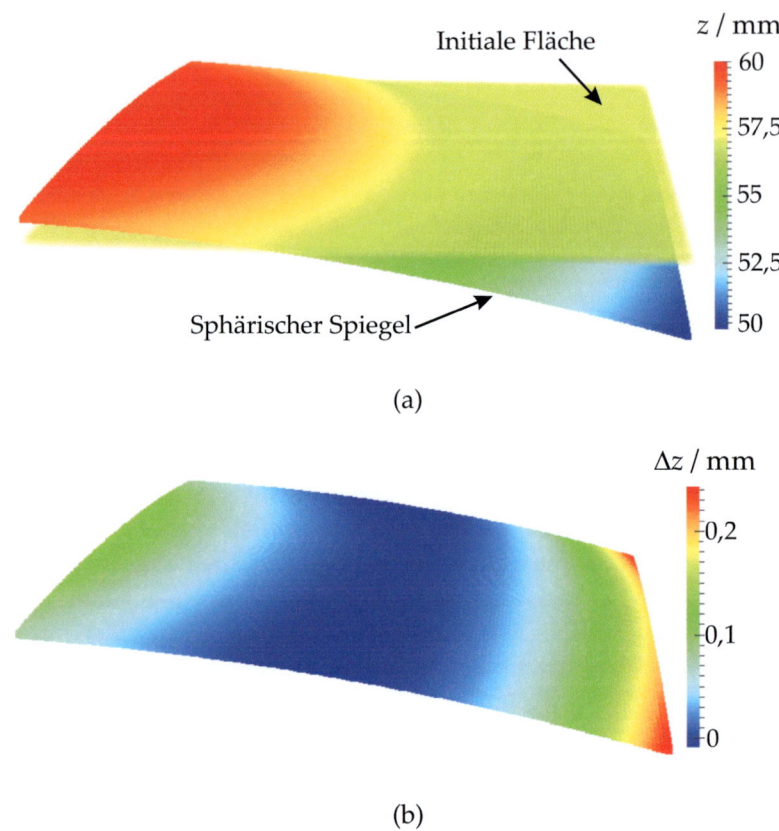

(a)

(b)

Abbildung 3.21: Zur Regularisierung durch Linearisierung: Teilbild (a): Objektfläche und ebener Schnitt als Modellfläche und Teilbild (b): Absoluter Fehler der Rekonstruktion.

3.6.7 Regularisierung durch spezielle Aufnahme-konstellationen

Petz [Pet06] schlägt ein Verfahren zur Bestimmung von Oberflächennormalen basierend auf einer bekannten Verschiebung des Monitors vor. Damit wird eine eindeutige Bestimmung der Richtung des reflektierten Strahls $\hat{s}_r$ ermöglicht. Die Kamerabildpunkte legen, wie bereits erwähnt, die Sichtstrahlrichtung $\hat{s}$ fest. Mit der deflektometrischen Messung l ist dann das Dreieck $\triangle(s, s_r, l)$ vollständig bestimmt und damit ist auch die Norm von s bekannt. Damit ist für jeden Sichtstrahl die Normale in s eindeutig bestimmbar. Dieses Verfahren kann erneut als Linearisierung aufgrund der Selektion eines zweidimensionalen Unterraums aus dem deflektometrischen Normalenfeld beschrieben werden.

Bähr et al. [Bäh07] gehen den umgekehrten Weg. Durch ein spezielles Linsenarray werden Lichtbündel über die zu prüfende Spiegelfläche auf einen Schirm projiziert. Dieser Schirm wird durch eine Kamera in fixiertem Abstand beobachtet. Wird dieses Schirm-Kamera-System definiert verschoben können die Richtungen der reflektierten Strahlen bestimmt werden, wodurch sich die Oberflächennormalen ermitteln lassen. Vorteil dieses Ansatzes ist die große Schärfentiefe infolge der geringen Divergenz der Strahlenbündel.

Seßner schlägt in [Seß00, Seß04, Seß09] ein Verfahren basierend auf telezentrischer Beobachtung von Mustern vor. Damit wird wiederum eine eindeutige Zuordnung von Sichtstrahlen zu Oberflächennormalen ermöglicht. Dieses Verfahren kommt bei der Prüfung von Gleitsichtbrillengläsern zum Einsatz.

Diese Verfahren können trotz unterschiedlicher Aufnahmekonstellationen und -verfahren als Linearisierung des deflektometrischen Problems betrachtet werden. Darüber hinaus stellen sie Grenzfälle des in der vorliegenden Arbeit benutzten Verfahrens dar. Befindet sich der Monitor unendlich weit von der Oberfläche entfernt, ändert sich das Normalenfeld längs eines Sichtstrahls nicht, siehe Kapitel 4.3.2.1. Jede Selektion einer Normalen ist daher die „richtige". Alle drei Verfahren verlagern quasi durch spezielle Aufnahmetechniken den Monitor aus dem Unendlichen in einen kompakten Aufbau.

3.6.8 Regularisierung mittels Fokusserie

Beobachtet man ein bekanntes Muster über eine spiegelnde Oberfläche mit unterschiedlicher Fokussierung, siehe Abbildung 3.22, erhält man eine sogenannte Fokusserie. Da eine vollständige Entfaltung des Zugangs Gegenstand aktueller Forschung ist, können hier nur Möglichkeiten zur Auswertung skizziert werden. Beobachten wir die einzelnen Teilbilder der

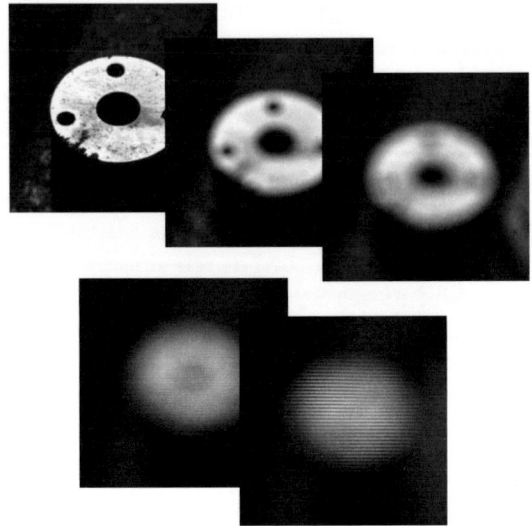

Abbildung 3.22: Fokusserie: Änderung der Fokussierung von der ebenen Prüffläche hin zum Monitor. Die Fokussierung ändert sich dabei von einer scharfen Abbildung der Prüffläche hin zu einer scharfen Abbildung des auf dem Monitor dargestellten Musters.

Fokusserie und stellen lokal die Fokusentfernung bzw. Bildweite b_{cam} bei einer lokal scharfen Abbildung eines auf dem Monitor dargestellten Musters fest. Unter der Annahme eines lokal ebenen Spiegels gilt die Gaußsche Abbildungsgleichung (g_{cam} bezeichnet dabei die Gegenstandsweite)

$$\frac{1}{f_{\mathrm{Cam}}} = \frac{1}{b_{\mathrm{cam}}} + \frac{1}{g_{\mathrm{cam}}}.$$

Mit den Bezeichnungen s und s_{r} für den einfallenden und reflektierten Strahl (vgl. Abbildung 3.10) gilt

$$g_{\mathrm{cam}} = \frac{f_{\mathrm{Cam}} b_{\mathrm{cam}}}{b_{\mathrm{cam}} - f_{\mathrm{Cam}}} = \|s\| + \|s_{\mathrm{r}}\|,$$

mit der aus der Auswertung der Fokusserie bekannten Bildweite b_{cam}. Damit ist auch $\|s\| + \|s_{\mathrm{r}}\|$ bekannt. Weiter gilt für das Dreieck $\triangle(s, s_{\mathrm{r}}, l)$

$$\|s_{\mathrm{r}}\|^2 = \|s\|^2 + \|l\|^2 - 2\|s\|\|l\| \cos \alpha_{\mathrm{l,s}},$$

mit $\cos \alpha_{l,s} = \langle \hat{s} | \hat{l} \rangle$ und aus der Messung bekanntem $\| l \|$. Mit beiden Gleichungen lässt sich ein Punkt $s = \| s \| \hat{s}$ auf der Prüffläche bestimmen und somit eine Lösung eindeutig aus der Lösungsmannigfaltigkeit des deflektometrischen Rekonstruktionsproblems auswählen.

Nachfolgend werden weitere Verfahren vorgestellt, die eine zumindest teilspiegelnde Oberfläche voraussetzen.

3.6.9 Regularisierung mittels Shape-From-Shading (SFS)

Das SFS-Problem hat strukturelle Analogien zum deflektometrischen Rekonstruktionsproblem [Bal06a]. Beide Rekonstruktionsverfahren basieren auf Information über Oberflächennormalen. Man erhält die zur vollständigen Rekonstruktion der beobachteten Flächen benötigte Zusatzinformation jeweils aus dem anderen Verfahren. Zur Regularisierung des deflektometrischen Rekonstruktionsproblems genügt es, eine teilspiegelnde Oberfläche mit gerichtetem Licht zu beleuchten und die diffusen Reflexionsanteile mittels SFS auszuwerten. Für eine ausführliche Darstellung sei auf die Arbeit von Balzer [Bal08] verwiesen. Weitergehend beschreiben Atkinson und Hancock in [Atk07b] ein Verfahren, das Polarisationseffekte mit SFS kombiniert; diese Verknüpfung lässt sich infolge des oben Beschriebenen auch bei teilspiegelnden Flächen anwenden.

3.6.10 Regularisierung mittels Lasertriangulation

Regularisierung mittels Lasertriangulation ist ein weiterer Ansatz, der nur bei teilspiegelnden[35] Flächen angewandt werden kann – dort aber mit großem Erfolg. Auf Basis der Triangulationsmethode ist es möglich einen Oberflächenpunkt mit hoher Genauigkeit zu bestimmen. Darüber hinaus ist diese Methode komplementär zur Deflektometrie: Deflektometrische Methoden sind neigungsempfindlich und liefern Normalenfelder, also Informationen über die erster Ableitung, während triangulatorische Verfahren höhenempfindlich sind und Flächenpunkte liefern, also Informationen über

---

[35]Da mit zunehmend kürzerer Wellenlänge die Streuung an vielen Oberflächen zunimmt, kann die Triangulation durch geeignete Wahl der Beleuchtungswellenlänge (z. B. violett, UV) auch bei Oberflächen angewandt werden, die im visuellen Spektralbereich nicht genügend diffus reflektieren.

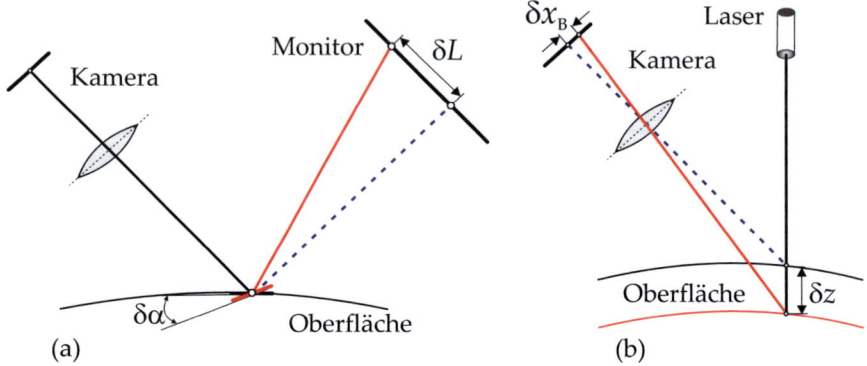

Abbildung 3.23: Regularisierung mittels Lasertriangulation

die nullte Ableitung, vgl. Abbildung 3.23. Ändert sich die Neigung einer spiegelnden Fläche um den Winkel $\delta\alpha$ führt dies bei den deflektometrischen Verfahren zu einer Änderung δL bei der Beobachtung der Lichtquelle, Teilbild (a); bei den triangulatorischen Verfahren führt diese Winkeländerung zu keinem Messeffekt. Bei der Lasertriangulation hingegen führt eine Höhenänderung δz direkt zur Änderung δx_B auf der Bildebene, also zu einem Messeffekt, Teilbild (b). Bei den triangulatorischen Verfahren geschieht die Änderung der zur Inspektion genutzten Lichtstrahlen im Wesentlichen auf der kamerazugewandten Seite, bei der Deflektometrie auf der Lichtquellen-seite.

Triangulatorische Methoden besitzen darüber hinaus keine inhärente Mehr-deutigkeit wie die deflektometrischen Verfahren. Weiterhin lassen sich beide Methoden in dem neuartigen Rekonstruktionsalgorithmus aus Kapitel 7 kombinieren, womit man ein Verfahren erhält, das bei teilspiegelnden Flächen sowohl die Neigung als auch die Gestalt und Lage im Raum mit hoher Genauigkeit bestimmen kann.

Ist das Prüfobjekt zumindest teilspiegelnd, d. h. eine auf das Objekt projizierte Laserline (Punkt oder Kreuzlinie) ist infolge der diffusen Reflexi-onsanteile detektierbar, wird diese Regularisierungsmethode aus den oben genannten Gründen empfohlen.

3.7 Visuelle Wahrnehmung spiegelnder Oberflächen

In diesem Abschnitt werden Aspekte der visuellen Wahrnehmung spiegelnder Oberflächen beschrieben. Dazu sei besonders auf die Arbeit von Fleming, Torralba und Adelson [Fle04] verwiesen. Die grundlegende Fragestellung hierbei ist: Wie schließt der Mensch aufgrund der visuellen Wahrnehmung von Spiegelbildern der Umwelt auf die Form des Spiegels zurück. Der Mensch ist nach unserer Definition 1 (Seite 3) damit das eigentliche „Vorbildsystem" für die Deflektometrie.

In einer Reihe von Arbeiten aus dem Bereich der Psychophysik wurde gezeigt, dass spiegelnde Reflexionen i. Allg. die menschliche Gestaltwahrnehmung verbessern [Tod83, Min86, Bla90, Bla91, Nor04]. Dies ist umso erstaunlicher, da das deflektometrische Rekonstruktionsproblem hochgradig mehrdeutig ist, d. h. es existieren ganze Familien von Flächen, so dass sich die Beobachtung eines Musters nicht ändert. Savarese et al. [Sav04] behaupten aufgrund dieser inhärenten Mehrdeutigkeit, dass das menschliche visuelle System sehr schlecht die Gestalt von spiegelnden Objekten erkennen kann. In einem technischen Sinne ist dies zwar richtig, denn es gibt unendlich viele Flächen die zur gleichen Wahrnehmung führen können, aber dabei wird weder die Struktur des zugrundeliegenden Normalenfeldes noch die Möglichkeit zur Regularisierung des Rekonstruktionsproblems berücksichtigt.

In dieser Arbeit wird die These vertreten, dass die Erkennungsleistung der menschlichen visuellen Wahrnehmung spiegelnder Flächen von zweierlei abhängt:

(i) Die spiegelnde Fläche muss die Umgebung, wenn auch verzerrt, abbilden. Befindet sich das beobachtete Muster oder der Beobachter an Positionen mit nahezu singulären Werten der Abbildungsfunktion, z. B. in Bereichen mit unendlicher Vergrößerung der Umgebung bei einem Konkavspiegel, lässt sich aus dem beobachteten Bild keinerlei Rückschluss auf die Spiegelform ziehen. M. a. W. das beobachtete Bild muss für den Menschen mit seinen kognitiven Algorithmen auswertbar bleiben.

(ii) Die typische Konstellation einer alltäglichen „Inspektion" eines Spiegels ist zum einen gekennzeichnet durch einen meist großen Abstand der beobachteten Umwelt zum Spiegel und zum anderen durch ein intuitives Wissen über die Entfernung des Spiegels vom Beobachter. Dies führt zu einer Regularisierung im Sinne einer Linearisierung des deflektometrischen Rekonstruktionsproblems. Dadurch muss die visuelle Wahrnehmung bei alltäglicher Erfahrung mit spiegelnden Objekten infolge dieser Regularisierung nur eine Oberflächennormale pro Sichtrichtung berücksichtigen. Das kognitive menschliche System kennt damit keine Mehrdeutigkeitsproblematik.

Fleming et al. [Fle04] haben in einem überzeugenden Experiment gezeigt, dass der Mensch in der Tat in der Lage ist, die Gestalt von spiegelnden Flächen überraschend gut zu schätzen. In ihrem Setup boten sie Probanden eine spiegelnde Freiformfläche in verschiedenen Umwelten zur Begutachtung an. Diese Umwelten reichen von natürlichen Szenen bis hin zu künstlich texturierten Umgebungen. Die Szenen wurden dem Betrachter als aufwändig gerenderte Bilder präsentiert. Die Aufgabe der Versuchspersonen war es, aus diesen Bildern die Richtung der Flächennormalen[36] der zugrunde liegenden Spiegelflächen zu bestimmen, was mit großer Signifikanz gelang. Diese Schätzung ist kontextunabhängig. Aus dem Ergebnis ihrer Experimente folgern sie:

(i) Spiegelnde Reflexionen sind ausreichend zur Gestaltbestimmung[37].

(ii) Es besteht keine Notwendigkeit der Kenntnis der gespiegelten Szene, d. h. der Mensch ist nicht darauf angewiesen zuerst ein Umweltmodell zu rekonstruieren um dann nachfolgend, aufgrund der wahrgenommenen Verzerrungen dieses Modells, auf den Spiegel zurück zu schließen.

(iii) Die Gestaltbestimmung ist unabhängig von der beobachteten Umwelt, sie funktioniert in einem weiten Bereich von natürlichen Szenen bis hin zu künstlichen Texturen.

---

[36]Die Probanden schätzen also die Gaußabbildung der Spiegelflächen.

[37]Der Autor der vorliegenden Arbeit vertritt, wie bereits erwähnt, die These, dass zusätzlich eine durch die Beobachtungskonstellation implizierte Linearisierung des Rekonstruktionsproblems vorauszusetzen ist.

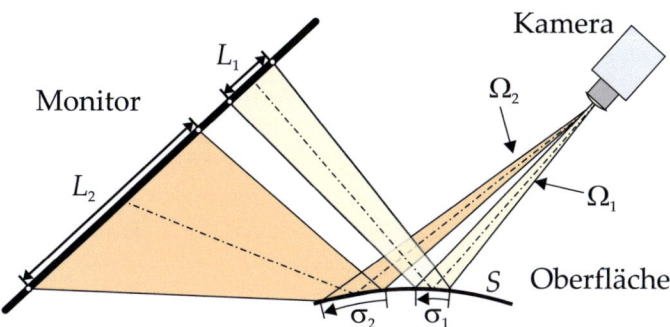

Abbildung 3.24: Musterkompression: Für gleiche Sichtwinkel $\Omega_1 = \Omega_2$ werden unterschiedlich große Bereiche des Musters auf L gesehen.

Hier stellt sich die Frage, wie es das visuelle System schafft, ohne Umweltwissen auf den abbildenden Spiegel Rückschlüsse ziehen zu können, insbesondere da dies unserer Arbeitsdefinition der Deflektometrie widerspricht, die gerade die a priori Kenntnis der abzubildenden Muster voraussetzt. Fleming et al. schlagen vor, dass der Schlüssel zur Gestaltwahrnehmung in der Auswertung von Texturinformation liegt, derart, dass solche Texturen typisch für die wahrgenommene Lebensumwelt sind, die grundlegende „Textur der Welt" also invariant ist [Fie87, Dro01, Dro02].

Damit wird aus einer technischen Sicht eine Verbindung zum Shape-From-Texture-Problem geknüpft. Zahlreiche Publikationen beleuchten sowohl die theoretische, mathematische Seite der Problemstellung (wie beispielsweise [Gib50a, Ste81, Sup95, Mal97, Cle02]) als auch die Seite der Psychophysik (vgl. [Gib50b, Cut84, Tod87, Buc93, Cum93, Li00, Li03, Nor04]).

Der Schlüssel zum Verständnis des Zusammenhangs von beobachteter Textur und Objektgestalt liegt in der Beobachtung, dass in Bereichen mit einer Änderung der Oberflächennormalen, die beobachtete Umgebung komprimiert bzw. gedehnt erscheint, im Vergleich zur Beobachtung über einen ebenen Spiegel (vgl. Abbildung 1.5, Seite 6). Eine Kompression/Dehnung eines Musters bezüglich einer Blickrichtung ist proportional zur Änderung der Normalen, also zur zweiten Ableitung der Oberfläche in eben dieser Richtung, d. h. entlang einer Kurve σ auf der Oberfläche. Abbildung 3.24 veranschaulicht diesen Sachverhalt. Zwei Sichtkegel Ω_1 und Ω_2 mit *gleichem* Öffnungswinkel beobachten ein Muster auf einem Monitor über verschiedene Bereiche einer sphärischen Oberfläche. Die Gesamtänderung der Normalenrichtung längs einer Kurve σ_2 aus dem Schnittbereich von Ω_2 und S ist im Beispiel größer als die Normalenänderung längs der Kurve σ_1. Dies führt zu einem größeren gesehenen Musterausschnitt für den Sichtkegel Ω_2 im Vergleich zu Ω_1, m. a. W. eine Textur im Bereich L_2 erscheint komprimiert im Vergleich zur selben Textur aus L_1. Man beachte, dass die mittlere und die Gaußkrümmung für die Beispielsphäre konstant sind.

Für eine diffus reflektierende Oberfläche hängt eine beobachtete Texturkompression hingegen von der Neigung, also der ersten Ableitung der Fläche bezüglich der Blickrichtung ab.

Die Bestimmung der lokalen Anisotropie in einem beobachteten Bild, d. h. der Auswertung der unterschiedlichen Dehnung bzw. Stauchung einer Textur in verschiedenen Richtungen, liefert Hinweise auf die zweiten Ableitungen bezüglich diesen Richtungen. Damit ist ein Zugang zur Umsetzung dieses Ansatzes in den Kontext der automatischen Sichtprüfung eröffnet.

Anzumerken ist, dass bei den Arbeiten zur Gestaltwahrnehmung spiegelnder Flächen basierend auf Texturinformationen der abgebildeten Umgebung (s. o. Fleming et al.) eine inhärente Linearisierung des Rekonstruktionsproblems vorliegt. Damit ist die Frage, ob auf eine genaue Kenntnis der beobachteten Muster zur vollständigen Oberflächenrekonstruktion nicht doch verzichtet werden kann, zu verneinen. Das vollständige Wissen über eine spiegelnde Oberfläche liegt in dem von dieser Fläche induzierten Normalenfeld – und dies ist nur durch genaue Kenntnis der beobachteten Szenepunkte der Messung zugänglich.

4 Sensorsystem zur automatischen Sichtprüfung

Die grundlegende Systemidee der vorliegenden Arbeit ist die Verwendung *einer* Kamera und *eines* Monitors in einer kompakten Sensorkopfanordnung zur Inspektion spiegelnder Objekte auf Basis der Deflektometrie. Dies stellt einen Ansatz mit minimalem Hardwareaufwand dar, da bei der automatischen Sichtprüfung immer mindestens eine Kamera und bei den deflektometrischen Verfahren mindestens ein Mustererzeuger notwendig ist. Ein LCD-Monitor scheint aktuell die einfachste und kostengünstigste Variante zu sein, variable Muster mit hoher Genauigkeit und Auflösung reproduzierbar darzustellen. Grundsätzlich lassen sich auch andere Mustergeneratoren in einen kompakten Sensorkopf integrieren, z. B. schaltbare LED-Beleuchtungen, angepasste Reflexionsschirme mit Beamerprojektion [Kam04] oder spezielle telezentrische Beleuchtungen [Seß00, Seß09]. Die Untersuchung dieser Schirmgeometrien und Mustergeneratoren wird in der vorliegenden Arbeit nicht weiter ausgeführt.

Der kompakte Aufbau des Sensors eignet sich besonders für robotergestützte Inspektionsaufgaben. Damit werden auch komplexe Prüfaufgaben wie die automatische Inspektion von Automobilkarosserien auf Lackierfehler mittels deflektometrischem Prüfprinzip ermöglicht. Der linke Roboter in Abbildung 4.1 trägt einen am Lehrstuhl für Interaktive Echtzeitsysteme entwickelten Sensorkopf. Der dargestellte Sensor beinhaltet neben der Kamera und dem Monitor einen lokalen Steuerrechner zur Mustergenerierung und deren Auswertung. Der Einsatz des lokalen Rechners reduziert die benötigte Kommunikationsbandbreite und ermöglicht den Einsatz des Sensorkopfes in einem Multisensorprüfsystem wie z. B. des ROBOSENS-Projekts[38] [Sun08].

Der rechte Roboter in Abbildung 4.1 trägt eine zusätzliche Kamera, die in Verbindung mit dem Sensorkopf und dem im Bild linken Roboter zur Evaluierung unterschiedlicher Prüfkonstellationen dient, siehe Kapitel 4.3.

---

[38]Hierbei werden verschiedene Sensoren, je nach aktueller Inspektionsaufgabe, aus einem „Sensorbahnhof" von einem Inspektionsroboter ausgewählt.

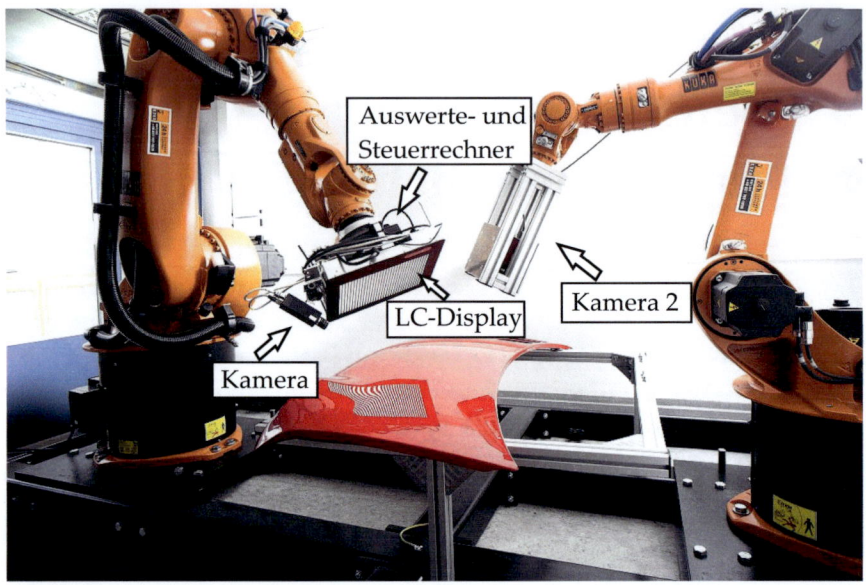

Abbildung 4.1: Sensorsystem zur automatischen Sichtprüfung von spiegelnden Oberflächen. Der linke Roboter trägt einen kompakten Sensorkopf, der rechte eine zusätzliche Kamera zur Evaluierung unterschiedlicher Prüfkonstellationen.

Das vorliegende Kapitel wird anhand folgender Leitfragen strukturiert: Wie kann das Prüfsystem modelliert werden? Welches sind die freien Parameter des Systems? Wie sind die freien Parameter für eine gegebene Prüfaufgabe zu wählen, d.h. wie ist ein Prüfsystem zu entwerfen? Und schließlich, wie lassen sich bei einem gegebenen Prüfsystem die Parameter bestimmen?

4.1   Funktionales Systemmodell

In Abbildung 4.2 wird das Systemmodell des Sensorkopfes im Zusammenhang mit den externen Komponenten Roboter, Masterrechner und Anlagenintegration (via SPS) dargestellt.

Die Aufgabe des Steuerrechners ist die Anzeige der Mustersequenzen auf dem Monitor, deren Bilderfassung, die Berechnung der deflektometrischen

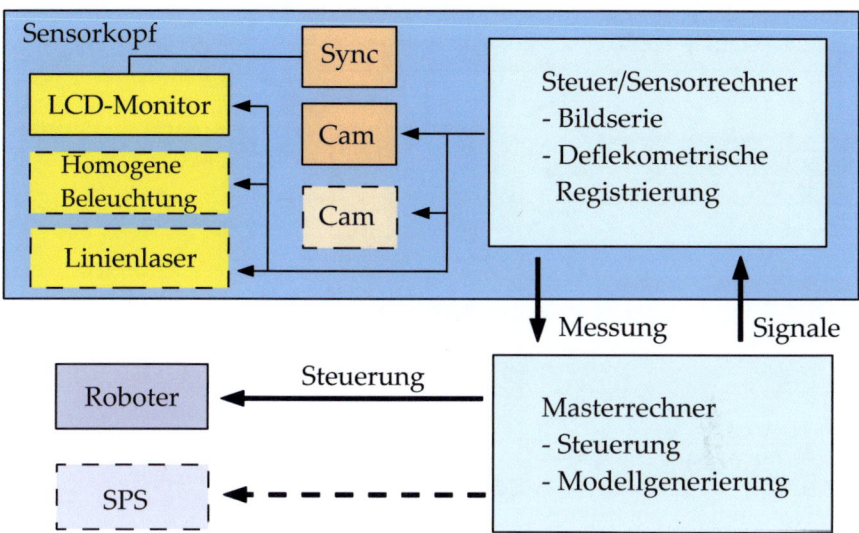

Abbildung 4.2: Systemmodell des Sensorkopfes.

Registrierung (Dekodierung der Mustersequenzen), die Steuerung zusätzlicher Beleuchtungseinrichtungen (Kreuzlinien-Laser) sowie die Kommunikation mit einem Masterrechner.

Der Masterrechner dient der Prüfablaufsteuerung und der dazu notwendigen Kommunikation mit gegebenenfalls mehreren Sensorköpfen. Er übernimmt darüber hinaus die Auswertung der deflektometrischen Registrierung, die Benutzerführung und Ergebnisvisualisierung sowie die Anlagenintegration und Roboterpositionierung.

Der Sensorkopf selbst stellt ein modulares Konzept dar. Die primären Komponenten sind eine Kamera und ein Monitor. Darüber hinaus können weitere Kameras adaptiert werden, um z. B. das Prüffeld zu vergrößern oder deflektometrisches Stereo [Ike81, Bon03] zu ermöglichen. Die Synchronisation der Kameras mit dem Monitor erfolgt über eine eigens entwickelte Synchronisationshardware. Ein optoelektronischer Sensor, der auf der Schirmvorderseite platziert wird, tastet dabei ein dediziertes, dem eigentlichen deflektometrischen Muster überlagertes Muster ab und steuert damit den Triggereingang der Kamera. Damit lässt sich eine von den Umschaltzeiten des Monitors unabhängige Bildsynchronisation erreichen.

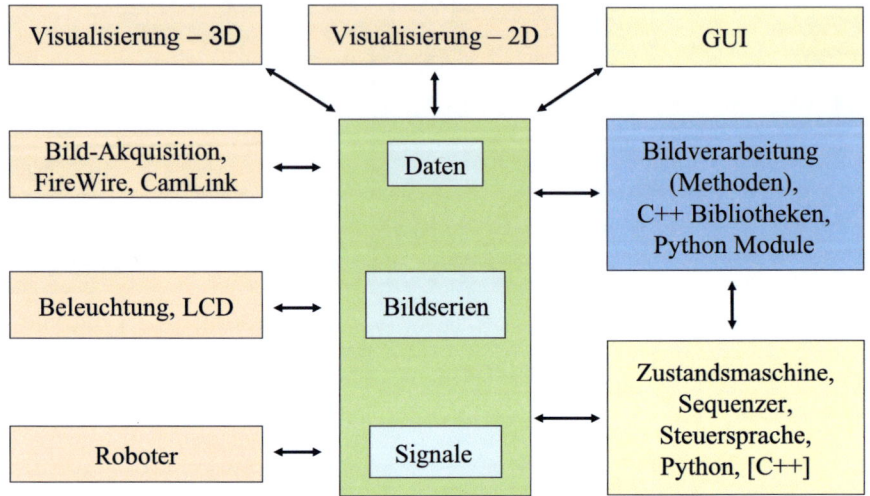

Abbildung 4.3: Softwaremodell des Sensorsystem, Farbmarkierung je nach Implementierung: Eigenständige Prozesse: hellrot, Shared-Memory: grün, Bibliotheken: blau, High-Level Skriptsprache: gelb.

Als zusätzliche Beleuchtungseinrichtungen sind eine homogene Lichtquelle und ein Kreuzlinien-Laser vorgesehen. Beide dienen zur Applikation unterschiedlicher Regularisierungsmethoden, siehe Kapitel 3.6.

Die Kommunikation mit dem Masterrechner erfolgt über eine TCP/IP-Schnittstelle. Zum Masterrechner werden darüber Livebilder und die deflektometrische Registrierung übertragen. Umgekehrt erhält der Senorkopfrechner über diese Schnittstelle seine Steuersignale vom Masterrechner.

In Abbildung 4.3 ist die grundlegende Softwarearchitektur des Prüfsystems dargestellt. Das durchgehende Entwurfskonzept liegt in einer größtmöglichen Trennung der einzelnen Komponenten in eigenen Prozessen. Damit wird eine vollständige Modularität erreicht, so dass je nach Aufgabenstellung die verschiedenen Basismodule zum Einsatz kommen. Die Trennung der Komponenten auf Prozessebene erfordert eine schnelle Interprozesskommunikation. Diese wird über zentrale Shared-Memory Bereiche realisiert. Es existieren drei unterschiedliche Shared-Memory Bereiche, jeweils für ihren Einsatzzweck optimiert. Über einen Bereich werden Bilddaten bzw. allgemeine Array-Strukturen beliebiger Basisdatentypen ausgetauscht.

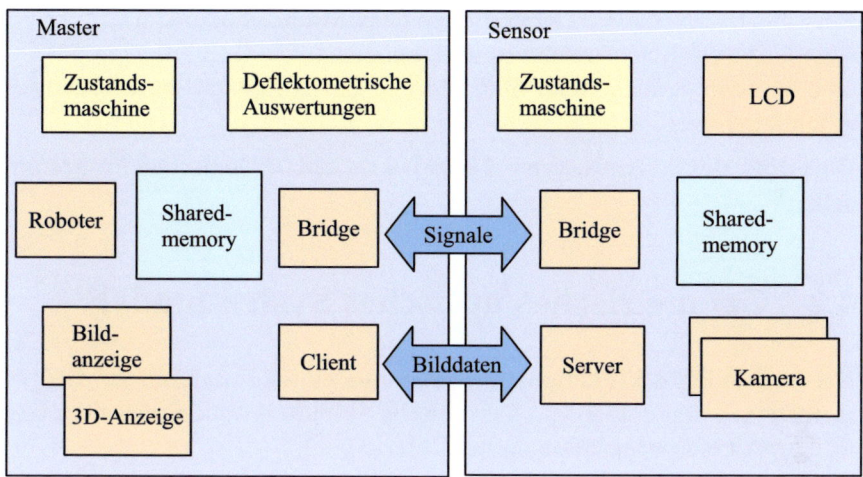

Abbildung 4.4: Softwaremodell des Sensorsystem: Kommunikation bei einem verteilen Prüfsystem.

Es wird dazu ein eigener Heap im Shared-Memory verwaltet, der auf die Allokation größerer Speicherblöcke optimiert ist. Ein zweiter Bereich ist zuständig für den schnellen Austausch von Signalen[39]. Mittels dieser Signale wird das gesamte System gesteuert, der Systemzustand ist dabei jederzeit im Shared-Memory abgebildet. Damit besitzt das System die Fähigkeit zur Introspektion. Es können jederzeit Datenlogger oder Visualisierungstools am Shared-Memory angemeldet werden. Dies erweist sich insbesondere zu Protokoll- oder Debuggingzwecken als vorteilhaft. Selbst eine schnell ablaufende Kamerakommunikation lässt sich mitprotokollieren bzw. grafisch darstellen. In Abbildung 4.3 werden die im Rahmen der vorliegenden Arbeit entwickelten grundlegenden Softwaremodule aufgeführt: Prozesse zur Visualisierung und Anzeige, Steuermodule für Kameras, Roboter und Beleuchtung, Bildauswertebibliotheken und Zustandsmaschinen.

In Abbildung 4.4 wird schließlich das Systemkonzept bei verteilten Systemkomponenten gezeigt. Hierbei erweist sich das modulare Design um die zentralen Shared-Memory-Komponenten als günstig: Durch den Einsatz zweier zusätzlicher Prozesse, einer Bridge zur Spiegelung des Systemzustandes von einem Rechner zum anderen sowie einem Bildserver und Client,

---

[39]Signale sind in diesem Sinne ein Tupel (Basisdatentyp, Semaphore).

kann das Prüfsystem von einer Ein- zu einer Multirechnerarchitektur erweitert werden. Auf Sensorseite ist es dabei gleich, ob die Steuersignale über eine Bedienoberfläche oder über die TCP/IP-Bridge ins Shared-Memory geschrieben werden.

Die Größe des Softwaresystems liegt bei ca. 120.000 logischen Programmzeilen[40].

4.2 Geometrisches/optisches Systemmodell

Neben dem logisch funktionalen Systemmodell wird nachfolgend das geometrische Systemmodell und das optische Abbildungsmodell skizziert. Dies ist Gegenstand der nachfolgenden Unterkapitel.

4.2.1 Kamera – Monitor

4.2.1.1 Kameramodell

Zuerst werden die Bezeichnungen zur Beschreibung des bildaufnehmenden Sensors eingeführt. Der Bereich des Sensors A_{Cam} wird geometrisch als Array rechteckförmiger Pixel mit dem Abstand δ_{Cam} beschrieben. Das Array besitzt N_{CamRows} Zeilen und N_{CamCols} Spalten. Ein Kamerapixel ist ein Tupel

$$(i_{\text{CamRow}}, j_{\text{CamCol}}) \in \mathcal{I}_{\text{CamRows}} \times \mathcal{I}_{\text{CamCols}},$$

mit $\mathcal{I}_{\text{CamRows}} = \{1, \ldots, N_{\text{CamRows}}\}$ und $\mathcal{I}_{\text{CamCols}} = \{1, \ldots, N_{\text{CamCols}}\}$.
Als Kameramodell wird ein zentralperspektivisches Lochkameramodell benutzt, dessen Geometrie in Abbildung 4.5 dargestellt ist [Son99].

Im Modell werden drei Koordinatensysteme benutzt:

1. Das Weltkoordinatensystem mit dem Ursprung O.

2. Das Kamerakoordinatensystem mit dem Ursprung O_C: Der Ursprung dieses Koordinatensystems ist das optische Zentrum des Kameraobjektivs und damit das Projektionszentrum der perspektivischen

---

[40]Lines of Code (LoC). Es werden nur die logischen Programmzeilen gezählt, Kommentare und Leerzeilen werden ignoriert.

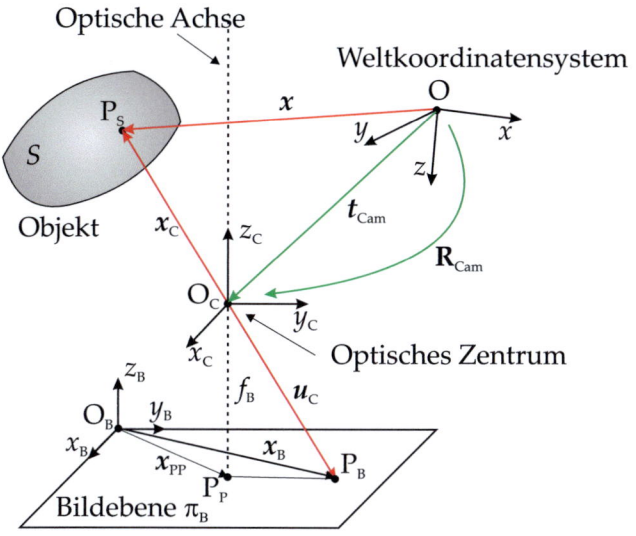

Abbildung 4.5: Geometrie der zentralperspektivischen Kamera.

Abbildung. Die z_C-Achse ist kollinear mit der optischen Achse und der z_B-Achse des Bildkoordinatensystems. Der Ursprung O_C befindet sich im Abstand f_B (Fokusabstand bzw. Bildweite) von der Bildebene π_B. Die optische Achse schneidet die Bildebene im Hauptpunkt P_P (Principal Point). Das Kamerasystem geht aus dem Weltkoordinatensystem durch eine eigentliche euklidsche Bewegung,[41] d. h. durch eine Rotation $\mathbf{R}_{Cam} \in SO(3)$ und einer Translation $t_{Cam} \in \mathbb{R}^3$ hervor (Abbildung 4.5). Die Spalten der Rotationsmatrix $\mathbf{R}_{Cam}$ sind die Basisvektoren des Kamerasystems in Weltkoordinaten.

3. Das Bildkoordinatensystem mit dem Ursprung O_B: Dieses Koordinatensystem beschreibt die Bildkoordinaten auf dem Kamerasensor. Die Bildebene π_B wird durch die x_B,y_B-Achsen aufgespannt.

---

[41]Eine Abbildung $\zeta : \mathbb{E}^d \to \mathbb{E}^d$ des euklidischen Raumes auf sich, $\zeta : x \mapsto \zeta(x) = \mathbf{R}x + t$, heißt Bewegung, falls $\mathbf{R}$ eine orthogonale Matrix ist ($\mathbf{R}^\top \mathbf{R} = \mathbf{I}$). Die Bewegung heißt eigentlich (bzw. uneigentlich), falls $\det \mathbf{R} = 1$ (bzw. $\det \mathbf{R} = -1$) gilt.

Ein Punkt x_C im Kamerakoordinatensystem hat in Weltkoordinaten folgende Darstellung:

$$x = \mathbf{R}_{Cam}\, x_C + t_{Cam}\, .$$

Ein Punkt x im Weltkoordinatensystem wird damit ins Kamerasystem transformiert mit

$$x_C = \mathbf{R}_{Cam}^{-1}(x - t_{Cam})\, . \tag{4.1}$$

In homogenen Koordinaten [Ago05b] lässt sich dies darstellen als

$$\mathbf{X}_C = \mathbf{H}_{World}\mathbf{X}, \quad \text{mit} \quad \mathbf{X} = \begin{pmatrix} x \\ y \\ z \\ 1 \end{pmatrix}, \mathbf{X}_C = \begin{pmatrix} x_C \\ y_C \\ z_C \\ 1 \end{pmatrix}$$

und der Transformationsmatrix

$$\mathbf{H}_{World} = \left(\begin{array}{c|c} \mathbf{R}_{Cam}^{-1} & -\mathbf{R}_{Cam}^{-1}\, t_{Cam} \\ \hline 0\ 0\ 0 & 1 \end{array} \right)\, .$$

Die Kamera projiziert den Punkt P_S ($x_C = \overline{O_C\, P_S}$) auf den Punkt P_B in der Bildebene π_B (siehe Abbildung 4.6). Auf die projektiven Eigenschaften dieser Abbildung soll hier nur so weit eingegangen werden, wie es für das Systemdesign und später für die deflektometrische Registrierung notwendig ist[42].

Der Vektor u_C zum projizierten Punkt P_B in der Bildebene ergibt sich auf Grund ähnlicher Dreiecke nach Abbildung 4.6 zu

$$u_C = \begin{pmatrix} \frac{-f_B\, x_C}{z_C} \\ \frac{-f_B\, y_C}{z_C} \\ -f_B \end{pmatrix}\, . \tag{4.2}$$

---

[42] Aus der umfangreichen Literatur zur perspektivischen Abbildung seien hier die Arbeiten von Hartley und Zisserman [Har08] und von Faugeras und Luong [Fau04] genannt.

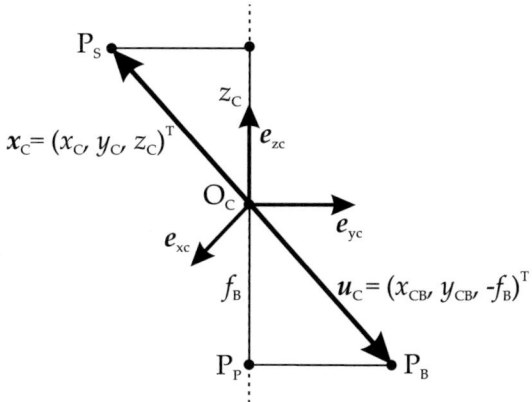

Abbildung 4.6: Geometrie der Kameraprojektion.

Wir betrachten eine Kamera mit quadratischen Pixeln (Pixelabstand δ_{Cam}) in orthogonaler Anordnung. Damit wird u_C in Bildkoordinaten mit $x_{\text{PP}} = \overline{O_B P_p} = (x_{\text{PP}}, y_{\text{PP}}, 0)^\top$ als

$$x_B = x_{\text{PP}} + u_C - (0, 0, -f_B)^\top \qquad (4.3)$$

dargestellt. Der Übergang zu Kamerapixeln (Zeile, Spalte) $= (j_{\text{CamCol}}, i_{\text{CamRow}})$ wird beschrieben durch

$$j_{\text{CamCol}} = x_B / \delta_{\text{Cam}},$$
$$i_{\text{CamRow}} = y_B / \delta_{\text{Cam}}.$$

In Matrixschreibweise erhalten wir zusammenfassend für die Zuordnung von einem Punkt in Weltkoordinaten $x = (x, y, z)^\top$ zu Kamerapixeln

$$\begin{pmatrix} x_C \\ y_C \\ z_C \end{pmatrix} = R_{\text{Cam}}^{-1}(x - t_{\text{Cam}}),$$

$$\begin{pmatrix} j_{\text{CamCol}} \\ i_{\text{CamRow}} \end{pmatrix} = \frac{1}{\delta_{\text{Cam}}} \begin{pmatrix} -f_B & 0 & x_{\text{PP}} \\ 0 & -f_B & y_{\text{PP}} \end{pmatrix} \begin{pmatrix} \frac{x_C}{z_C} \\ \frac{y_C}{z_C} \\ 1 \end{pmatrix}. \qquad (4.4)$$

Für eine Darstellung des Zusammenhangs der Gleichung (4.4) mit der Kameramatrix/Projektionsmatrix und der Kamerakalibriermatrix sei auf

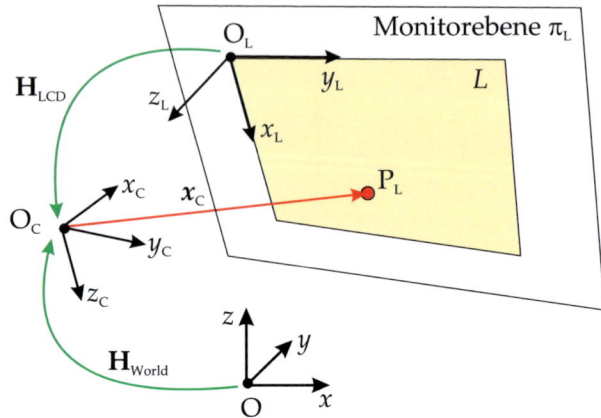

Abbildung 4.7: Geometrie des Monitors.

die Darstellungen von Sonka et al. [Son99] und von Faugeras und Luong [Fau04] verwiesen.

Wir können in diesem vereinfachten Kameramodell folgende *intrinsische* Parameter identifizieren: Pixelabstand δ_{Cam}, Bildweite f_B und Lage des Hauptpunktes (x_{PP}, y_{PP}). Als *extrinsische* Parameter treten auf: Drei unabhängige Drehwinkel in der Rotationsmatrix $\mathbf{R}_{Cam}$ und die drei Parameter der Kameratranslation t_{Cam}.

4.2.1.2 Monitormodell

Die Region L des Monitors wird als Teilmenge der Monitorebene π_L beschrieben $L \subset \pi_L$ (vgl. Abbildung 4.7). Der *intrinsische* Parameter des Monitormodells ist der Monitor-Pixelabstand δ_{Mon}. Die *extrinsischen* Parameter sind wiederum die drei Rotationswinkel und die drei Verschiebungsparameter die zusammen die homogene Transformationsmatrix $\mathbf{H}_{Mon}$ bilden.

Der Zusammenhang zwischen den Koordinaten $x_L = (x_L, y_L, 0)^\top = \overline{O_L P_L}$ eines Punktes $P_L \in \pi_L$ in der Monitorebene und seinen zugeordneten

Pixeln $(j_{\text{MonCol}}, i_{\text{MonRow}})$ ist durch den Monitor-Pixelabstand δ_{Mon} gegeben

$$j_{\text{MonCol}} = x_L / \delta_{\text{Mon}},$$
$$i_{\text{MonRow}} = y_L / \delta_{\text{Mon}}. \tag{4.5}$$

Die Transformation der Punktkoordinaten $x_L = (x_L, y_L, 0)^\top$ der Monitorebene ins Kamerasystem kann schließlich in homogenen Koordinaten dargestellt werden als

$$\begin{pmatrix} x_C \\ y_C \\ z_C \\ 1 \end{pmatrix} = \mathbf{H}_{\text{Mon}} \begin{pmatrix} x_L \\ y_L \\ 0 \\ 1 \end{pmatrix}. \tag{4.6}$$

Gleichung (4.5) und (4.6) liefern zusammen mit Gleichung (4.4) die Transformation von Monitorpixeln nach Kamerapixeln.

4.2.2 Feldblende und Luken

In jedem abbildenden optischen System gibt es zwei wirksame Blenden, die *Aperturblende* und die *Feldblende*. Die Aperturblende bestimmt den wirksamen Durchmesser der Strahlenbündel und damit die Bildhelligkeit und die Feldblende bestimmt den abbildbaren Bereich. Unter der *Eintritts-* bzw. *Austrittspupille* versteht man das objektseitige bzw. das bildseitige Bild der Aperturblende. Mit der *Eintritts-* bzw. *Austrittsluke* bezeichnet man hingegen das objektseitige bzw. das bildseitige Bild der Feldblende. Die Eintrittsluke liegt beim betrachteten Sichtprüfungsaufbau immer in der Monitorebene und die Austrittsluke in der Sensorebene. Der Strahlungsfluss durch ein optisches System kann allgemein mittels Pupillen und Luken beschrieben werden [Ped07], eine anschauliche Einführung liefern Nolting und Lempart [Nol07a, Nol07b].

Die Aperturblende des optischen Systems Kamera–Oberfläche–Monitor ist die Blende des Objektivs. Diese bestimmt wesentlich den Durchmesser der Strahlbündel und damit die Bestrahlungsstärke in der Sensorebene bzw. in Kombination mit der Verstärkungseinstellung der Kamera auch die Bildaufnahmezeit und damit die Gesamtprüfzeit.

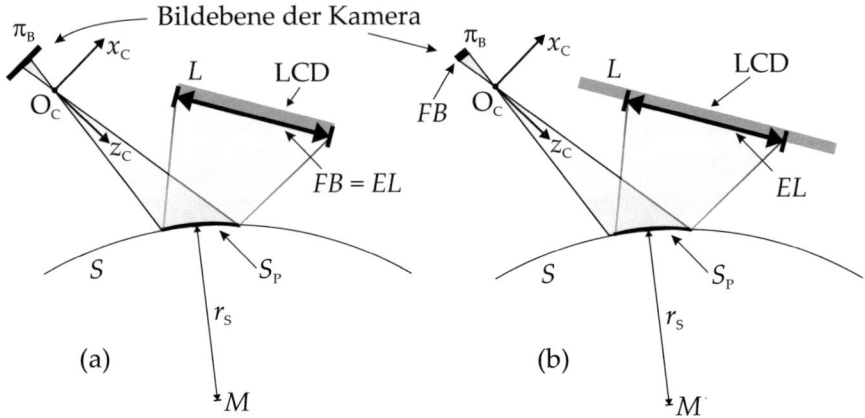

Abbildung 4.8: Lage der Feldblende FB und der Eintrittsluke EL. Im Fall (a) wirkt der Monitor und im Fall (b) der Kamerasensor als Feldblende.

Die Feldblende FB bestimmt die Größe des von der Kamera gesehenen Monitorbereichs und damit direkt den prüfbaren Bereich S_P auf der zu inspizierenden Oberfläche S. Nehmen wir zunächst eine scharfe Abbildung des Monitors über die spiegelnde Oberfläche (im Beispiel eine Sphäre mit Radius r_S) an[43]. Das Objektiv der Kamera bildet also zusammen mit der Oberfläche die Abbildungsoptik des Gesamtsystems.

In Abbildung 4.8 werden die zwei extremalen Fälle hinsichtlich der Lage der Feldblende dargestellt. Im Teilbild 4.8 (a) beschränkt nur der Monitor das Sichtfeld und damit den prüfbaren Bereich, folglich ist die Eintrittsluke EL identisch mit der Feldblende $EL = FB$. Im Teilbild 4.8 (b) hingegen ist der Kamerasensor die beschränkende Größe. Dieser wirkt hier als Feldblende und die Eintrittsluke ist dementsprechend eine Teilmenge der Monitorregion L.

Die Eintrittsluke kann als die konvexe Hülle der Schnittpunkte der an der Prüffläche gespiegelten Sichtstrahlen s_r mit der Monitorfläche L betrachtet werden

$$EL := \text{Hull}(\{s_r\} \cap L) . \tag{4.7}$$

---

[43] Für die allgemeine Beschreibung der Abbildungsfunktion in diesem Fall sei auf die Arbeit von Kammel verwiesen [Kam04].

Die maximale Fläche der Eintrittsluke ist mit dieser Definition gleich der Monitorfläche. Obige Definition erlaubt darüber hinaus das Konzept der Eintrittsluke auch auf den Fall einer nicht abbildenden Oberfläche anzuwenden. Die Schnittpunkte in Gleichung (4.7) lassen sich mittels Strahlverfolgung bei gegebener Oberfläche, Monitor und Kameraposition und bekanntem Kameramodell berechnen.

Zur Berechnung der konvexen Hülle für die Menge der Schnittpunkte sei auf die mathematisch orientierte Einführung von Joswig und Theobald [Jos08], sowie auf die umfangreichen Werke [Goo04, Sac00, dB08] verwiesen. Die Berechnung der konvexen Hülle stellt in unserem Fall ein zweidimensionales Problem dar, für das es erweiterte Divide-and-Conquer-Verfahren[44] gibt, die ein asymptotisch optimales Verhalten zeigen, vgl. [Cla88] und besonders den Algorithmus Hull2D in [Cha96]. Implementierungen in C++ finden sich z. B. in polymake [Gaw00] und v. a. in CGAL [cga10].

Damit sind die räumlichen Lagen von Monitor und Kamera und der Fokusabstand die bestimmenden Parameter für die Feldblende und die Größe des Sichtbereichs, während die Kamerablende die Prüfzeit wesentlich beeinflusst.

Idealerweise bildet die Oberfläche den Monitor vollflächig auf den Sensor ab. Da dies im Allgemeinen nicht der Fall ist, führen wir den Begriff der maximalen Eintrittsluke ein.

Definition 20 (*Maximale Eintrittsluke*). Die *maximale Eintrittsluke* EL_{max} ist die konvexe Hülle der Schnittpunkte der über die Oberfläche gespiegelten Kamerasichtstrahlen s_{r} mit der Monitorebene π_{L},

$$EL_{\mathrm{max}} := \mathrm{Hull}\left(\{s_{\mathrm{r}}\} \cap \pi_{\mathrm{L}}\right). \qquad (4.8)$$

Um später eine Kamera–Monitor Konstellation hinsichtlich der Ausnutzung der Monitorfläche bewerten zu können wird der Begriff der relativen Schirmüberdeckung eingeführt.

---

[44]Ein typisches Divide-and-Conquer-Verfahren berechnet die komplexe Hülle von m Punkten in $\mathbb{R}^2$ mit Aufwand $O(m \log m)$, vgl. Satz 5.10 in Joswig und Theobald: „Algorithmische Geometrie" [Jos08].

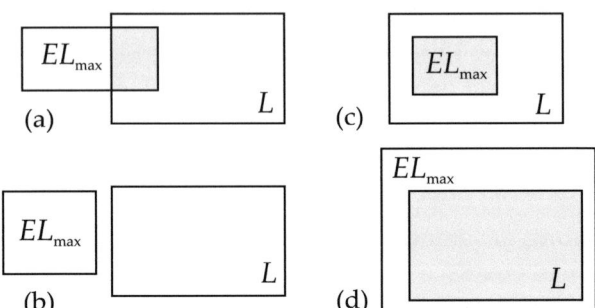

Abbildung 4.9: Skizze der prinzipiell möglichen Lagen der maximalen Eintrittsluke EL_{max} nach Gleichung (4.8) zur Monitorfläche L. Grau unterlegt ist die Schnittmenge $EL_{max} \cap L$, vgl. Gleichung (4.9).

Definition 21 (*Relative Schirmüberdeckung*). Als *relative Schirmüberdeckung* wird das Verhältnis

$$U_{Mon} := \frac{\text{Area}^2(EL_{max} \cap L)}{\text{Area}(EL_{max})\,\text{Area}(L)} \tag{4.9}$$

bezeichnet. Offensichtlich gilt $0 \leq U_{Mon} \leq 1$.

Die relative Schirmüberdeckung beschreibt die Übereinstimmung der in die Monitorebene projizierten Kamerasensorfläche EL_{max} mit dem Bereich des Monitors L. Bei voller Überdeckung und damit maximalem Prüfbereich besitzt U_{Mon} den Wert 1 und bei disjunkten Mengen, d. h. bei keiner Überdeckung, liefert U_{Mon} den Wert 0. In Abbildung 4.9 werden die vier neben der vollständigen Überdeckung möglichen Lagen der maximalen Eintrittsluke nach Gleichung (4.8) zur Monitorfläche L dargestellt. Im allgemeinen Fall (a) ist $U_{Mon} < 1$, im Fall (b) ist der Prüfbereich die leere Menge und $U_{Mon} = 0$, im Fall (c) gilt $U_{Mon} = \text{Area}(EL_{max})/\text{Area}(L) < 1$ und schließlich im Fall (d) $U_{Mon} = \text{Area}(L)/\text{Area}(EL_{max}) < 1$.

Eine alternative Beschreibung der Ausnutzung der Monitorfläche für eine gegebene Prüfkonstellation liefert die folgende Definition.

Definition 22 (*Schirmbelegungsenergie*). Sei $\tilde{L} = \{L_1, \ldots, L_{N_L}\}$ eine Partition des Monitorbereichs. Sei ferner $n_{L,i}$ die Anzahl der Sichtstrahlen, die nach

Reflexion an der Oberfläche, den Monitor in L_i schneiden und N_{Cam} die Gesamtzahl der Sichtstrahlen, dann bezeichnen wir

$$E_{Mon} = \sum_{i=1}^{N_L} \left(\frac{n_{L,i}}{N_{Cam}} \frac{Area\,(L)}{Area\,(L_i)} - 1 \right)^2 \tag{4.10}$$

als *Schirmbelegungsenergie*. Die Energie nimmt ihr Minimum an ($E_{Mon} = 0$), wenn gilt: Alle Strahlen treffen den Monitor und belegen diesen gleichmäßig ($n_{L,i}/N_{Cam} = Area\,(L_i)/Area\,(L)$).

4.2.3 Systemparameter

Bei gegebener Kamera (Sensorgröße, Pixelgröße, Sensorempfindlichkeit[45]) und gegebenem Monitor (Monitorgröße, Pixelgröße) können wir zusammenfassend folgende freie (geometrische und optische) Systemparameter identifizieren:

- Geometrische Anordnung des Monitors zur Kamera; drei Rotationswinkel und drei Verschiebungsparameter der Transformationsmatrix H_{Mon}.

- Geometrische Anordnung der Kamera zum Prüfobjekt; drei Rotationswinkel und drei Verschiebungsparameter der Transformationsmatrix H_{World}.

- Brennweite des Objektivs f_{Cam}.

- Blendenöffnung des Objektivs.

- Bildweite f_B.

Nach der Identifizierung der freien Parameter stellt sich die Frage nach deren bestmöglichen Wahl.

---

[45]Wir betrachten die Sensorempfindlichkeit nicht als freien Parameter, da bei höherer Signalverstärkung das Signal–Rauschverhältnis abnimmt. In der Praxis ist es deshalb vorteilhaft, zunächst mit der geringsten Kameraverstärkung zu arbeiten. Im Bereich der Konsumerdigitalkameras bedeutet dies den geringsten einstellbaren ISO-Level.

4.3   Systemdesign

Unter System wird im Folgenden die Gesamtheit der geometrischen und optischen Aspekte des Prüfsystems verstanden. Das Systemdesign hat die Aufgabe, die freien Parameter für eine gegebene Prüfaufgabe optimal zu wählen. Es ergibt sich dadurch ein Zusammenhang zur statistischen Versuchsplanung, dem „Design of Experiments" [Fis71]. Dabei wird versucht, mit möglichst wenigen Einzelexperimenten den Wirkzusammenhang zwischen Einflussfaktoren und Zielgrößen zu ermitteln. Nachfolgend werden die freien Parameter im Einzelnen betrachtet.

4.3.1   Fokusabstand, Brennweite und Blende

Die Brennweite f_{Cam} legt primär den Inspektionsbereich des Prüfsystems über den Öffnungswinkel des Objektivs fest. Für einen gegebenen Inspektionsbereich S_P und Kamera-Objekt-Abstand d_S ist damit die Brennweite festgelegt. In Abschnitt 4.3.2 wird gezeigt, dass es im Allgemeinen dabei günstig ist, den Abstand d_S groß zu wählen. Ein Kameraobjektiv besitzt den größten Öffnungswinkel α_{Cam} bei Fokussierung nach Unendlich, d. h. bei kürzester Bildweite f_B. Setzt man $f_{\text{Cam}} = f_B$, ergibt sich für die längst mögliche Brennweite[46]

$$f_{\text{Cam}} \le d_S \, \frac{\text{diam}(A_{\text{Cam}})}{\text{diam}(S_P)} \, . \tag{4.11}$$

Die Blende bestimmt den Durchmesser des Sichtstrahlbündels, das von einem Kamerapixel ausgeht. Zusammen mit dem Fokusabstand (Gegenstandsweite der scharfen Abbildung) wird dadurch der Integrationsbereich auf der Objektoberfläche festgelegt, über den ein Kamerapixel Strahlung empfängt. Für kleine Integrationsbereiche muss ein kleiner Durchmesser der Aperturblende, also eine große Blendenzahl und für große Integrationsbereiche eine kleine Blendenzahl gewählt werden.

Je nach deflektometrischem Prüfverfahren ergeben sich unterschiedliche Anforderungen an die Fokussierung und die Prüffläche. Erfordert das Prüfverfahren eine scharfe Aufnahme des auf dem Monitor dargestellten Musters,

---

[46]$\text{diam}(M)$ bezeichnet die Abbildung $\text{diam} : \mathbb{R}^2 \supset M \to \mathbb{R}$, $\text{diam}(M) = \sup_{x,y \in M} \|x - y\|$, also den maximalen Durchmesser von M. A_{Cam} ist die abgeschlossene Region des Sensors in der Bildebene π_B, vgl. auch Monitorregion L und Monitorebene π_L.

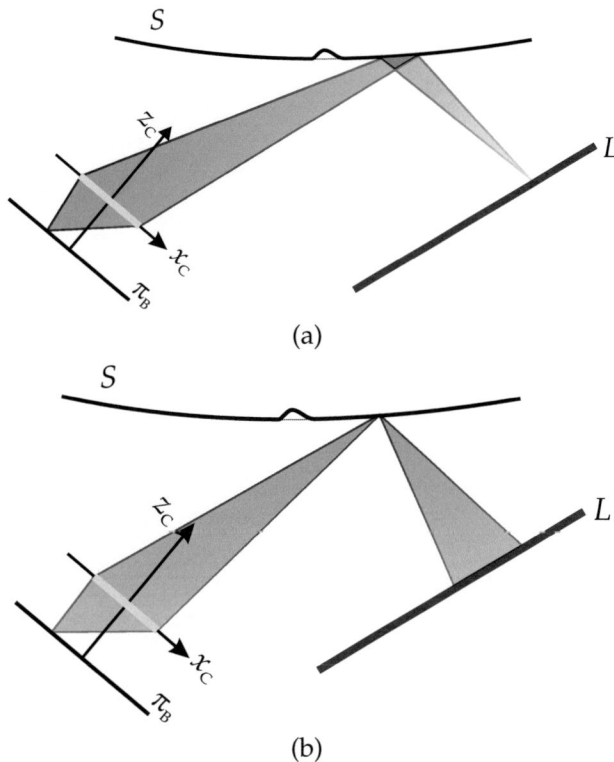

(a)

(b)

Abbildung 4.10: Skizze zulässiger Strahlbündel. Teilbild (a): Abbildende Oberfläche und Fokussierung auf den Monitor, Teilbild (b): Fokussierung auf die Oberfläche (diese muss nicht notwendigerweise abbilden).

erzwingt dies eine Fokussierung direkt auf den Monitor und zusätzlich eine abbildende Oberfläche (vgl. Abbildung 4.10(a)). Bei geschickter Wahl der dargestellten Muster (z. B. sinusförmige Muster bei Verwendung eines Phasenschiebeverfahrens zur Kodierung der Schirmpositionen [Hor06]), lassen sich diese starken Anforderungen an Fokussierung und Oberfläche abschwächen. In der Arbeit von Kammel [Kam04] wird eine Fokussierung in den Bereich zwischen Oberfläche und Schirm vorgeschlagen, um einerseits die Oberfläche mit hinreichender Auflösung zu inspizieren und andererseits eine für die Bestimmung von Normalenfeldern genügende Genauigkeit der deflektometrischen Registrierung zu erreichen. Eine Analyse

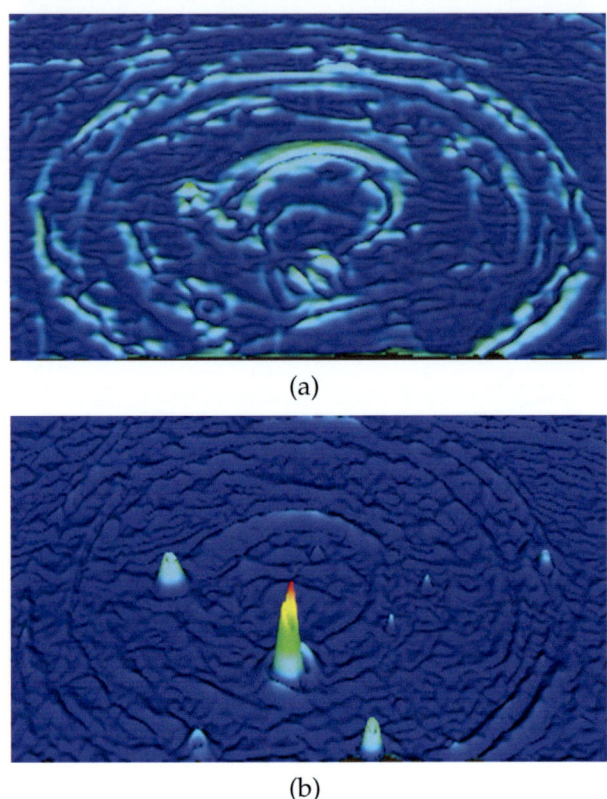

(a)

(b)

Abbildung 4.11: Verschiedene Fokuseinstellungen bei der deflektometrischen Prüfung. Teilbild (a) : Fokussierung auf den Monitor (vgl. Abbildung 4.10(a)) und Teilbild (b) : Fokussierung direkt auf die Prüffläche (vgl. Abbildung 4.10(b)).

der lateralen Auflösung und der Systemempfindlichkeit in Zusammenhang mit der Fokussierung werden von Kammel und Puente [Kam05] gegeben.

Die Fokussierung lässt sich nicht nur hinsichtlich des Kompromisses Auflösung auf der Prüffläche vs. Auflösung auf der Schirmfläche betrachten, sondern auch hinsichtlich der zu prüfenden Oberflächenstrukturen. Dies soll anhand der Inspektion lasierter Keramikflächen illustriert werden. Als Objekt dient ein Teller mit einer überlasierten kreisförmigen Dekostruktur und kraterförmigen Lasurfehlern (Poren). Bei einer Fokussierung direkt

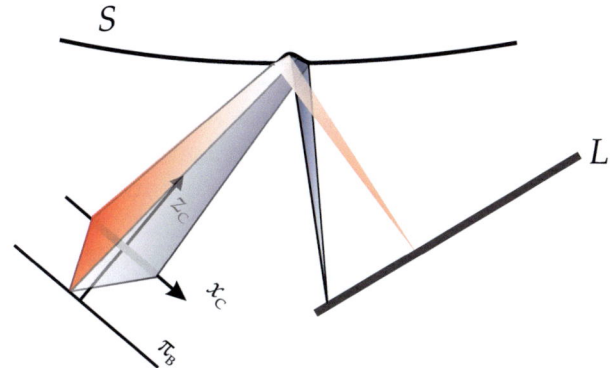

Abbildung 4.12: Skizze eines für die deflektometrischen Methoden unzulässigen Strahlbündels.

auf das Prüfobjekt gemäß Abbildung 4.10(b) lassen sich mit den in Kapitel 6 ausführlich dargestellten Methoden die Poren gut detektieren, vgl. die deutlichen Krater in Abbildung 4.11(b). Bei einer Fokussierung auf den Monitor gemäß Abbildung 4.10(a) wirkt die Abbildung integrierend bezüglich der Oberfläche. In Abbildung 4.11(a) sind dadurch die kreisförmigen Dekostrukturen mit größerer Ausdehnung gut erkennbar, jedoch sind hier die Lasurporen mit kleinem Durchmesser nicht mehr detektierbar. Für industrietypische Prüfaufgaben wie die Defektdetektion auf Oberflächen ist also eine Fokussierung direkt auf die Prüffläche unabdingbar. Wählt man zusätzlich noch einen kleinen Durchmesser der Aperturblende erreicht man kleine Integrationsbereiche auf dem Schirm und eine möglichst große Schärfentiefe, d. h. die Bedingung der Fokussierung auf die Oberfläche gilt für einen möglichst großen Bereich hinsichtlich des Kamera-Objekt-Abstandes.

Diese Designfaustregel der Fokussierung direkt auf die Oberfläche bei möglichst schmalen Sichtstrahlbündel (kleiner Aperturdurchmesser) lässt sich aus einem weiteren Blickwinkel begründen. Deflektometrische Methoden erfordern meist die Kenntnis der Zuordnung eines Kamerasichtstrahls zum Schnittpunkt des reflektierten Strahls mit dem musterdarstellenden Schirm. Bei einer defokussierten Abbildung oder bei Oberflächen mit diffus reflektierenden Anteilen erfordert dies Muster, so dass trotz Integration über einen Schirmbereich eine sinnvolle Zuordnung eines Sichtstrahls zu einer Schirmposition möglich bleibt. In Abbildung 4.10(b) ist dies z. B. für langwellige Sinusmuster gegeben. Diese Zuordnung ist im Allgemeinen nicht möglich, wenn einem Sichtstrahl disjunkte Bereiche auf dem Schirm zugeordnet werden. Abbildung 4.12 zeigt beispielhaft ein Strahlbündel für das die deflektometrische Zuordnung nicht gelingt. Es existiert dabei zwar keine punktweise Zuordnung von Sichtstrahlen zu Musterpunkten jedoch kann umgekehrt der Sachverhalt als eine nicht invertierbare Abbildung von Mustern aus einer Mustermenge auf deren Bilder $f_{\mathrm{MB}} : \mathbb{R}^2 \supset M \rightarrow \mathbb{R}^2$ interpretiert werden. Neben Sonderfällen (vgl. Kapitel 5.1) steht eine allgemeine Theorie für die Auswertung dieser Bild zu Bild Zuordnung im Hinblick auf die zugrunde liegende Spiegelfläche noch aus. Dieses Forschungsvorhaben bleibt allerdings anderen Untersuchungen vorbehalten.

4.3.2 Anordnung Kamera – Monitor

Nach der Behandlung der optischen Parameter Fokusabstand, Brennweite und Blende, bleibt die Frage nach der geometrischen Prüfkonstellation, also nach der Anordnung von Kamera und Monitor offen.

4.3.2.1 Systemdesign und Normalenfelder

Es sollen hier einige Designfaustregeln aus der Untersuchung der Lösungsstruktur des deflektometrischen Rekonstruktionsproblems (vgl. Kapitel 7) und aus den Eigenschaften des von der deflektometrischen Registrierung induzierten Normalenfeldes (siehe Definition 17, Seite 46) abgeleitet werden.

Die charakteristischen Eigenschaften des Normalenfeldes sollen an einem realistischen Beispiel wie der Inspektion von Kraftfahrzeugspiegeln gezeigt werden. Die spiegelnde Oberfläche wird dabei als Kugelschale modelliert:

$$S = \left\{ (x, y, z)^\top \,\middle|\, z = \left(\sqrt{200^2 - (x/\,\mathrm{mm} - 100)^2 - (y/\,\mathrm{mm})^2} + 190 \right) \mathrm{mm} \right\} .$$

Die Systemdaten der Komponenten bei der Simulation sind:

Kamera mit einer Objektivbrennweite $f_{\mathrm{Cam}} = 30$ mm, Pixelabstand $= 6\ \mu$m, Auflösung $= 1000 \times 1000$ pixel. Die Kamera befindet sich am Ort $(0, 0, 150)^\top$ mm und zeigt mit der optischen Achse in Richtung des Punktes $(150, 0, 0)^\top$ mm.

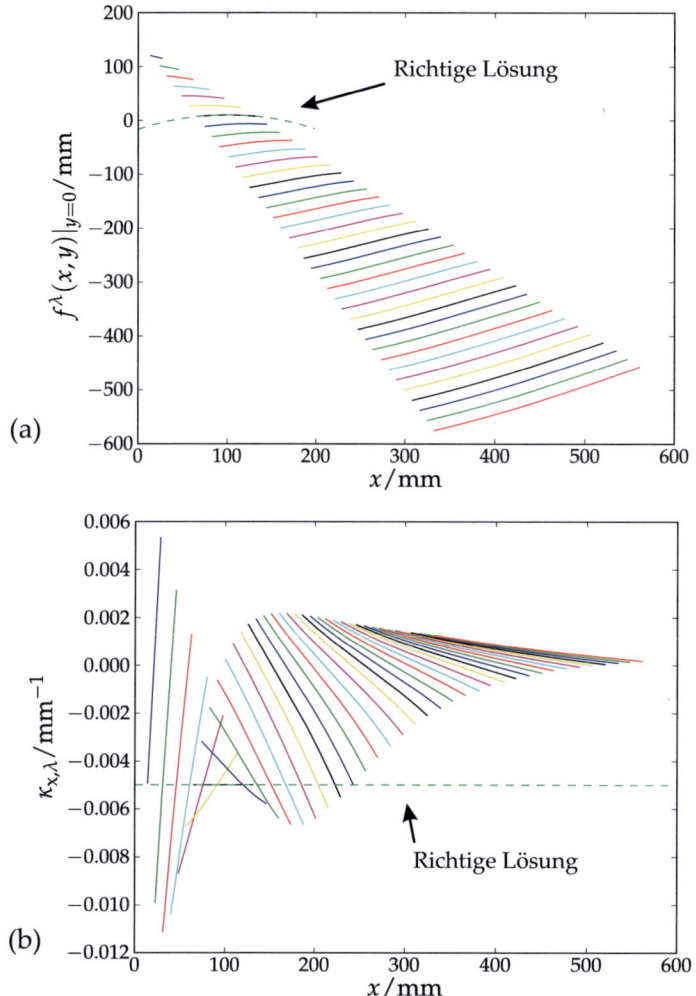

Abbildung 4.13: Beispiele aus der Lösungsmannigfaltigkeit (a) und der zugehörenden Krümmung (b) für die deflektometrische Rekonstruktion eines sphärischen Spiegels mit Radius $r_S = 200\,\mathrm{mm}$.

Mustergenerator: Monitor mit Pixelabstand $= 0.294$ mm und Auflösung $=$ 1024×768 pixel.

Für diese Prüfkonstellation werden in Abbildung 4.13(a) Elemente aus dem Lösungsraum des deflektometrischen Rekonstruktionsproblems dargestellt. Die Lösungsschar $\{f^\lambda\}$ kann z. B. mit den Methoden aus Kapitel 7 bestimmt werden. In der Abbildung 4.13(b) werden die zu den Lösungsflächen f^λ gehörenden Hauptkrümmungen in x-Richtung $\kappa_{x,\lambda}$ dargestellt. Der Spiegel des Simulationsbeispiels hat mit dem Radius $r_S = 200$ mm eine Hauptkrümmung $\kappa_{x,S} = -1/200\,\text{mm}^{-1} = -0.005\,\text{mm}^{-1}$, eingezeichnet in Abbildung 4.13(b) als Krümmung der richtigen Lösung.

Anhand der Abbildung 4.13 ist Folgendes zu beobachten:

- Alle Lösungen befinden sich innerhalb des Sichtkegels Ω der Kamera. Korrespondierende Punkte auf verschiedenen Lösungsflächen $f^\lambda(x,y)$ sind mittels Sichtstrahlen verbunden, es existiert also eine durch die Kameraperspektive bedingte Größenänderung der Lösungsflächen.

- Der endliche Abstand des Monitors relativ zur Oberfläche und zur Kamera bewirkt eine monotone Abnahme des Winkels zwischen Normale und Sichtstrahl bei zunehmender Entfernung vom Kameraursprung längs diesen Sichtstrahls. Dies gilt für alle Normalen der Oberfläche, was zu einer qualitativ zu beschreibenden Rotation der Lösungsflächen bei wachsendem Abstand vom optischen Zentrum führt.

- Die Gestalt, d. h. die Krümmung (Hauptkrümmungen, Gaußkrümmung und mittlere Krümmung) ändert sich längs Sichtstrahlen monoton. Es gibt keine zwei Punkte auf einem Sichtstrahl mit gleicher Krümmung, also haben auch alle Lösungsflächen $f^\lambda(x,y)$ unterschiedliche Gestalt. Diese Beobachtung spielt eine wichtige Rolle bei der Frage nach der Eindeutigkeit der stereobasierten Normalenfeldbestimmung.

- Bei der deflektometriebasierten Rekonstruktion einer Sphäre besitzt die Änderung der Hauptnormalenkrümmung einen Vorzeichenwechsel beim Übergang von Lösungsflächen zwischen Kamera und richtiger Lösung hin zu Lösungsflächen die weiter von der Kamera entfernt liegen als diese richtige Lösung.

- Alle Lösungen konvergieren im Unendlichen zu einer Kugelschale mit unendlichem Radius, d. h. die Krümmung geht gegen 0 und die Lösungsfläche wäre damit eine Ebene.

- Die Änderung der Normalen nimmt in weit entfernten Bereichen mit $\mathcal{O}(\|s\|^2)$ ab [Bal08]. Wählt man also eine Aufnahmekonstellation mit genügend weit entferntem Objekt, dann ist die Auswahl des *richtigen* Lösungslevels aus der Familie $f^\lambda(x, y)$ einfach, da sich unterschiedliche Lösungen nur sehr wenig in ihrer Gestalt ändern. Dies kann als eine Regularisierung durch Linearisierung betrachtet werden.

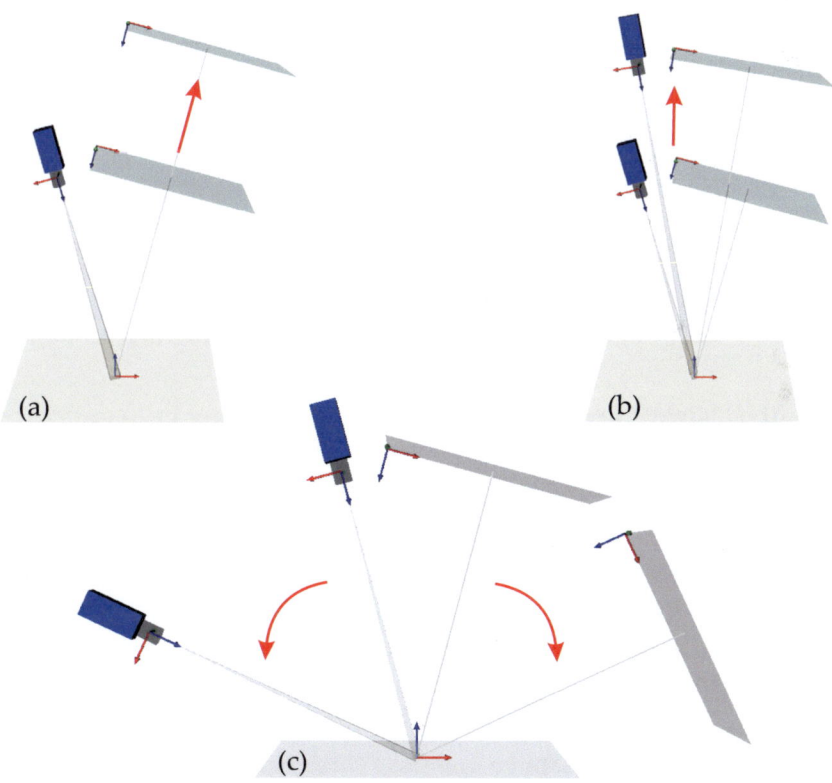

Abbildung 4.14: Drei Unterschiedliche Prüfkonstellationen.

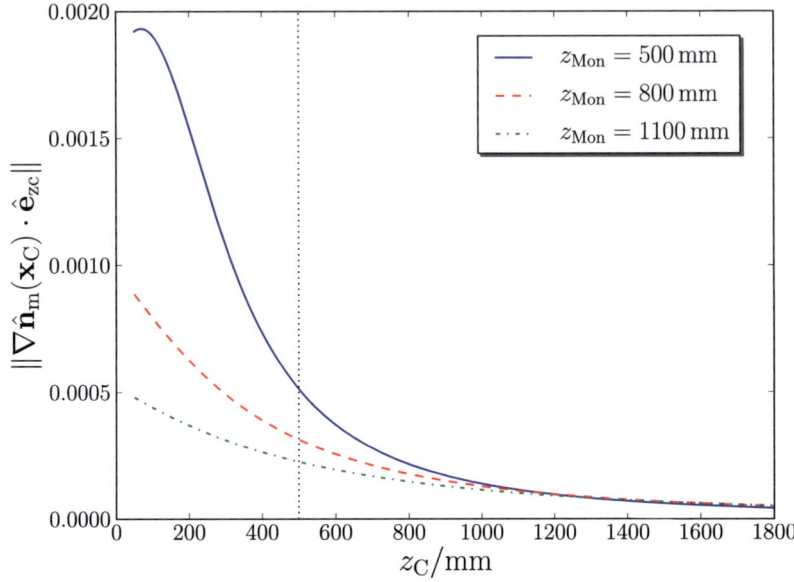

Abbildung 4.15: Norm des Vektorgradienten in Richtung der optischen Kameraachse in Abhängigkeit vom Abstand zum optischen Zentrum der Kamera, für verschiedene Monitorpositionen nach Abbildung 4.14(a).

Die Abhängigkeit der Lösungsmannigfaltigkeit von der Prüfkonstellation kann quantitativ durch Auswertung des Vektorgradienten $D_{\hat{v}}(\hat{n}_m)$ des Normalenfeldes $\hat{n}_m$ bezüglich einer Richtung $\hat{v}$ erhalten werden

$$D_{\hat{v}}(\hat{n}_m) = J_n(\hat{n}_m) \cdot \hat{v}.$$

Dabei bezeichnet $J_n(\hat{n}_m) = \nabla \hat{n}_m$ die Jacobi-Matrix des Normalenfeldes.

Betrachten wir die Norm des Vektorgradienten $D_{\hat{v}}(\hat{n}_m)$ für drei unterschiedliche Prüfkonstellation (vgl. Abbildung 4.14).

In der ersten Prüfkonstellation wird nur die Position des Monitors geändert, die Position der Kamera und des Prüfobjektes bleiben konstant. Der Kameraabstand zur xy-Ebene beträgt dabei 500 mm.

In Abbildung 4.15 wird die Norm des Vektorgradienten in Richtung der optischen Kameraachse $\|\nabla \hat{n}_m(s) \cdot \hat{e}_{zc}\|$ für drei Positionen des Monitors dargestellt, z_{Mon} bezeichnet dabei den Abstand des Monitor-Mittelpunktes von der xy-Ebene und z_C den Abstand vom Koordinatenursprung des Kamerakoordinatensystems in Richtung der optischen Achse und $\hat{n}_m$ das deflektometrische Normalenfeld (vgl. Abbildung 4.14(a)).

Mit wachsendem Abstand des Monitors von der Objektebene nimmt die Änderung des Normalenfeldes und damit die Änderung der Norm des Vektorgradienten längs eines Sichtstrahls ab und strebt dabei asymptotisch gegen Null. Dieser Vektorgradient konvergiert zum gleichen Grenzwert unabhängig von der Monitorposition. Diese Eigenschaft des Normalenfeldes wird auch in Abbildung 4.13(b) bei der Betrachtung der Hauptnormalenkrümmung deutlich. Je weiter der Monitor von der Oberfläche entfernt ist, desto kleiner werden die Änderungen der Vektorgradientennorm längs eines Sichtstrahls.

In der Abbildung 4.16 wird die Norm des Vektorgradienten in Richtung der optischen Kameraachse für drei Positionen des Sensorkopfes (bei fester Kamera-Monitor-Kombination) dargestellt. Variiert wird der Sensor-Objekt-Abstand z_0 nach Abbildung 4.14(b). Für verschiedene Senorkopfpositionen zeigt der Verlauf der Vektorgradientennorm ähnliches Verhalten, eine monotone Abnahme mit wachsender Entfernung z_C vom optischen Zentrum.

Schließlich wird in Abbildung 4.17 die Norm des Vektorgradienten in Richtung der optischen Achse für verschiedene Polwinkel ϑ in Abhängigkeit des Abstandes vom optischen Zentrum dargestellt, vgl. Abbildung 4.14(c). Der Kamera-zu-Objekt-Abstand und der Monitor-zu-Objekt-Abstand sind dabei immer 500 mm. Mit wachsendem Polwinkel verschiebt sich das Maximum der Normalenfeldänderung zu größeren Werten von z_C. Wird aufgrund der Prüfaufgabe eine möglichst große Änderung des Normalenfeldes in Sichtrichtung gefordert, z. B. für die Bestimmung von Oberflächenpunkten mittels Stereomethoden, dann ist ein mittlerer Beobachtungswinkel von ca. $45°$ vorteilhaft. Für diesen Beobachtungswinkel erreicht die Norm des Vektorgradienten im Bereich der Prüffläche ($z_C = 500$ mm) sein Maximum. Wird dagegen infolge der Prüfaufgabe eine möglichst geringe Änderung des Normalenfeldes gewünscht, dann sollte ein möglichst geringer Polwinkel gewählt werden (im Idealfall schaut die Kamera dann direkt durch einen modifizierten Schirm). Geringe Änderungen des Normalenfeldes längs Sichtstrahlen sind z. B. für den Regularisierung-durch-Approximationsansatz erforderlich. Selektion der zu integrierenden

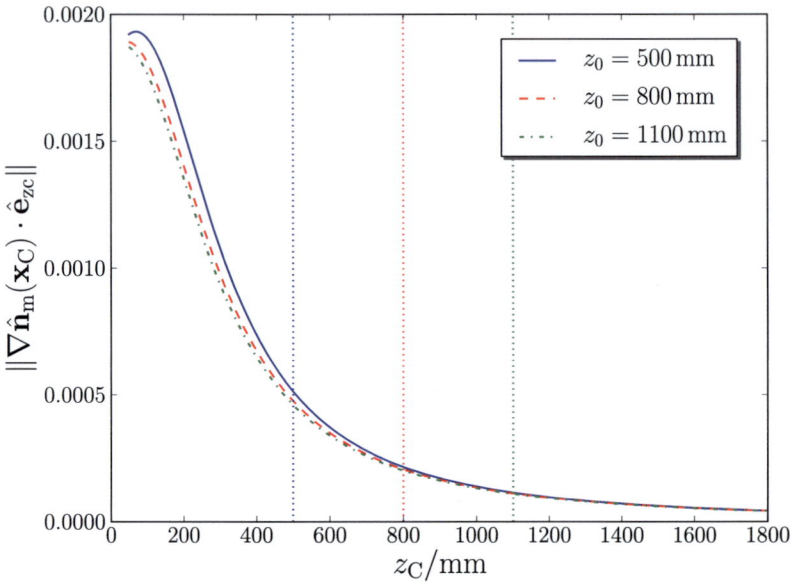

Abbildung 4.16: Norm des Vektorgradienten in Richtung der optischen Kameraachse in Abhängigkeit von der Entfernung zum optischen Zentrum für drei verschiedene Abstände z_0 des Sensorkopfes von der Prüffläche nach Abbildung 4.14(b).

Normalen mittels ebenem Schnitt durch das Normalenfeld führt in diesem Fall zu kleinen Rekonstruktionsfehlern, da die selektierten Normalen nur wenig von den *richtigen* abweichen.

Folgende Designfaustregeln können aufgrund der vorangegangenen Beobachtungen aufgestellt werden:

1. Die Bestimmung von Punkten auf spiegelnden Oberflächen mittels Stereoaufbau, z. B. zur Regularisierung des deflektometrischen Rekonstruktionsproblems, bedarf stark variierender Normalenfelder längs der Sichtstrahlen beider Kameras. Die Stereomethode impliziert die Bestimmung von Normalendisparitäten[47], z. B. von $\|\hat{\boldsymbol{n}}_m^1 - \hat{\boldsymbol{n}}_m^2\|$ für die Normalen aufgrund der Messungen aus den zwei Kamerarichtungen $\hat{\boldsymbol{n}}_m^1, \hat{\boldsymbol{n}}_m^2$.

---

[47] Ausführlich hierzu siehe [Wan93, Bon03, Kna04b, Pet04, Wer07b].

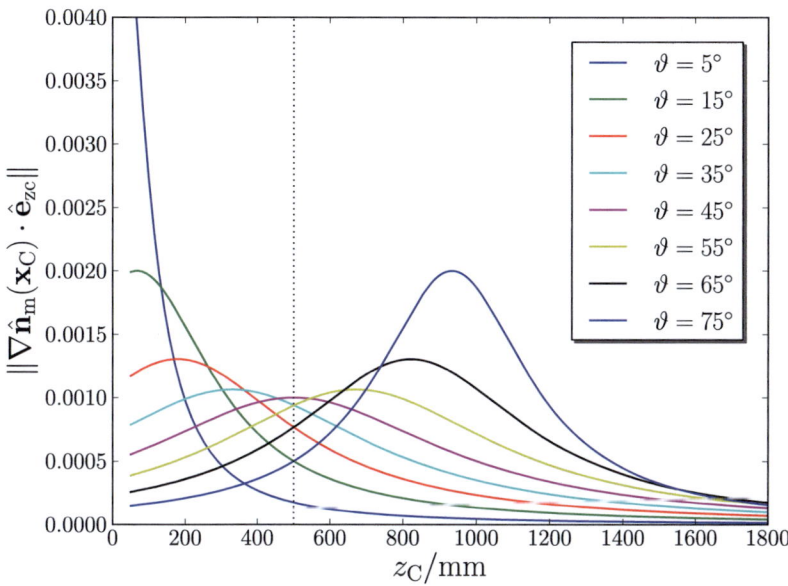

Abbildung 4.17: Norm des Vektorgradienten des Normalenfeldes längs der optischen Achse in Abhängigkeit von der Entfernung vom optischen Zentrum z_C für verschiedene Winkel ϑ zwischen optischer Achse und Oberflächennormalen, Prüfkonstellation nach Abbildung 4.14(c).

Große Disparitäten lassen sich erzielen durch:

- Geringe Kamera-zu-Objekt und Monitor-zu-Objekt-Abstände,
- Einen Winkel zwischen Kamera/Monitor-Achse und mittlerer Oberflächennormalen von ungefähr 45°.

2. Die Bestimmung von Oberflächennormalen mit hoher Genauigkeit wird durch geringe Änderungen des Normalenfeldes im interessierenden Bereich unterstützt. Dies ermöglicht eine Regularisierung des deflektometrischen Rekonstruktionsproblems mittels Approximation, selbst die Selektion der approximativ richtigen Normalen durch ebene Schnitte durch das Normalenfeld ist möglich.

Kleine Änderungen des Normalenfeldes längs Sichtrichtungen lassen sich erzielen durch:

- Große Sensorkopf-zu-Objekt-Abstände,
- Große Monitor-zu-Objekt-Abstände,
- Kleine Winkel zwischen Kamera/Monitor-Achse und mittlerer Oberflächennormalen.

Es existiert quasi eine *Dualität von Neigungs- und Ortsauflösung*, so dass je nach Aufgabenstellung die Aufnahmekonstellation angepasst werden kann, ohne dass es eine Konstellation gibt, die für beide Aufgaben optimal wäre.

Zusätzlich zu den Folgerungen aus der Betrachtung der Normalenfeldänderung muss die Abhängigkeit der Messempfindlichkeit der Normalenbestimmung vom Monitor-zu-Objekt-Abstand berücksichtigt werden. Ändert sich die Oberflächennormale $\delta\hat{n}_m$ an einem Punkt, z. B. infolge eines lokalen Defektes, führt dies zu einer Änderung des Schnittpunktes des reflektierten Strahls mit dem Monitor

$$\|x_{L,1} - x_{L,2}\| \propto \|\delta\hat{n}_m\|.$$

Je weiter der Monitor von der Oberfläche entfernt ist, desto größer ist die Änderung $\|x_{L,1} - x_{L,2}\|$ auf der Monitorfläche. Dies ermöglicht prinzipiell eine genauere Bestimmung der Oberflächennormalen im betrachteten Punkt.

Ein möglichst weit entfernter Monitor ist demnach in zweifacher Hinsicht günstig: einerseits bei der genauen Bestimmung der Oberflächennormalen und andererseits bei Verfahren die eine geringe Änderung des Normalenfeldes in einem Bereich um einen Oberflächenpunkt erfordern. In Kapitel 7 wird hierzu gezeigt, dass diese geringe Änderung zu einem sehr guten Konvergenzverhalten einer iterativen Oberflächenrekonstruktion führt.

4.3.2.2 Systemdesign und Rekonstruktionsgenauigkeit

Betrachten wir die Frage nach der optimalen geometrischen Anordnung aus einer anderen Perspektive. Welcher Zusammenhang besteht zwischen geometrischem Systemdesign und den Anforderungen an die Einstellgenauigkeit (Kalibrierung) und an die Auswahl der *richtigen* Lösung

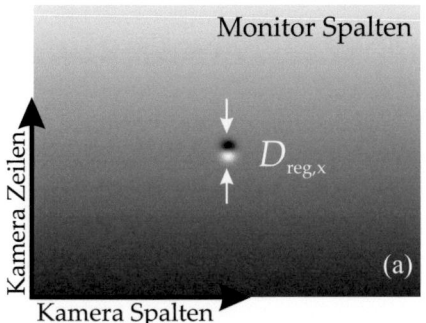 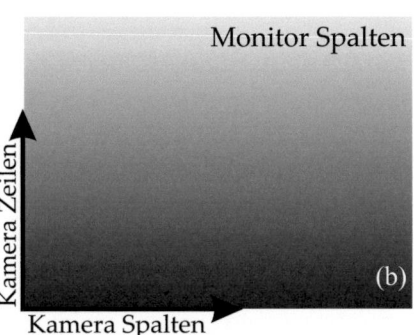

Abbildung 4.18: Deflektometrische Registrierung: Dargestellt ist für jedes Kamerapixel die jeweils zugeordnete x-Koordinate (Spalte) des Monitors kodiert als Grauwert. Links im Bild der Spaltenanteil der deflektometrische Registrierung für eine Delle und rechts für die entsprechende ungestörte Referenzfläche.

(des *richtigen* Levels) aus der Lösungsmannigfaltigkeit hinsichtlich der Rekonstruktionsgenauigkeit? Dies soll anhand zweier typischer und für die Praxis relevanter Prüfaufgaben gezeigt werden: der Prüfung lokaler Formabweichungen am Beispiel kleiner Dellen in glatten Flächen und der Bestimmung der globalen Gestalt am Beispiel spiegelnder Kugelflächen.

Lokale Defekte

Betrachten wir zunächst die Detektion von Dellen in glatten Oberflächen, z.B. in lackierten Blechen. Die Beispieldelle wird als Gaußglocke

$$f_{\text{delle}}(x, y) = -0.6 \exp\left(-\frac{(x/\text{mm})^2 + (y/\text{mm})^2}{10}\right) \text{ mm}$$

modelliert[48]. Das Zentrum des Kamerakoordinatensystems befindet sich im Abstand von 500 mm vom Defektzentrum und die Kamera ist auf dieses ausgerichtet. Die Prüfunsicherheit[49] bezüglich des Defektdurchmessers (laterale Unsicherheit) bestimmt sich genau wie bei der 2D-Bildauswertung

---

[48]Für die weiteren Ausführungen ist die konkrete Ausprägung einer realen Delle ohne Bedeutung.

[49]Wir verzichten hier im Rahmen der automatischen Sichtprüfung auf absolutgenaue Messungen. In vielen praktischen Fällen werden bei industriellen Prüfaufgaben nur verlässliche und reproduzierbare Aussage wie „In-Ordnung" und „Nicht-In-Ordnung" basierend auf metrischen Merkmalen gefordert. Dies ermöglicht u.a. den Verzicht auf telezentrische Optiken.

über den Öffnungswinkel der Sichtstrahlen am Rande des Defekts und der Objektposition, die bei industriellen Prüfaufgaben meist als bekannt angenommen werden kann. In Abbildung 4.18(a) ist $D_{\text{reg,x}}$ proportional zu dem Defektdurchmesser in x-Richtung, $D_{\text{reg,x}}$ bezeichnet dabei die Spaltendifferenz auf dem Monitor. Gleiches gilt für den defektproportionalen Zeilenabstand $D_{\text{reg,y}}$. Bei bekanntem Kamera-Objekt-Abstand d_S und bei bekanntem Monitor-Objekt-Abstand d_{LS} ergibt sich eine für Prüfzwecke geeignete Bestimmung des Defektdurchmessers zu

$$D_{\text{defekt}} = \frac{d_S}{d_S + d_{LS}} \max\{|D_{\text{reg,x}}|, |D_{\text{reg,y}}|\} \, \delta_{\text{Mon}}. \tag{4.12}$$

Die Prüfunsicherheit ist also proportional zur Unsicherheit bei der Bestimmung der Objektentfernung von den Sensorkomponenten und zur Unsicherheit bei der Bestimmung der Durchmesser $D_{\text{reg,x}}$, $D_{\text{reg,y}}$ aus der deflektometrischen Registrierung. Zusätzlich zu der Defektdurchmesserbestimmung lässt sich die Defekttiefe bestimmen. Dazu vergleichen wir die Lösung des deflektometrischen Rekonstruktionsproblems der ungestörten Oberfläche f_{ref} mit der Lösung für die Defektfläche f_{defekt}. Bei der praktischen Bestimmung der Referenzfläche kann die zugrunde liegende deflektometrische Registrierung (rechtes Teilbild in Abbildung 4.18) durch Tiefpassfilterung aus der Registrierung für die Defektfläche (linkes Teilbild in Abbildung 4.18) unter der Annahme kleiner Defekte gewonnen werden. Die Flächen f_{ref} und f_{defekt} sind jeweils Elemente aus dem Lösungsraum des deflektometrischen Problems durch den gleichen Regularisierungspunkt $P_{\text{reg}} = (x_{\text{reg}}, y_{\text{reg}}, z_{\text{reg}})^\top$. Im Folgenden werden dessen x_{reg} und y_{reg} Werte festgehalten und die Lösungsfläche nur durch z_{reg} beschrieben. Dieser Wert wird damit zum eindimensionalen Parameter der Lösungsschar. Bei einem Vergleich der beiden Flächen mittels Maximumsnorm erhält man für den relativen Höhenfehler

$$E_{\text{hrel}}(z_{\text{reg}}) := \frac{\|f_{\text{defekt}}(x,y;z_{\text{reg}}) - f_{\text{ref}}(x,y;z_{\text{reg}})\|_{\max} - h_{\text{delle}}}{h_{\text{delle}}}, \tag{4.13}$$

wobei im betrachteten Beispiel $h_{\text{delle}} = 0.6 \, \text{mm}$ ist.

Mit der Bezeichnung $\Delta z_0 = z_{\text{reg}} - z_0$ für die Abweichung des Regularisierungsparameters z_{reg} vom Wert z_0 für die richtige Lösung wird in Abbildung 4.19 der prozentuale relative Höhenfehler für drei Aufnahmekonstellationen dargestellt. Dabei ist ϑ der Winkel der optischen Kameraachse

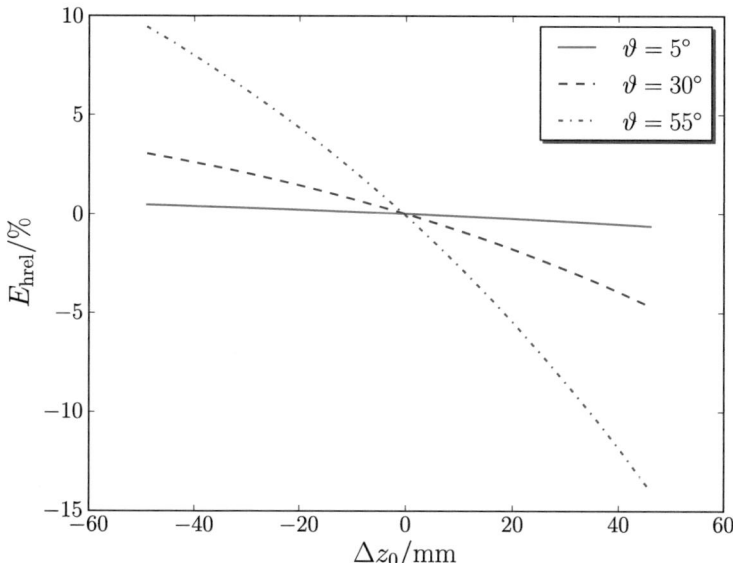

Abbildung 4.19: Relativer Höhenfehler in Prozent nach Gleichung (4.13) dargestellt für drei Beobachtungswinkel ϑ relativ zur Oberflächennormalen.

zu einer mittleren Oberflächennormalen. Die Beobachtung variiert dabei von „steil" zu „flach". Es lässt sich deutlich erkennen, dass bei einer „steilen" Beobachtung ($\vartheta = 5°$) der relative Höhenfehler bei großer Variation des Regularisierungswertes klein gehalten werden kann. Im Beispiel ist $|E_{\mathrm{hrel}}| < 1\%$ bei einer Variation von Δz_0 im Bereich $\pm 40\,\mathrm{mm}$. Eine günstige Aufnahmekonstellation führt also zu einer genauen Bestimmung der Defekttiefe bei ungefährer Kenntnis der Objektposition. Im Idealfall würde die Kamera demzufolge wiederum durch eine Öffnung in der Mitte des Mustererzeugers auf das Prüfobjekt blicken.

Betrachten wir für die Prüfaufgabe der Defektdetektion den Einfluss der Monitor-Positioniergenauigkeit relativ zur Kamera. Der Aufbau entspricht dabei dem vorangegangenen Experiment, wobei der Polwinkel aufgrund obiger Schlussfolgerung zu $\vartheta = 5°$ gewählt wird. Wir erwarten, wie im vorherigen Beispiel, eine geringe Sensitivität der Messgenauigkeit bezüglich Kalibriergenauigkeit. Die Bestimmung von f_{ref} und f_{defekt} hängt direkt von

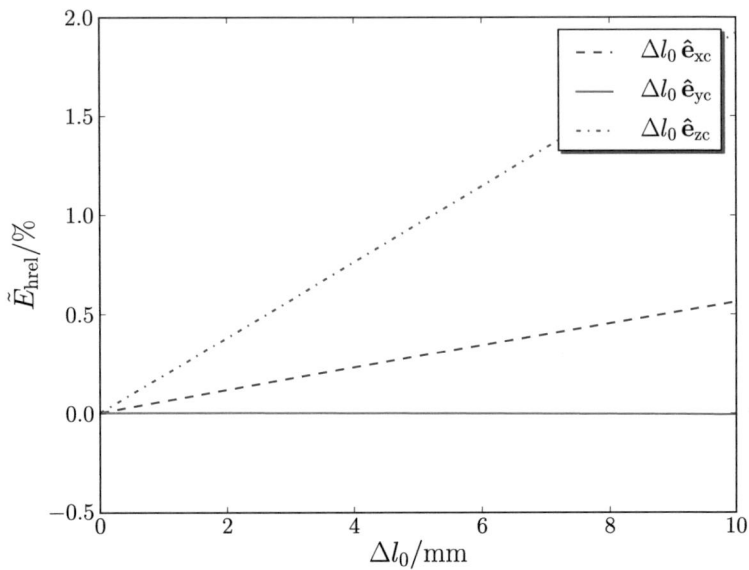

Abbildung 4.20: Relativer Höhenfehler in Prozent nach Gleichung (4.14) dargestellt für Abstandsvariationen (simulierter Kalibrierfehler) des Monitorkoordinatenursprungs l_0 in Richtung der Kameraachsen $\hat{e}_{xc}$, $\hat{e}_{yc}$, $\hat{e}_{zc}$.

der Kenntnis der den Kamerapixeln zugeordneten Monitorpositionen l ab (über die Bestimmung der Normalenfelder vgl. Kapitel 3.4). Gleichung (4.13) wird damit zu:

$$\tilde{E}_{\mathrm{hrel}}(\Delta l_0) := \frac{\|\tilde{f}_{\mathrm{defekt}}(x,y;\Delta l_0) - \tilde{f}_{\mathrm{ref}}(x,y;\Delta l_0)\|_{\mathrm{max}} - h_{\mathrm{delle}}}{h_{\mathrm{delle}}}. \quad (4.14)$$

Dabei bezeichnet $\Delta l_0 = l_{\mathrm{err}} - l_0$ die Abweichung des Monitorkoordinatenursprungs l_0 bezüglich des Kamerasystems vom exakten Wert aufgrund eines systematischen Kalibrierfehlers. Mit $\Delta l_0 = \|\Delta l_0\|$ wird in der Abbildung 4.20 der relative Höhenfehler in Prozent für Abstandsvariationen des Monitor-Koordinatenursprungs dargestellt. Dabei werden Kalibrierfehler, d. h. Änderungen des Monitorursprungs in alle drei Kamerakoordinatenrichtungen simuliert, $\Delta l_0 = \Delta l_0\,\hat{e}_{xc}$, $\Delta l_0 = \Delta l_0\,\hat{e}_{yc}$ und $\Delta l_0 = \Delta l_0\,\hat{e}_{zc}$. Die Kamera beobachtet das Prüfobjekt dabei steil von oben ($\vartheta = 5°$). Man sieht dabei, dass es eine invariante Verschiebungsrichtung, die y-Richtung gibt. Diese Invarianz lässt sich folgendermaßen erklären: Bei Verschiebung in y-Richtung wird nur die Lage des Monitorbereichs L innerhalb der Monitorebene π_L verändert, die Monitorebene selber jedoch nicht. Da bei der Bestimmung der Defekttiefe nur die relative Abweichung der Reflexionsstrahlen bezüglich des ungestörten Falles relevant ist, hat die Änderung der Lage (Verschiebung, Drehung) des Monitorbereichs bei konstanter Monitorebene keinen Einfluss auf die 3D-Rekonstruktion des Defektes. Kalibrierunsicherheiten bezüglich dieser Achse[50] beeinflussen das Prüfergebnis also nicht. Die stärksten Auswirkungen auf das Prüfergebnis hat im aktuell behandelten Beispiel eine falsche Annahme über den Monitorursprung hinsichtlich der z-Koordinate (hierbei wird auch eine falsche Annahme über die Monitorebene π_L getroffen). Man sieht weiterhin, dass der relative Höhenfehler kleiner 1%, bei falschen Annahmen über den Koordinatenursprung von bis zu 4 mm, gehalten werden kann. Eine geschickte Wahl der Aufnahmekonstellation, hier eine steile Beobachtung, reduziert die Anforderungen an die Systemkalibrierung ohne die Prüfgenauigkeit einzuschränken.

Globale Gestalt

Als zweites Beispiel wird die Bestimmung der globalen Gestalt spiegelnder Kugelflächen betrachtet. Sphärische Spiegel dieser Art finden z. B. im Kraftfahrzeugbereich Anwendung. Die Modellfläche der Simulation hat in Weltkoordinaten folgende Gestalt:

$$S = \left\{ (x,y,z)^\top \left| z = \left(\sqrt{300^2 - (x/\,\mathrm{mm} - 50)^2 - (y/\,\mathrm{mm})^2} + 250 \right) \mathrm{mm} \right\} \right. .$$

Der Abstand der Kamera zur Oberfläche längs der optischen Achse beträgt im Beispiel 1000 mm und der Winkel der optischen Achse zur z-Achse des Weltsystems hat den Wert $\vartheta = 5°$.

Es soll äquivalent zur Abbildung 4.19 der relative Prüffehler in Abhängigkeit des Regularisierungswertes z_{reg} bzw. der Abweichung $\Delta z_0 = z_{\mathrm{reg}} - z_0$ des Regularisierungswertes vom richtigen Wert z_0 bestimmt werden. Als Prüffehler wird in diesem Beispiel die relative Abweichung der Haupt-

---

[50]Es gibt für jede Aufnahmekonstellation eine Verschiebungs- und eine Drehrichtung, die das Rekonstruktionsergebnis nicht beeinträchtigen.

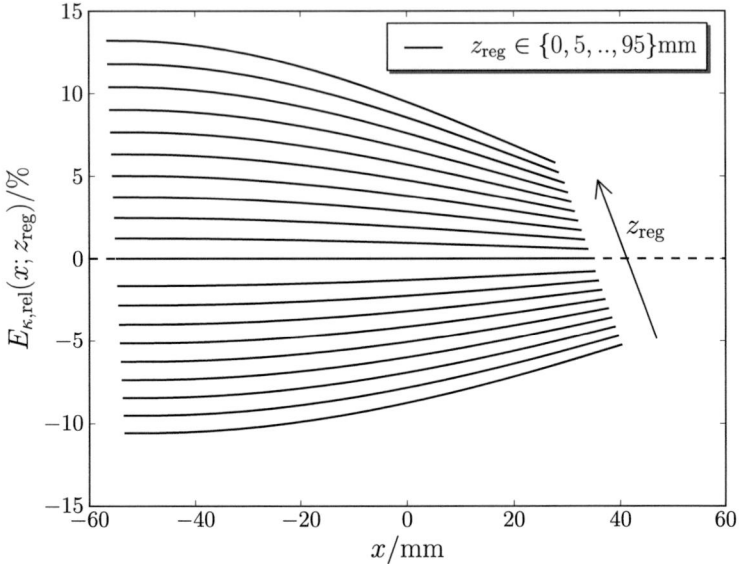

Abbildung 4.21: Relativer Krümmungsfehler in Prozent nach Gleichung (4.15).

krümmung in x-Richtung vom wahren Wert $\kappa_{x,\text{sphere}} = 1/300\,\text{mm}^{-1}$ der Kugelschale betrachtet[51]:

$$E_{\kappa,\text{rel}}(x; z_\text{reg}) := \frac{\kappa_x(x; z_\text{reg}) - \kappa_{x,\text{sphere}}}{\kappa_{x,\text{sphere}}}. \tag{4.15}$$

In Abbildung 4.21 ist diese einparametrische Kurvenschar dargestellt. In Abbildung 4.22 wird ergänzend der maximale Wert $\max_x E_{\kappa,\text{rel}}(x; \Delta z_0)$ in Abhängigkeit der Regularisierungswertänderung Δz_0 gezeigt. Diese maximale Abweichung ist in einer Umgebung um den wahren Wert näherungsweise linear. Bei einer Änderung des Regularisierungswertes im Bereich $-20\,\text{mm} \leq \Delta z_0 \leq 20\,\text{mm}$ bleibt der Krümmungsfehler kleiner $\pm 5\%$. Es ist

---

[51]Die Krümmung wird hier berechnet mittels der Krümmung $\kappa_{x,\text{sphere}}(x) = \frac{z''(x)}{(1+z'(x)^2)^{3/2}}$ der Schnittkurve der x-z-Ebene mit der Prüfsphäre. Durch die gewählte Geometrie entspricht diese Kurvenkrümmung der Hauptnormalenkrümmung in x-Richtung.

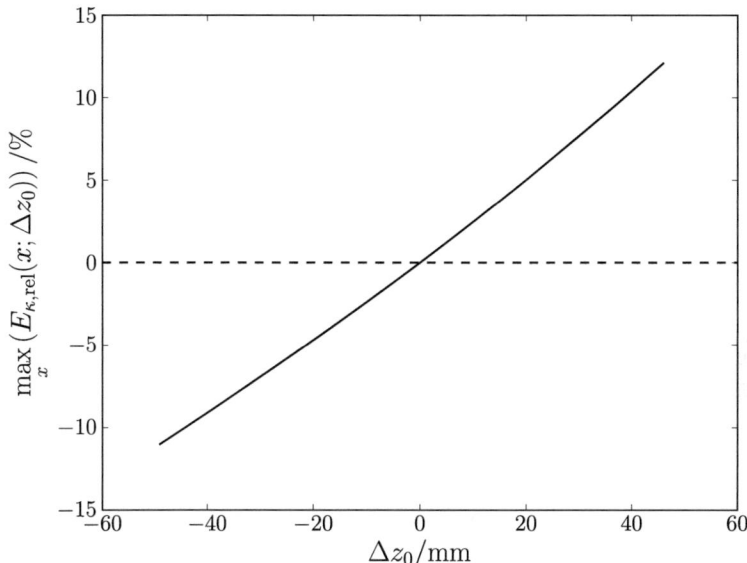

Abbildung 4.22: Maximum des relativen Krümmungsfehlers nach Gleichung (4.15) in Prozent und in Abhängigkeit von der Änderung des Regularisierungswertes.

also auch bei dieser Prüfaufgabe, der globalen Gestaltbestimmung, möglich, durch eine geeignete Prüfkonstellation (steile Beobachtung, $\vartheta = 5°$) eine Regularisierung durch Approximation anzuwenden. Da in industriellen Anwendungen Bauteile in der Regel mit hoher Genauigkeit der Prüfsensorik präsentiert werden können, ist auch mit der in dieser Arbeit vorgeschlagenen Prüfsensorik eine genaue Gestaltbestimmung spiegelnder Oberflächen ohne weitere Hilfsmittel möglich.

4.3.2.3 Systemdesign und Prüfbereiche

Zuletzt soll die Frage nach einem möglichst großen Prüfbereich bei gegebener Kamera, bekannter Prüffläche und gegebenem Monitor beantwortet werden. Dazu definieren wir den Begriff des geometrischen Konfigurationsraums.

Definition 23 (*Geometrischer Konfigurationsraum*). Der *geometrische Konfigurationsraum* $\mathfrak{K}$ wird aufgespannt von allen zulässigen Transformationen $\{H_{Cam}\}$, $\{H_{Mon}\}$ und den möglichen Brennweiten $\{f_{Cam}\}$.

Die Objektivbrennweite muss bei diesen geometrischen Betrachtungen mit einbezogen werden, da die Brennweite den geometrischen Öffnungswinkel des Objektivs und damit den Sichtbereich der Kamera mitbestimmt (vgl. Gleichung (4.11)).

Definition 24 (*Geometrische Konfiguration*). Eine *geometrische Konfiguration* ist ein Tupel $K = (H_{Cam}, H_{Mon}, f_{Cam}) \in \mathfrak{K}$.

Gesucht ist die Konfiguration für die die relative Schirmüberdeckung (siehe Gleichung (4.9)) maximal wird[52]:

$$K_{opt} = \arg \max_{K \in \mathfrak{K}} \{U_{Mon}(K)\} \ . \tag{4.16}$$

Die relative Schirmüberdeckung U_{Mon} lässt sich für ein gegebenes $K \in \mathfrak{K}$ durch Strahlverfolgung aller Sichtstrahlen der Kamera bestimmen. Erreicht U_{Mon} für eine geometrische Konfiguration den Wert 1, dann ist für diese Kamera-Monitoranordnung und Brennweite der Inspektionsbereich S_P auf der Prüffläche maximal. Das Maximierungsproblem (4.16) besitzt 13 Freiheitsgrade, jeweils drei Rotationswinkel und drei Verschiebungsparameter für H_{Cam} und H_{Mon} und die Brennweite.

Um die Lösungsmenge dieses Problems einzuschränken, können Nebenbedingungen gesetzt werden:

- Einschränkungen an H_{Cam}, H_{Mon} und f_{Cam} aus Designvorgaben nach Abschnitt 4.3.2.1.

- Geometrische Einschränkungen an H_{Mon}, insbesondere an die Translation der Koordinatensysteme aufgrund der starren Verbindung von Kamera und Monitor zu einem Sensorkopf.

- Einschränkungen an H_{Cam} und H_{Mon} infolge von Bedingungen an die Schärfentiefe und der verwendeten Brennweite.

---

[52]Alternativ dazu: Gesucht ist die Konfiguration für die die Schirmbelegungsenergie (Gleichung (4.10)) minimal wird: $K_{opt} = \arg \min_{K \in \mathfrak{K}} \{E_{Mon}(K)\}$

Mit der Einführung von U_{Mon} eröffnet die numerische Lösung von Gleichung (4.16) die Möglichkeit zur Entwicklung von Werkzeugen zum Rapid-Prototyping von Sichtprüfsystemen auf Basis der Deflektometrie. Dies ist Gegenstand aktueller Forschung.

4.4 Kalibrierung

Die Kalibrierung beantwortet die Frage nach den geometrischen und optischen Systemparametern für eine gegebene Aufnahmekonstellation. Die Systemkalibrierung ist damit gewissermaßen eine komplementäre Betrachtungsweise zum Systemdesign. Bei der hier erstmalig vorgestellten Kalibriermethodik soll als einziges Hilfsmittel ein planarer Oberflächenspiegel verwendet werden. Aufgrund der Vielzahl von Arbeiten zum Thema Kamerakalibrierung werden hier nur die mit diesem Ansatz verknüpften Aspekte dargelegt. Analog zum Konzept der virtuellen Kamera [Bal08] verwenden wir das Konzept des virtuellen Monitors, vgl. Abbildung 4.23. Die Kamera beobachtet über den planen Spiegel π_S mit dem Sichtstrahl s_{PL} einen Punkt P_L auf dem Monitor L. Dieser Monitorpunkt, dies ist bei der hier vorgeschlagenen Methodik entscheidend, ist aufgrund einer Positionskodierung bekannt, d. h. seine Zeilen- und Spaltenposition bezüglich des Monitorkoordinatensystems können durch Dekodierung bestimmt werden. Dies gilt für jeden Sichtstrahl, der die Monitorregion L nach Spiegelung an π_S schneidet. Das Pixelraster eines Monitors stellt eine genaue Maßverkörperung für die Bestimmung von Abständen in der Monitorebene π_L dar. Eine subpixelgenaue Bestimmung der Positionen auf dem Monitor kann durch Einsatz eines Phasenschiebeverfahrens für die Positionskodierung und Splineinterpolation erzielt werden. Damit kann auf die bei der Kamerakalibrierung üblichen Schachbrett- oder Punktmuster [Zha98, Bou03, Str06b] verzichtet werden.

Die Kalibriermethodik erfolgt in drei Schritten:

1. Schritt: Kalibrierung der Kamera

   Die verwendete Kamerakalibrierung beruht auf den Arbeiten von Zhang [Zha96, Zha99, Zha00]. Zur Implementierung wird auf die Methoden aus [Bra08] zurückgegriffen. Durch den Verzicht auf das

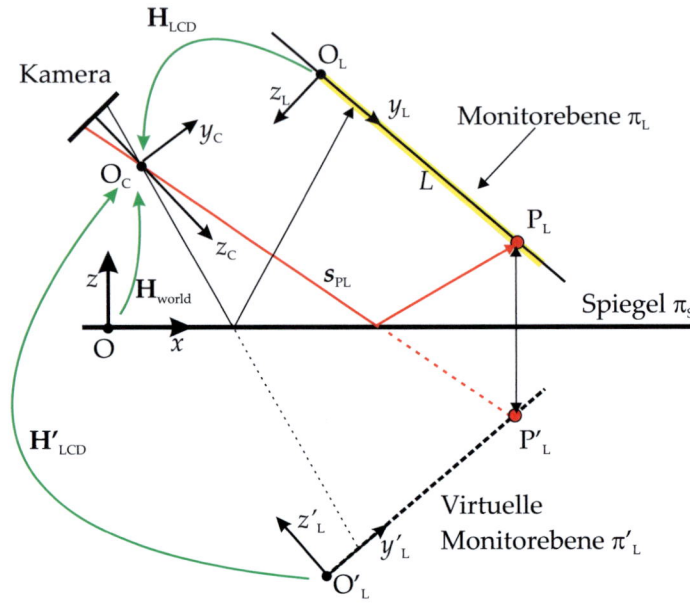

Abbildung 4.23: Geometrie der Kalibrierung, virtueller Monitor.

Schachbrettmuster und der direkten Verwendung der deflektometrischen Registrierung kann auf die Extraktion der Kalibrierpunkte (z. B. Harris [Har88] oder Trajkovic und Hedley [Tra98]) verzichtet werden. Das weitere Vorgehen entspricht der zitierten Literatur. Damit können die intrinsischen Kameraparameter Bildabstand f_B, Hauptpunkt P_P und gegebenenfalls die Verzeichnungsparameter (distortion) und die Schiefe (skew) bestimmt werden. Die Pixelanzahl ($N_{CamRows}$, $N_{CamCols}$) und der Pixelabstand δ_{Cam} sind herstellerspezifisch und unterliegen hier nicht der Kalibrierung.

2. Schritt: Bestimmung der Monitor/Kamera-Transformation $\mathbf{H}_{Mon}$

Mit erfolgter Bestimmung der intrinsischen Kameraparameter kann die Lage des Monitors relativ zur Kamera berechnet werden. Dazu werden zunächst für N_{Pos} Positionen des Sensorkopfs relativ zum Spiegel die Kamerapixel/Monitor-Zuordnungen bestimmt. Damit sind für jede Position $k \in \{1, \dots, N_{Pos}\}$ die virtuellen Monitopunkte P'_L bekannt (vgl. Abbildung 4.23). Aus den Punkten P'_L und dem

Abstandswissen über diese Punkte untereinander[53], lässt sich mit den Methoden aus Bradski und Kaehler [Bra08] die virtuelle Ebene π'_L in Relation zum Kamerasystem (O_C, x_C, y_C, z_C) für eine Prüfposition bestimmen, dabei hat die Ebene

$$\pi'_L : \langle \hat{n}'_L | s \rangle - d'_L = 0,$$

vier Parameter[54]: die Ebenennormale $\hat{n}'_L$ und der Abstand vom Kameraursprung d'_L.

Diese vier Parameter seien nun für jede Prüfposition $k \in \{1, \ldots, N_{Pos}\}$ infolge der Ebenenschätzung bekannt. Die Lage der Monitorebene $\pi_{L,k}$ hängt von der für jede Prüfposition k zunächst unbekannten Lage des Spiegels

$$\pi_{S,k} : \langle \hat{n}_{Spiegel,k} | s \rangle - d_{Spiegel,k} = 0$$

relativ zur Kamera und der (durch Ebenenschätzung) bekannten virtuellen Ebene $\pi'_{L,k}$ ab:

$$\pi_{L,k} = \text{Spgl}_{\pi_{S,k}}(\pi'_{L,k}),$$

wobei $\text{Spgl}_{\pi_{S,k}}$ die Spiegelung einer Ebene an $\pi_{S,k}$ bezeichnet. Entscheidend ist die Tatsache, dass die Spiegelbilder $\pi_{L,k}$ aller virtuellen Ebenen $\pi'_{L,k}$ mit der in Bezug zur Kamera physikalisch fixierten Monitorebene π_L übereinstimmen müssen. Es gilt also

$$\pi_L = \pi_{L,k}, \quad \forall k \in \{1, \ldots, N_{Pos}\}.$$

Wir erhalten damit folgendes Gleichungssystem zur Bestimmung der Spiegelebenen $\pi_{S,k}$:

$$\text{Spgl}_{\pi_{S,j}}(\pi'_{L,j}) = \text{Spgl}_{\pi_{S,k}}(\pi'_{L,k}), \quad (4.17)$$

mit $(j,k) \in \{1, \ldots, N_{Pos}\} \times \{1, \ldots, N_{Pos}\}$ und $j \neq k$.

Gleichung (4.17) liefert für jedes Paar (j,k) vier Bedingungen die erfüllt sein müssen, bei insgesamt acht Unbekannten, den Ebenenpa-

---

[53]Spiegelung am ebenen Spiegel verändert den Abbildungsmaßstab nicht, Größenverhältnisse bleiben dabei erhalten.
[54]Streng genommen drei, plus Normierungsbedingung.

rametern für $\pi_{S,j}$ und $\pi_{S,k}$. Bei N_{Pos} Kalibrierpositionen ergibt dies ein Gleichungssystem mit

$$N_{Gl} = 4 \binom{N_{Pos}}{2} = 2 \frac{N_{Pos}!}{(N_{Pos} - 2)!}$$

nichtlinearen Gleichungen und insgesamt $4\,N_{Pos}$ Unbekannten. Bei $N_{Pos} = 3$ unabhängigen Kalibrierpositionen erhalten wir ein Gleichungssystem mit 12 Unbekannten und 12 Gleichungen. Bei mehr als drei Positionen erhalten wir ein überbestimmtes Gleichungssystem, das sich im (Nonlinear-)Least-Squares-Sinne lösen lässt. Damit muss $N_{Pos} \geq 3$ sein.

Bemerkung 1: Es müssen nicht alle Gleichungen zur Bestimmung aller Spiegelebenen aufgestellt werden, es genügt eine Spiegelebene π_{S,k_0} in Relation zur Kamera zu bestimmen.

Bemerkung 2: In obigem Verfahren können bei gegebener Hand/Auge-Kalibrierung die dann auch bekannten Transformationen des Sensorkopfes zwischen den einzelnen Kalibrierpositionen berücksichtigt werden. Jedoch ist es Ziel der vorgestellten Methodik, möglichst alle Kalibrierungen nur unter Zuhilfenahme eines Kalibrierspiegels durchzuführen.

Nach der Bestimmung der Spiegelebenen $\pi_{S,k}$ lässt sich die gesuchte Monitorebene als Spiegelbild einer virtuellen Monitorebene berechnen (siehe Bemerkung 1)

$$\pi_L = \mathrm{Spgl}_{\pi_{S,k_0}}(\pi'_{L,k_0}). \tag{4.18}$$

Der Koordinatenursprung O_L sowie die Koordinatenachsen $\hat{e}_{xl}$ und $\hat{e}_{yl}$ des Monitorkoordinatensystems lassen sich nachfolgend aus drei Punkten in der Monitorebene π_L bestimmen. Die z_L-Achse folgt aus $\hat{e}_{zl} = \hat{e}_{xl} \times \hat{e}_{yl}$. Damit ist das Koordinatensystem des Monitors in Kamerakoordinaten bekannt und daraus folgt sofort die Transformationsmatrix $\mathbf{H}_{Mon}$ der Monitor-Kamera Transformation.

Die Überprüfung der Kalibrierung erfolgt in einem letzten Schritt mittels Rückprojektion der Sichtstrahlen $\{s_{PL}(i,j) \mid i \in \mathcal{I}_{CamRows}, j \in \mathcal{I}_{CamCols}\}$ über die Spiegelebenen $\pi_{S,k}$ auf den Monitor L. Dies ergibt die Menge der Schnittpunkte $\{P_{\text{Backproj},k}(i,j)\}$. Damit kann der Rückprojektionsfehler für eine Kalibrierposition k

$$E_{\text{Backproj},k} := \sum_{i,j} \|P_{\text{Backproj},k}(i,j) - P_L(i,j)\|$$

und der kumulative Rückprojektionsfehler

$$E_{\text{Backproj}} := \sum_{k \in \{1,\ldots,N_{\text{Pos}}\}} E_{\text{Backproj},k} \tag{4.19}$$

bestimmt werden. Die Minimierung des Rückprojektionsfehlers

$$E_{\text{Backproj}} \to \min$$

ermöglicht einen weiteren Zugang zur Bestimmung der Spiegel- und Monitorebene, der hier jedoch aufgrund der Hochdimensionalität des Optimierungsproblems nicht beschritten wird.

Im Algorithmus 4.1 (Seite 118) wird schließlich der Kalibrieransatz zusammengefasst.

Einen ähnlichen Ansatz, nämlich die Beobachtung eines festen Kalibriermusters bei fester Kamera über verschiedene Spiegelpositionen, haben Kumar et al. in [Kum08] mit anderem Schwerpunkt veröffentlicht, wobei die Entwicklung des oben dargestellten Verfahrens von diesem unabhängig erfolgte.

3. Schritt: Hand/Auge-Kalibrierung

Eine Einführung in die Hand/Auge-Kalibrierung geben z. B. Tsai und Lenz in [Tsa89]. Die Durchführung der Hand/Auge-Kalibrierung des in diesem Kapitel beschriebenen Sensorsystems erfolgt nach [Str06b], wobei als Implementierung das Softwarepaket CalLab/Calde [Str] zur Anwendung kommt. Dazu wird in diesem Falle ein spezielles Kalibriermuster auf einer möglichst planen Platte (z. B. Glasscheibe) benötigt.

Die Erweiterung unseres Ansatzes, dem Verzicht auf spezielle Muster und Einsatz eines Kalibrierspiegels, auch auf die Hand/Auge-Kalibrierung gelingt nicht vollständig. Obiges Vorgehen liefert nur die Spiegelebenen $\pi_{S,k}$ auf der zwar euklidische Koordinatensysteme konstruiert werden können, aber der Koordinatenursprung und die

---

Algorithmus 4.1 Kamera/Monitorkalibrierung.

1: Beobachtung des Monitors L über einen Kalibrierspiegel π_S aus $N_{Pos} \geq 3$ Positionen und Bestimmung der Schirmpunkte $\{P_L\}_k$ für alle Sichtstrahlen $\{s_{PL}\}_k$ und alle $k \in \{1, \ldots, N_{Pos}\}$.

2: Schätzung der virtuellen Monitorebenen $\pi'_{L,k}$ aufgrund der bekannten Schirmpunkte $\{P_L\}_k$ für alle k Positionen.

3: Berechnung der Spiegelebenen $\pi_{S,k}$ nach Gleichung (4.17).

4: Bestimmung von π_L aus π_{S,k_0} und π'_{L,k_0} nach Gleichung (4.18).

5: Bestimmung des Monitor-Koordinatensystems (O_L, x_L, y_L, z_L) aus drei Punkten in π_L.

6: Bestimmung von $\mathbf{H}_{Mon}$.

7: Berechnung des Rückprojektionsfehlers $E_{Backproj}$ nach Gleichung (4.19).

Orientierung dieser Systeme ist bei Beobachtung aus unterschiedlichen Richtungen nicht identifizierbar. Damit gelingt eine vollständige Beschreibung von $\mathbf{H}_{World}$ nicht. Die Kenntnis von im Raum identifizierbaren Punkten ist bei den bekannten Verfahren zur Hand/Auge-Kalibrierung jedoch Voraussetzung. Werden also auf dem Kalibrierspiegel drei eindeutig identifizierbare, nicht kollineare Punkte markiert, dann kann eine vollständige Systemkalibrierung, bei Verzicht auf zusätzliche Muster, durchgeführt werden. Gegenstand aktueller Forschung ist die Frage welche Roboterfreiheitsgrade mit dem vorgeschlagenen Verfahren, bei Verzicht auf spezielle Markierungen, trotzdem bestimmbar bleiben und in wie weit dieses Wissen zur Sensorkopfpositionierung bei unterschiedlichen Prüfaufgaben genutzt werden kann.

Zusammenfassend können folgende Vorteile der Kalibriermethodik benannt werden:

- Auf spezielle Kalibriermuster wird verzichtet.

- Für *alle* Kamerasichtstrahlen können die zugeordneten Punkte auf dem Monitor identifiziert werden.

- Aus der gleichen Serie von Kalibrieraufnahmen aus N_{Pos} unterschiedlichen Kalibrierpositionen lassen sich sowohl die intrinsischen Kameraparameter als auch die extrinsische Monitor/Kamera-Transformation bestimmen.

- Bei zusätzlicher Markierung von drei Punkten auf der Kalibrierspiegelfläche gelingt auch die Hand/Auge-Kalibrierung und damit eine geschlossene Kalibrierkette von den Kameraparametern bis hin zum Handhabungssystem.

- Der Verzicht auf Vorverarbeitungsschritte bei der Bestimmung der intrinsischen Kameraparameter, z. B. Eckenbestimmung und die Möglichkeit alle Sichtstrahlen heranzuziehen, erlaubt eine hohe Genauigkeit der Kamerakalibrierung.

5 Sichtprüfung durch Auswertung einzelner Bilder

In diesem Kapitel wird die Fragestellung nach dem Wissen über eine spiegelnde Fläche durch Beobachtung eines bekannten Musters behandelt, wobei direkt an die Ausführungen in den Kapiteln 3.4.1 und 3.7 angeknüpft wird. Ein diskretes Muster $M_L = \{\, m_j \mid j = 1, \ldots, N_{\text{Mon}} \,\}$ wird auf einem Monitor angezeigt und nachfolgend über das zusammengesetzte optische System P aus spiegelnder Fläche und Kameraoptik auf die Kamerasensorebene abgebildet und liefert dort das diskrete Kamerasignal (Intensitätsbild)[55][56]

$$g_i = \sum_{j=1}^{N_{\text{Mon}}} p_{i,j}\, m_j\,, \quad i \in \{1, \ldots, N_{\text{Cam}}\}$$

bzw.

$$g = P\,m \quad \text{mit} \quad P \in \mathbb{R}_{\geq 0}^{N_{\text{Cam}} \times N_{\text{Mon}}}\,. \tag{5.1}$$

Die Systemmatrix P ist prinzipiell einer Messung zugänglich (Beobachtung der Bilder für einzeln aktive Pixel m_j) jedoch nicht durch Auswertung eines einzigen Bildes.

Weiterhin führen bei gegebener Kameraoptik viele Oberflächen aufgrund der Lösungsmannigfaltigkeit des deflektometrischen Rekonstruktionsproblems (siehe Definition 18, Seite 48) zur gleichen Systemmatrix. Trotz Bestimmung von P kann also nicht direkt auf die spiegelnde Prüffläche zurück geschlossen werden.

Wie ist es dennoch möglich, Wissen über eine Prüffläche aus der Auswertung des beobachteten Bildes zu erhalten? Ein Hinweis zur Beantwortung

---

[55]O. B. d. A. können wir von einem Grauwertbild ausgehen, dieses kann auch als einzelner Farbkanal einer Farb- oder Multispektalkamera angesehen werden.

[56]Es handelt sich hierbei um einen linearen Systemansatz. Dieser ist physikalisch durch das Superpositionsprinzip für Intensitäten bei inkohärentem Licht und bei linearem Kamerasensor motiviert.

Algorithmus 5.1 Auswertung schachbrettartiger Muster

1: *Eingabe*: Grauwertbild g eines über einen zu prüfenden Spiegel beobachteten schachbrettartigen Testmusters

2: *Ausgabe*: Profil der lokalen Vergrößerung des Prüfspiegels

3: Bestimmung des lokalen Histogramms von g → Segmentierungsschwelle

4: Segmentierung des Eingabebildes g → Binärbild b_g

5: Invertierung von b_g → $\tilde{b}_g$

6: Erosion von b_g → b_g'

7: Erosion von $\tilde{b}_g$ → $\tilde{b}_g'$

8: Bestimmung der Schwerpunkte und Flächen der zusammenhängenden Bereiche bezüglich „1" in b_g' und $\tilde{b}_g'$ → $\{(x, y, A)_i\}$

9: Gegebenenfalls Triangulation von $\{(x, y, A)_i\}$ bzw. Interpolation auf ein regelmäßiges Gitter

10: Schwellwertbildung und Markierung der Bereiche mit zu großer und zu kleiner Fläche

---

liefert die Betrachtung der menschlichen visuellen Wahrnehmung. In Kapitel 3.7 wurde aufgezeigt, dass die Gestaltwahrnehmung von spiegelnden Objekten im Zusammenhang mit der Auswertung von texturierten Umgebungen erfolgt. Als Voraussetzung wurde dabei die Auswertbarkeit der Muster und eine implizite Regularisierung erkannt, d. h. jedem Sichtstrahl ist nur eine Oberflächennormale zugeordnet; die Mehrdeutigkeitsproblematik der Deflektometrie kann deshalb vernachlässigt werden. Unter solchen (bei der Alltagswahrnehmung meist gegebenen) Voraussetzungen kann gezeigt werden, dass Menschen die Gestalt von spiegelnden Objekten i. d. R. gut schätzen können. Dieses Vorgehen soll hier in den Kontext der automatischen Sichtprüfung gesetzt werden.

Betrachten wir ein Schachbrettmuster, also eine strukturelle Textur[57]. Das Prüfobjekt ist ein Spiegel, wie er im Kraftfahrzeugbereich (Seitenspiegel) Verwendung findet. In Abbildung 5.1(a) ist ein Ausschnitt aus dem von der Kamera beobachteten Spiegelbild des Monitormusters zu sehen. Im rechten Bereich ist deutlich eine großflächige Verzerrung des Musters zu erkennen.

---

[57]Texturen können grundsätzlich als strukturelle, strukturell-statistische und statistische Texturen klassifiziert werden [Bey10].

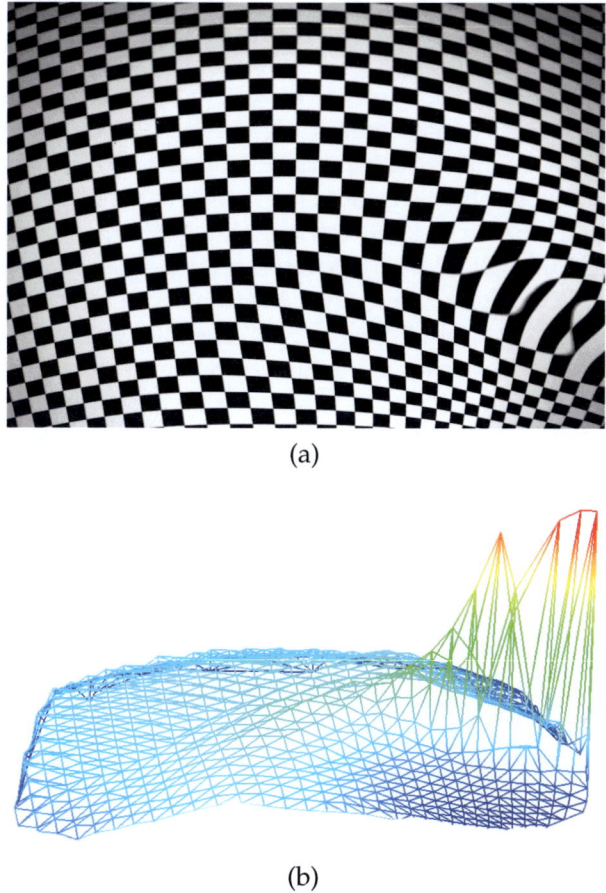

(a)

(b)

Abbildung 5.1: Texturauswertung.

Eine einfache qualitative Auswertung dieses Spiegelbildes kann mit Algorithmus 5.1 erfolgen.

Zum Begriff der morphologischen Erosion[58] siehe Gonzalez und Woods [Gon08]. In Abbildung 5.1(b) ist das Ergebnis dieses Verfahrens dargestellt. Der gestörten Bereich der Oberfläche ist deutlich zu erkennen.

---

[58]Die Erosion einer Menge A durch eine Menge B (strukturierendes Element) ist definiert durch $A \ominus B = \{ z \mid (B)_z \subseteq A \}$. Ein einfaches strukturierendes Element ist $B = [b_{ij}]$ mit $b_{ij} = 1$ für $i, j \in \{1, 2, 3\}$.

Darüber hinaus gewinnt man einen visuellen Eindruck über den Krümmungsverlauf des Prüfobjekts.

Algorithmus 5.1 ist ein rein qualitatives Verfahren zur Prüfung spiegelnder Oberflächen. Einen Zusammenhang der beobachteten Größenänderung der einzelnen Texel mit der Geometrie der Oberfläche erhält man über die zweite Ableitung der Fläche in einer gegebenen Parametrierung. Die Differentialgeometrie betrachtet geometrische Eigenschaften von Flächen, die invariant bei Änderungen der Parametrierung sind. Bei Beobachtung einer spiegelnden Oberfläche durch einen Menschen oder eine Kamera muss jedoch die durch die Beobachtungsperspektive ausgezeichnete Parametrierung berücksichtigt werden. Dies führt zum Begriff der *wahrgenommenen Krümmung* einer Oberfläche. Im Gegensatz zu den differentialgeometrischen Krümmungsbegriffen (Gauß-, mittlere und Hauptnormalenkrümmung) wird die wahrgenommenen Krümmung durch die zweite Ableitung der Fläche, d. h. von der *Hesse-Matrix* der Fläche beschrieben.

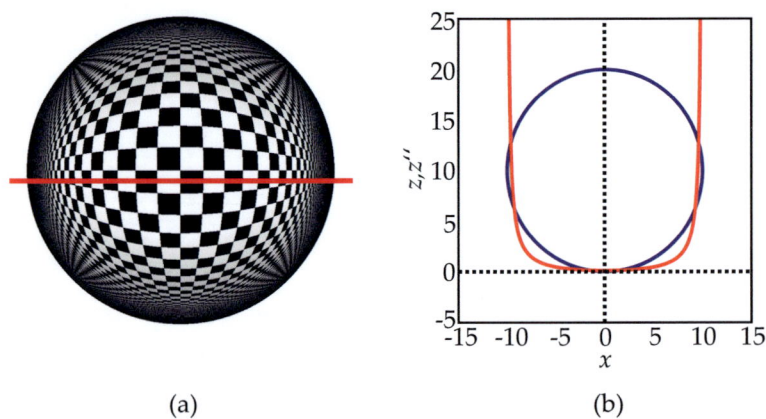

(a)   (b)

Abbildung 5.2: Kugel: Musterkompression und zweite Ableitung.

Ein Beispiel soll dies verdeutlichen: Wird die Umgebung über eine spiegelnde Kugel betrachtet, erscheint die Umwelt am Rande der Kugel stark verkleinert (vgl. Abbildung 5.2 (a)). Wird diese Kugel im Koordinatensystem des Beobachters, mit Blickrichtung längs der z-Achse, als Funktion $z = f(x, y)$ parametrisiert, so gehen die zweiten partiellen Ableitungen und damit die wahrgenommene Krümmung am Rand der Kugel gegen unendlich (vgl. Abbildung 5.2 (b)). Dies entspricht genau der Erfahrung der starken Musterkompression an den Randbereichen der Kugel. Differentialgeometrisch ist die Krümmung der Kugel hingegen überall konstant. Aus diesem Grund werden lokale, topografische Defekte auf spiegelnden Bauteilen je nach Blickwinkel unterschiedlich gut gesehen.

Anwendung des Algorithmus 5.1 auf das Spiegelbild eines Schachbrettmusters in Abbildung 5.2 (a) und Berücksichtigung, dass die Flächenabnahme der Schachbrettfelder proportional zur wahrgenommenen Krümmung ist, liefert das Ergebnis in Abbildung 5.3. Ein Vergleich dieser Abbildung mit Abbildung 5.2 (b) zeigt klar den Zusammenhang von zweiter Flächenableitung mit wahrgenommener Krümmung.

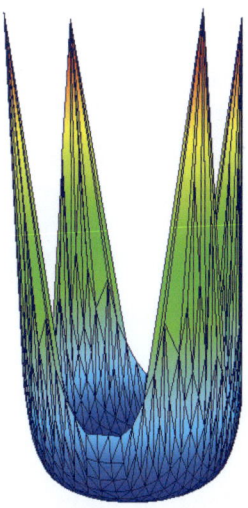

Abbildung 5.3: Kugel: Bestimmung der Verzerrung eines Schachbretmusters. Dargestellt ist der reziproke Wert der relativen Flächen der Schachbrettfelder.

Aus der Beobachtung der Musterkompression lassen sich also Hinweise auf die Hesse-Matrix der Oberfläche bei Parametrisierung im Kamerasystem erhalten. Die Eigenvektoren der Hesse-Matrix beschreiben dabei die Orientierung der wahrgenommenen maximalen und minimalen Krümmung und das Verhältnis der Eigenwerte beschreibt die Anisotropie dieser Krümmung [Wei06]. Die Hesse-Matrix hat damit im Bezug zur wahrgenommenen Krümmung die gleiche Bedeutung wie die Weingarten-Matrix (siehe Definition 7, Seite 16) im Bezug zu den differentialgeometrischen Krümmungen. Der Zusammenhang von Hesse-Matrix und differentialgeometrischen Krümmungen ist ausführlich bei Goldman [Gol05] dargestellt.

Weidenbacher et al. [Wei06] schlagen eine Auswertestrategie basierend auf einer Gabor-Filterbank[59] zur Bestimmung der Anisotropie der wahrgenommenen Krümmungen vor. Aufgrund der mit diesem Verfahren ausgewerteten Spiegelbilder von natürlichen Umgebungen gelangen sie zu Objektzeichnungen mit ausgeprägtem 3D-Eindruck.

Betrachten wir noch einmal obiges Beispiel der Prüfung von Kraftfahrzeugspiegeln nach Abbildung 5.1. Eine direkte qualitative Auswertung der aufgenommenen Bilder wird dadurch erschwert, dass Texel auch in Bereichen ohne Defekt aufgrund der unterschiedlichen wahrgenommenen Krümmung der Oberfläche unterschiedlich groß erscheinen.

Ideal wäre es, Muster zur qualitativen Oberflächenprüfung mit folgenden Eigenschaften einsetzen zu können:

(i) Die Muster sollen einfach auswertbar sein,

(ii) mit homogener Auswertestrategie auf dem ganzen Bild (z. B. einheitliche Schwellwerte) und

(iii) eine direkte Bewertung der Abweichung von einem Referenzteil ermöglichen.

Diese Forderungen können durch die sogenannten inversen Mustern erfüllt werden.

5.1 Inverse Muster

Ausgangspunkt ist Gleichung (5.1). Diese Gleichung beschreibt allgemein die Abbildung eines Musters m durch ein System $\mathbf{P}$ auf ein Kamerasignal g.

---

[59]Stellvertretend für die Vielzahl an Publikationen sei auf das Tutorial von Movellan [Mov10] oder das Buch von Feichtinger und Strohmer [Fei98] verwiesen.

Wird umgekehrt das Kamerasignal $\tilde{g}$ vorgegeben, führt dies direkt zum inversen Muster $\tilde{m}$ (vgl. [Li04, Wer07c, Gru10])

$$\tilde{m} = Q\tilde{g} \quad \text{mit} \quad Q = P^{-1}.$$

Das gesuchte inverse Muster ist also Lösung des linearen Gleichungssystems

$$\sum_{j=1}^{N_{\text{Mon}}} p_{i,j}\,\tilde{m}_j = \tilde{g}_i, \quad i \in \{1,\ldots,N_{\text{Cam}}\},$$

$$P\,\tilde{m} = \tilde{g}, \quad P \in \mathbb{R}_{\geq 0}^{N_{\text{Cam}} \times N_{\text{Mon}}} \tag{5.2}$$

für ein gegebenes $\tilde{g}$ und bekanntem P.

In der Praxis liegen die Pixelanzahlen der Kamera und des Monitors in der Größenordnung von 1.000.000, d. h. $P \in \mathbb{R}_{\geq 0}^{1.000.000 \times 1.000.000}$, wobei P allerdings schwach besetzt ist. Das Problem nach Gleichung (5.2) ist in der Regel schlecht konditioniert und damit nicht eindeutig lösbar[60].

Die deflektometrische Registrierung (Gleichung (3.25)) liefert den Zusammenhang von Kamera- zu Monitorpunkten

$$l_r : \mathbb{R}^2 \supset A_{\text{Cam}} \to \mathbb{R}^2, \quad (x_L, y_L)^\top = l_r(x_B, y_B).$$

Damit erhält man eine Definitionsgleichung für das inverse Muster:

$$\tilde{m}\left(l_r(x_B, y_B)\right) = \tilde{m}(x_L, y_L)\big|_{(x_L,y_L)^\top = l_r(x_B,y_B)} := \tilde{g}(x_B, y_B). \tag{5.3}$$

Bei Berücksichtigung der Pixelgrößen für Kamera (δ_{Cam}) und Monitor (δ_{Mon}) folgt aus der deflektometrischen Registrierung bei zeilenweiser Nummerierung folgende Zuordnung von Punkten zu Indices

$$i_{\text{Cam}} = \left\lceil \frac{y_B}{\delta_{\text{Cam}}} \right\rceil N_{\text{CamCols}} + \left\lceil \frac{x_B}{\delta_{\text{Cam}}} \right\rceil,$$

$$i_{\text{Mon}} = \left\lceil \frac{y_L}{\delta_{\text{Mon}}} \right\rceil N_{\text{MonCols}} + \left\lceil \frac{x_L}{\delta_{\text{Mon}}} \right\rceil$$

und damit die diskrete Zuordnung der Indices von Kamera- zu Monitorpixeln

$$l_r^* : \{1,\ldots,N_{\text{Cam}}\} \to \{1,\ldots,N_{\text{Mon}}\}, \quad l_r^*(i_{\text{Cam}}) = i_{\text{Mon}}.$$

---

[60]Zur Lösung von großen, schwachbesetzten Gleichungssystemen siehe z. B. die Arbeit von Saad [Saa03].

Die deflektometrische Registrierung stellt im zugrunde liegenden geometrisch-optischen Fall also eine (Näherungs-)Lösung des diskreten Problems in Gleichung (5.2) und damit auch des kontinuierlichen Problems nach Gleichung (5.3) dar[61]:

$$\tilde{m}_k = \frac{konst}{\sum\limits_{i=1}^{N_{\text{Cam}}} \delta^k_{l^*_\text{r}(i)}} \sum_{i=1}^{N_{\text{Cam}}} \delta^k_{l^*_\text{r}(i)} \tilde{g}_i , \quad k \in \{1, \dots, N_{\text{Mon}}\} \tag{5.4}$$

und impliziert somit eine Regularisierung dieses Problems. Es entfällt dabei die aufwändige Bestimmung von P und die numerische Lösung von Gleichung (5.2) bzw. Gleichung (5.3).

Neben der direkten Lösung von Gleichung (5.2) mittels eines Lösungsverfahrens für schwach besetzte lineare Gleichungssysteme und der Näherungslösung nach Gleichung (5.4) sei noch auf eine dritte Methode zur Bestimmung eines inversen Musters hingewiesen: Da bei der geometrisch-optischen Anordnung der Strahlengang umkehrbar ist, kann man durch einfaches Vertauschen von Muster- und Bildebene das gewünschte Ergebnis erreichen, siehe Abbildung 5.4. In Teilbild 5.4(a) wird eine Anordnung zur optischen Erzeugung von inversen Mustern dargestellt. Ein Projektor projiziert das gewünschte Muster $\tilde{g}$ über die spiegelnde Referenzfläche auf einen Schirm. Eine Kamera registriert auf dem Schirm das inverse Muster $\tilde{m}$.

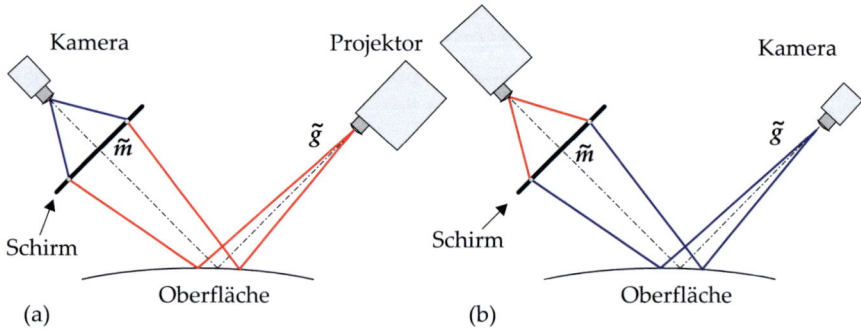

Abbildung 5.4: Erzeugung inverser Muster. Teilbild (a) zeigt die Anordnung zur Erzeugung und Teilbild (b) zur Auswertung von inversen Mustern.

---

[61]Es gilt: $\delta^k_i = 1$ für $k = i$ und 0 sonst, (Kronecker-Delta).

Wird nun dieses Muster in Teilbild 5.4(b) auf dem Schirm dargestellt (durch Projektion oder einen Monitor) dann beobachtet die Kamera an der Stelle des Projektors aus Teilbild(a) das gewünschte Muster $\tilde{g}$. Damit erfüllen $\tilde{g}$ und $\tilde{m}$ Gleichung (5.2) aufgrund der Umkehrbarkeit der Strahlengänge. Dieser Aufbau stellt ein optisches Lösungsverfahren für große lineare Gleichungssysteme dar. Nachteilig erweist sich dabei allerdings die aufwändige Justierung der Strahlengänge.

Schließlich kann ein inverses Muster durch ein rückgekoppeltes System von Kamera und Monitor durch sukzessive Veränderung des angezeigten Musters erzeugt werden [Gru10].

In Abbildung 5.5 wird exemplarisch die Prüfung von konkaven Spiegeln mittels inverser Muster dargestellt. Die Auswertung der Kamerabilder erfolgt dabei effizient durch Projektion der Grauwerte in Spaltenrichtung.

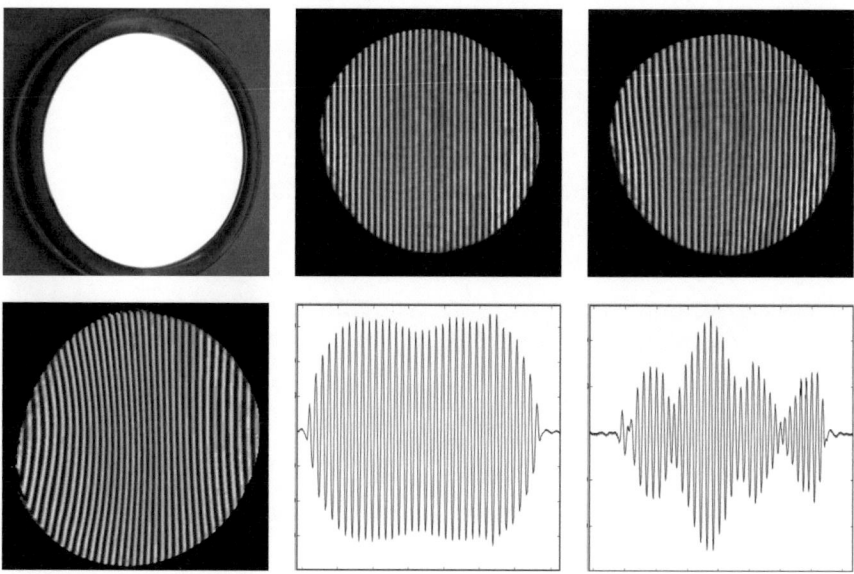

Abbildung 5.5: Oberer Reihe von links nach rechts: Prüfobjekt, Kamerabild Referenz- und Fehlerteil. Untere Reihe von links nach rechts: Inverses Muster, Projektion der Signale von Referenz- und Fehlerteil in Spaltenrichtung.

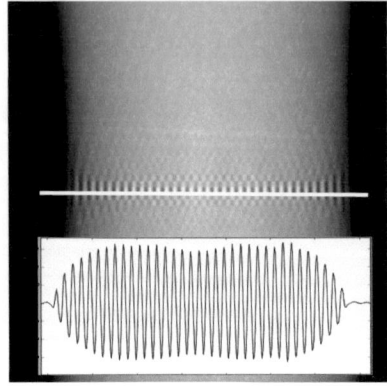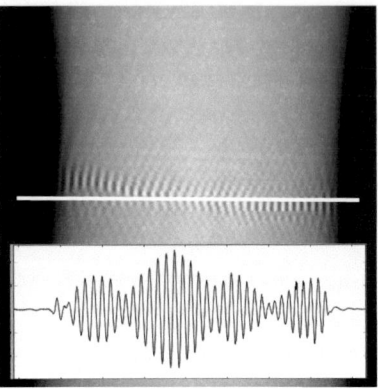

Abbildung 5.6: Radontransformation: Links von Referenzobjekt, rechts von Fehlerobjekt; zusätzlich wird ein Schnitt bei $\phi = 0$ dargestellt.

Diese Projektion ist ein Spezialfall der Radontransformation [Bey02]

$$\breve{g}(u, \phi) = R\{g(x)\} := \int\limits_{-\infty}^{+\infty} \int\limits_{-\infty}^{+\infty} g(x)\delta(x^\top e_\phi - u)\mathrm{d}x.$$

Abbildung 5.6 zeigt Bilder der Radontransformation bei einem Referenz- und einem Fehlerspiegel.

Anhand der Abbildungen 5.5 und 5.6 lässt sich unschwer erkennen, dass eine Klassifikation von Prüfobjekten zumindest in „In-Ordnung" (IO) und „Nicht-In-Ordnung" (NIO) möglich ist.

5.1.1 Signalmodell

Gleichung (5.1) kann als Signalmodell wie in Abbildung 5.7 dargestellt werden.

Dabei wird das abbildende System, bestehend aus Kameraoptik und spiegelnder Oberfläche, zerlegt in

$$\mathbf{P} = \mathbf{UT}, \tag{5.5}$$

Abbildung 5.7: Darstellung der allgemeinen Übertragungsfunktion als Signalmodell.

wobei **T** die geometrische Transformation des Eingangssignals und **U** die Unschärfe auf Grund einer evtl. Defokussierung beschreibt. Ausführliche Darstellungen der Unschärfemodellierung können bei Mesch [Mes77] und Stockseth [Sto69] nachgelesen werden.

Die direkte Lösung der Gleichung (5.2) liefert mit der Lösung (5.4) die Darstellung in Abbildung 5.8.

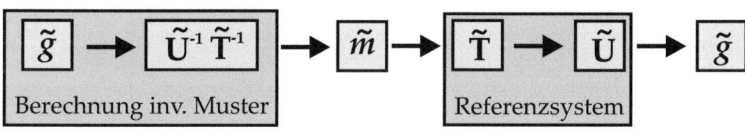

Abbildung 5.8: Allgemeine Lösung des inversen Problems als Signalmodell.

Dabei muss zur Berechnung des inversen Musters der Einfluss der kompletten optischen Abbildung berücksichtigt werden. Die optische Abbildung besitzt im Allgemeinen (Defokussierung) einen Tiefpasscharakter, d.h. es können nur Muster übertragen werden, die durch den Einfluss von **U** nicht wesentlich gestört werden, z.B. sinusförmige Muster. Diese Unschärfe verschlechtert die Konditionszahl des Problems nach Gleichung (5.2).

Abbildung 5.9 zeigt die Offline-Auswertestrategie. Vorab wird aus dem gewünschten Muster $\tilde{g}$ das inverse Muster $\tilde{m}$ berechnet, dessen Abbildung durch ein Referenzsystem wiederum das Ausgangsmuster liefert. Die Übertragung durch ein Testsystem liefert im Allgemeinen ein von $\tilde{g}$ abweichendes Signal g, womit die einfache und schnelle Möglichkeit des Testens gegen ein Referenzobjekt besteht.

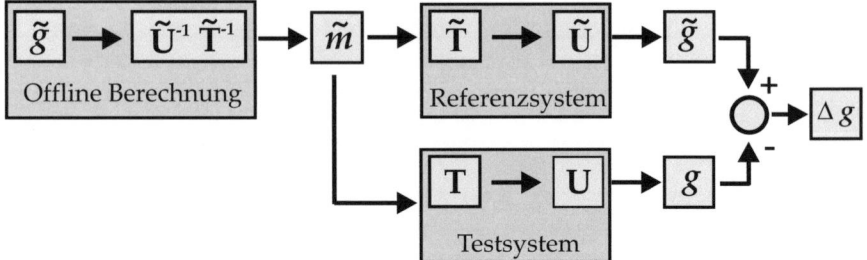

Abbildung 5.9: Signalmodell eines Prüfsystems bei offline Berechnung der inversen Muster.

Die Einflüsse von **T** und **U** auf das gewählte Eingangssignal lassen sich auch bildseitig korrigieren (Abbildung 5.10).

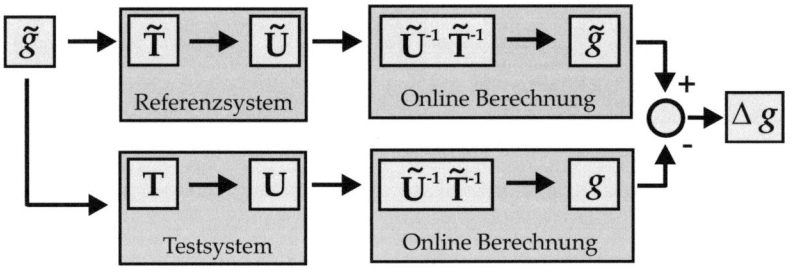

Abbildung 5.10: Signalmodell eines Prüfsystems bei online-Berechnung der inversen Muster.

Durch inverse Filterung (z.B. Wiener-Filter) und geometrischer Entzerrung lassen sich damit die gewünschten Muster kameraseitig erzeugen. Nachteilig wirkt sich dabei aus, dass mit der bildseitigen Filterung eventuelle Fehlerobjekte ebenfalls transformiert werden.

Schließlich besteht noch die im Allgemeinen beste Möglichkeit, die geometrische Entzerrung im Monitormuster und die Defokussierung bildseitig zu berücksichtigen (Abbildung 5.11). Dabei wird eine „natürliche" Reihenfolge eingehalten: Berechnung des gewünschten Musters vorab und Bildrestauration zur Beseitigung unerwünschter Defokussierung/Bildverschlechterung online nach der Bildaufnahme.

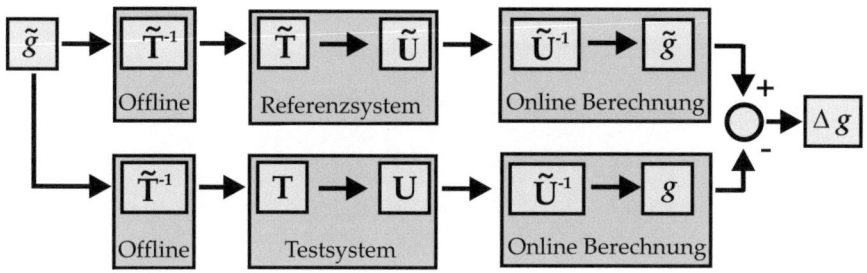

Abbildung 5.11: Signalmodell eines Prüfsystems bei verteilter Berechnung der inversen Muster.

5.1.2 Auswertestrategien

Zur Auswertung inverser Muster können verschiedene Strategien verfolgt werden:

- Wird am Referenzobjekt ein sinusförmiger Streifenverlauf beobachtet, so zeigt sich jede Abweichung eines Prüfobjekts von seiner Referenz eindeutig in seinem Fourierspektrum, vgl. Pérard [Pér01].

- Wird am Referenzobjekt ein Gittermuster beobachtet, so lassen sich aus der lokalen Deformation der Linien quantitative Aussagen über die Formabweichung des Prüflings vom Modell ableiten [Sav05]. Regelmäßige Gitter zur Detektion topographischer Fehler in metallischen Flächen wurden schon früh von Lippincott und Stark [Lip82] und von Rystrom [Rys87] benutzt. Diese Verfahren lassen sich problemlos in den Kontext der inversen Muster übertragen.

- Wird am Referenzobjekt eine isotrope Textur beobachtet, so lassen sich aus den beobachteten Anisotropien Aussagen über das lokale Krümmungsverhalten ableiten [Fle04, Wei06].

- Wird am Referenzobjekt ein schachbrettartiges Muster beobachtet, so kann Algorithmus 5.1 zur Auswertung herangezogen werden.

- Kleine, lokale topographische Fehler lassen sich an Hell-Dunkel-übergängen gut detektieren, wobei dies besonders einfach bei

Beobachtung eines Streifenmusters gelingt (Abbildung 5.12) (vgl. Seulin et al. [Seu01] und Caulier et al. [Cau08]).

Abbildung 5.12: Detektion lokaler Fehlstellen in lackiertem Stoßfänger.

- Durch laufende Anpassung der Muster an die aktuelle Oberflächengeometrie lassen sich komplex geformte Bauteile in kontinuierlicher Bewegung prüfen. Abbildung 5.13 zeigt dazu den intelligenten Sensorkopf aus Kapitel 4 bei der Inspektion einer Motorhaube. Abbildung 5.14 zeigt die Bildserie einer Blechbeule. Die Änderung

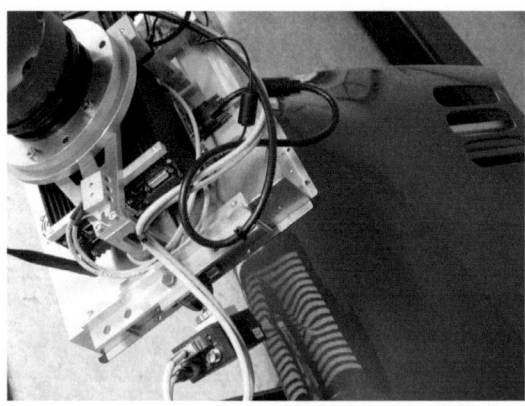

Abbildung 5.13: Sensorkopf bei der Inspektion einer Motorhaube.

der erwarteten Linienstruktur auf Grund der gestörten Oberflächentopographie kann leicht detektiert werden.

Damit können Oberflächen hinsichtlich ihrer Gestalt mit minimalem Bildaufnahmeaufwand verifiziert werden.

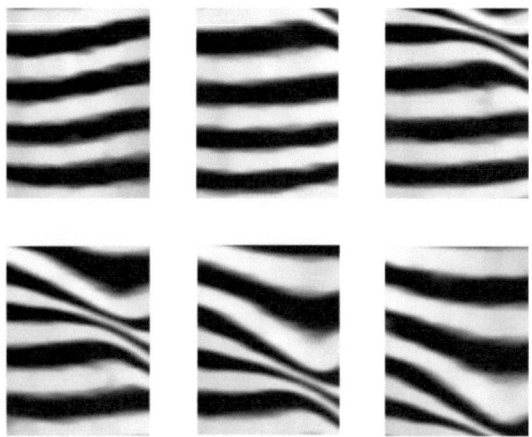

Abbildung 5.14: Detektion lokaler, topographischer Fehlstellen in lackierter Motorhaube. Dargestellt (von links oben nach rechts unten) ist eine Bildsequenz, aufgenommen bei translatorischer Linearbewegung ($\Delta x = 1$cm) des Sensorkopfes relativ zur Motorhaube.

Der Einsatz von inversen Mustern bei der automatischen Inspektion von (teil-)spiegelnden Oberflächen erlaubt:

- eine schnelle Onlineprüfung im industriellen Umfeld,

- eine schnelle Verifikation der deflektometrischen Registrierung l_r,

- eine lokale Krümmungsanalyse,

- die Erzeugung nahezu beliebiger Muster $\tilde{g}$ und damit die Schaffung eines auf Auswertung bekannter geometrischer Muster basierenden Klassifikationssystems zur Bewertung von Oberflächenabweichungen.

Die experimentellen Untersuchungen zur Erzeugung von inversen Mustern zeigen, dass bei Fokussierung der Kamera auf den Monitor und bei der Wahl eines Abbildungsmaßstabs kleiner eins eine gute Darstellung der Muster gelingt. Die für diese Randbedingungen optimale Konfiguration muss für jede Aufnahmekonstellation nur einmal angepasst werden.

6 Sichtprüfung und deflektometrische Registrierung

Nach der Behandlung der Frage nach dem Wissen über spiegelnde Oberflächen aus der Beobachtung des Spiegelbildes eines einzigen bekannten Musters wird in diesem Kapitel der Frage nach den Inspektionsmöglichkeiten durch Beobachtung von ganzen Bildserien nachgegangen. Im Mittelpunkt steht hier die Verwendung von Bildserien zur Bestimmung von Ortskoordinaten auf dem Mustererzeuger (Monitor). Damit präzisiert sich die Leitfrage dieses Kapitels zu: Welches Wissen über spiegelnde Oberflächen kann aus der Auswertung der deflektometrischen Registrierung (Definition 15, Seite 42) gewonnen werden?

Ausgangspunkt ist also die Zuordnung von Sichtstrahlen zu deren Schnittpunkt mit der Musterebene. Wie lassen sich diese Schnittpunkte bestimmen?

6.1 Bestimmung der deflektometrischen Registrierung

Die einfachste Möglichkeit der Bestimmung der deflektometrischen Registrierung besteht darin, sukzessive einzelne Musterpunkte „anzuschalten", d. h. bei einem Monitor nur einzelne Pixel oder Pixelgruppen, bei diskreten LED-Arrays entsprechend die einzelnen LEDs. Zur Bestimmung der Registrierung mittels diskretem Muster siehe beispielsweise die Arbeit von Kickingereder [Kic06].

Mittels Bildserien lassen sich Monitorpunkte durch zeitliche Codesequenzen kodieren. Typische Kodierverfahren sind dabei Gray-Codes und Phasenschiebeverfahren. Pérard [Pér01] und Kammel [Kam04] geben hierzu einen Überblick.

Zu Streifenprojektionsverfahren, die Kodierverfahren zur Identifikation von Beleuchtungsstrahlen benutzen, gibt es eine Vielzahl von Publikationen.

Zum Einstieg in die Thematik können die Autoren Salvi et al. [Sal04] empfohlen werden. Sie unterteilen die Verfahren in solche, die zeitliche Mustersequenzen auswerten, in Verfahren die räumliche Nachbarschaftsbeziehungen zugrunde legen und in direkte Kodierverfahren wie photometrische oder farbbasierte Verfahren. Sind die zu prüfenden Spiegelflächen rein konkav oder rein konvex, bleiben folglich Nachbarschaftsbeziehungen und die Ordnungsstruktur der Beobachtungsstrahlen erhalten, lassen sich alle Methoden aus dem umfangreichen Bereich der Streifenprojektion auf die Deflektometrie übertragen. Im Allgemeinen bleiben jedoch die Ordnungsrelationen der Beobachtungsstrahlen, insbesondere in Oberflächenteilen mit wechselnden konvex/konkav-Bereichen, nicht erhalten, womit Verfahren die auf Nachbarschaftsbeziehungen beruhen dann ausgeschlossen sind.

Im Bereich der Deflektometrie, besonders mit Blick auf Systeme zur industriellen Bauteilprüfung, scheinen Phasenschiebeverfahren am weitesten verbreitet zu sein, vgl. u. a. [Höf00, Kam04, Kna04b, Pet06, Hor06, Hor07]. Phasenschiebeverfahren benutzen eine zeitliche Serie phasenverschobener (Cosinus-)Muster zur punktweisen Kodierung von Ortspositionen. Dabei sind im wesentlichen zwei Problemstellungen zu lösen:

(i) Kodierung des Orts durch die Phase eines periodischen Musters,

(ii) Phasenentfaltung (phase-unwrapping) d. h. Zuordnung der aktuellen Phase zur richtigen Periode.

Auf einen Überblick zur zweiten Aufgabenstellung wird in der vorliegenden Arbeit verzichtet (siehe dazu ausführlich Giglia [Gig98]), stattdessen wird ein neuartiges Verfahren zur Phasenentfaltung, basierend auf der Arbeit von Kammel [Kam04], vorgestellt.

Zunächst wird die Ortskodierung basierend auf phasenverschobenen Mustern dargelegt (Grundlegendes zum Thema bieten die Arbeiten von Surrel z. B. [Sur96, Sur98] oder Creath [Cre88]). Die Grundidee ist, Monitorpositionen (Zeilen- und Spaltenpositionen) durch die Phasen (ϕ_x, ϕ_y) von Cosinussignalen zu kodieren:

$$
\begin{aligned}
x_{\mathrm{L}} &= \frac{L_{\mathrm{width}}}{2\pi}\phi_x \, , \\
y_{\mathrm{L}} &= \frac{L_{\mathrm{height}}}{2\pi}\phi_y \, .
\end{aligned}
\tag{6.1}
$$

Die Monitorbreite wird dabei mit L_{width} und die Höhe mit L_{height} bezeichnet.

O. B. d. A. wird nachfolgend nur die Kodierung in x-Richtung (Spaltenpositionen) betrachtet, die Kodierung der Zeilenpositionen in y-Richtung erfolgt analog. Auf dem Monitor werden zur Kodierung N_{shift} Muster

$$m_k(x_L, y_L) = A_m \left(1 + C_m \cos \left(\frac{2\pi}{L_{\text{width}}} x_L + \psi_k \right) \right), \quad k \in \{1, \ldots, N_{\text{shift}}\}$$

dargestellt. A_m bezeichnet dabei die Amplitude, C_m den Kontrast und $\psi_k = (k-1)(2\pi/N_{\text{shift}})$ die Phasenverschiebung des k-ten Musters, wobei N_{shift} zunächst beliebig angesetzt wird. Die Kamera beobachtet über eine spiegelnde Fläche diese Muster. Dabei trifft der Sichtstrahl, bestimmt durch den Bildpunkt $(x_B, y_B)^\top$, den Monitor nach Gleichung (3.25) (Seite 42) im Punkt

$$\begin{pmatrix} x_L \\ y_L \end{pmatrix} = l_r(x_B, y_B) \equiv \begin{pmatrix} l_{r,x}(x_B, y_B) \\ l_{r,y}(x_B, y_B) \end{pmatrix}.$$

Das Signal $g(x_B, y_B)$ am Bildpunkt $(x_B, y_B)^\top$ wird folglich durch das Muster am Punkt $(l_{r,x}(x_B, y_B), l_{r,y}(x_B, y_B))^\top$ bestimmt:

$$g_k(x_B, y_B) = m_k(l_{r,x}(x_B, y_B), l_{r,y}(x_B, y_B)). \tag{6.2}$$

Es gilt also

$$g_k(x_B, y_B) = A_g(x_B, y_B) \left(1 + C_g(x_B, y_B) \cos \left(\frac{2\pi}{L_{\text{width}}} l_{r,x}(x_B, y_B) + \psi_k \right) \right), \tag{6.3}$$

wobei eine sichtrichtungsabhängige Amplituden- (A_g) und Kontraständerung (C_g) zugelassen wird. Mit

$$\phi_x = \frac{2\pi}{L_{\text{width}}} l_{r,x}(x_B, y_B)$$

folgt schließlich

$$g_k(x_B, y_B) = A_g(x_B, y_B) \left[1 + C_g(x_B, y_B) \cos (\phi_x(x_B, y_B) + \psi_k) \right] \tag{6.4}$$

und damit der gesuchte Zusammenhang der Phase ϕ_x des Musters k mit dem aufgenommenen Bild $g_k(x_B, y_B)$.

Die Phase ϕ_x und hiermit die Position x_L lässt sich mit Gleichung (6.4) aus den k phasenverschobenen Mustern berechnen:

$$\tan(\phi_x) = -\frac{\sum\limits_{k=1}^{N_{\text{shift}}} g_k(x_B, y_B)\sin\psi_k}{\sum\limits_{k=1}^{N_{\text{shift}}} g_k(x_B, y_B)\cos\psi_k}.$$

Mit Gleichung (6.1) folgt daraus[62]

$$x_L = l_{r,x}(x_B, y_B) = \frac{L_{\text{width}}}{2\pi}\arctan\left[-\frac{\sum\limits_{k=1}^{N_{\text{shift}}} g_k(x_B, y_B)\sin\left(\frac{2\pi}{N_{\text{shift}}}(k-1)\right)}{\sum\limits_{k=1}^{N_{\text{shift}}} g_k(x_B, y_B)\cos\left(\frac{2\pi}{N_{\text{shift}}}(k-1)\right)}\right].$$

$$(6.5)$$

Die Berechnung der y_L-Koordinate erfolgt analog. Die Bestimmung der Ortskoordinaten $(x_L, y_L)^\top$ bzw. der deflektometrischen Registrierung l_r ist somit robust gegen Variationen der Amplitude (A_g), des Kontrastes (C_g) und damit auch gegenüber überlagerter Strahlung oder inhomogener Reflexion.

Offen ist noch, wie die Anzahl N_{shift} von Phasenverschiebungen bei diesem Verfahren zu wählen ist. Da Gleichung (6.4) die drei unbekannten Größen Kontrast, Amplitude und Phase beinhaltet, werden mindestens drei unabhängige Gleichungen und damit drei Phasenverschiebungen benötigt. Es bleibt die Frage nach der Obergrenze. Werden bei der optischen Abbildung der Cosinusmuster, bei deren Darstellung auf dem Monitor oder bei der

---

[62] Bei der Umsetzung in C/C++ wird üblicherweise für die Berechnung des Arcustangens die atan2 Funktion benutzt

$$\text{atan2}\,(y, x) = \begin{cases} \arctan\frac{y}{x} & \text{für} \quad x > 0, \\ \arctan\frac{y}{x} + \pi & \text{für} \quad x < 0,\, y \geq 0, \\ \arctan\frac{y}{x} - \pi & \text{für} \quad x < 0,\, y < 0, \\ +\frac{\pi}{2} & \text{für} \quad x = 0,\, y > 0, \\ -\frac{\pi}{2} & \text{für} \quad x = 0,\, y < 0, \\ 0 & \text{für} \quad x = 0,\, y = 0, \end{cases}$$

um die richtige Zuordnung der Argumente zu den vier Quadranten zu gewährleisten. Der Wertebereich dieser Funktion ist $-\pi < \text{atan2}\,(y, x) \leq +\pi$.

Aufnahme, diese nichtlinear verzerrt, entstehen Oberwellen im Signal. Hibino et al. [Hib97] leiten einen Zusammenhang zwischen den Oberwellen und der Anzahl der Phasenverschiebungen her. Beinhaltet das Bildsignal $g(x_B, y_B)$ harmonische Komponenten bis zur Ordnung j, dann sind mindestens $j + 2$ Phasenverschiebungen nötig um den Einfluss dieser Oberwellen auf die Genauigkeit der Bestimmung der Phase zu eliminieren. Somit ist das Phasenschiebeverfahren auch robust gegenüber nichtlinearen Verzerrungen im Übertragungskanal.

In obiger Ableitung wurde angenommen, dass die Phasenverschiebungen reproduzierbar und mit hoher Genauigkeit durchgeführt werden können (dies wird durch die Verwendung eines LCD-Monitors ermöglicht). Deshalb wurden die Einflüsse infolge örtlich inhomogener Phasenverschiebung vernachlässigt (vgl. [Hib97]).

Weiter wurde in der Herleitung der Gleichung (6.4) eine eindeutige Zuordnung von Bild- zu Monitorpunkten vorausgesetzt. Ist diese Voraussetzung auch bei teilspiegelnden Oberflächen gültig? Lässt sich das Verfahren also auch bei Oberflächen mit diffusen Reflexionsanteilen einsetzen? Betrachten wir noch einmal das Reflexionsmodell nach Phong (vgl. Kapitel 3.3.3.1) und berücksichtigen bei der Bildaufnahme die mit $\cos^{n_d}(\gamma_r)$ gewichtete Integration über das Muster m_k. Ein Sichtstrahl, bestimmt durch $(x_B, y_B)^\top$, trifft im bisherigen Modell den Schirm im Punkt $(x_L, y_L)^\top = l_r(x_B, y_B)$. Infolge der diffusen Reflexionsanteile tragen jetzt auch Punkte $(\xi, \eta)^\top \in L$ in einer Umgebung von $l_r(x_B, y_B)$ mit dem Gewicht $\cos^{n_d}(\gamma_r)$ zum Signal $g_k(x_B, y_B)$ bei; γ_r ist dabei der Winkel zwischen s_r und $s_r + (\xi, \eta)^\top$ bezüglich des betrachteten Oberflächenpunktes. Diese gewichtete Integration des Musters $m_k(x_L, y_L)$ lässt sich als Faltung modellieren:

$$m_k^*(x_L, y_L) = \int\limits_{-\infty}^{\infty} \Xi(\xi, \eta) m_k(x_L - \xi, y_L - \eta) \, d\xi \, d\eta$$

$$= A_m \int\limits_{-\infty}^{\infty} \Xi(\xi, \eta) \left(1 + C_m \cos\left(\frac{2\pi}{L_{\text{width}}}(x_L - \xi) + \psi_k \right) \right) d\xi \, d\eta$$

$$(6.6)$$

mit dem normierten Term des Phongschen Modells

$$\Xi(\xi,\eta) = \frac{\cos^{n_d} \gamma_r(\xi,\eta)}{\int\limits_{-\infty}^{\infty} \cos^{n_d} \gamma_r(\xi,\eta)\, d\xi\, d\eta}\, , \quad \gamma_r(\xi,\eta) = \arctan \frac{\|(\xi,\eta)^\top\|}{d_{LS}}\, ,$$

wobei d_{LS} den Abstand von der spiegelnden Oberfläche zum Monitor bezeichnet. Dieser Reflektanzterm lässt sich grob annähern[63] durch:

$$\tilde{\Xi}(\xi,\eta) = \frac{1}{\epsilon^2} \mathrm{rect}\left(\frac{\xi}{\epsilon}\right) \mathrm{rect}\left(\frac{\eta}{\epsilon}\right) \quad \text{mit} \quad \epsilon = \epsilon(n_d, d_{LS})\, ,$$

vgl. hierzu Höfling et al. [Höf00].

Damit wird Gleichung (6.6) zu

$$
\begin{aligned}
m_k^*(x_L, y_L) &= \frac{A_m}{\epsilon} \int\limits_{-\frac{\epsilon}{2}}^{+\frac{\epsilon}{2}} \left(1 + C_m \cos\left(\frac{2\pi}{L_{width}}(x_L - \xi) + \psi_k\right)\right) d\xi \\
&= \frac{A_m}{\epsilon}\left[\epsilon + C_m \frac{L_{width}}{2\pi}\left[\sin\left(\frac{2\pi}{L_{width}}(\xi - x_L) - \psi_k\right)\right]_{-\frac{\epsilon}{2}}^{+\frac{\epsilon}{2}}\right] \quad (6.7) \\
&= A_m\left[1 + C_m \frac{L_{width}}{2}\frac{\sin(\pi\frac{\epsilon}{2})}{\pi\frac{\epsilon}{2}}\cos\left(\frac{2\pi}{L_{width}}x_L + \psi_k\right)\right].
\end{aligned}
$$

Die Beobachtung eines Musters über eine spiegelnde Oberfläche und damit Gleichung (6.6) lässt sich als Tiefpassfilterung interpretieren. Diese Tiefpassfilterung bewirkt eine Kontrastabnahme des Musters $m_k(x_L, y_L)$ mit zunehmender Breite ϵ der Streukeule (sinc$(\epsilon/2)$-Term in Gleichung (6.7)). Die Kamera beobachtet also das (kontrastreduzierte) Muster

$$m_k^*(x_L, y_L) = A_m\left(1 + C_m^* \cos\left(\frac{2\pi}{L_{width}}x_L + \psi_k\right)\right)$$

und liefert nach Gleichung (6.3) das Bildsignal $g_k(x_B, y_B)$. Mit der gleichen Argumentation wie bei der Herleitung der Dekodierungsgleichung (6.5) lässt sich die Anwendbarkeit eben dieser Gleichung auch bei teilspiegelnden

---

[63]Eine bessere Näherung ist: $\tilde{\Xi}(\xi,\eta) = \frac{1}{\epsilon^2}\exp\left(-\pi\frac{\|(\xi,\eta)^\top\|^2}{\epsilon^2}\right)$. Die Wahl der Näherung beeinflusst jedoch die weiteren qualitativen Schlussfolgerungen nicht, deshalb wird das analytisch einfachere Modell bevorzugt. Die rect-Funktion im vereinfachten Modell ist dabei definiert durch: $\mathrm{rect}(x/\epsilon) := 1$ für $|x| < \epsilon/2$ und 0 sonst.

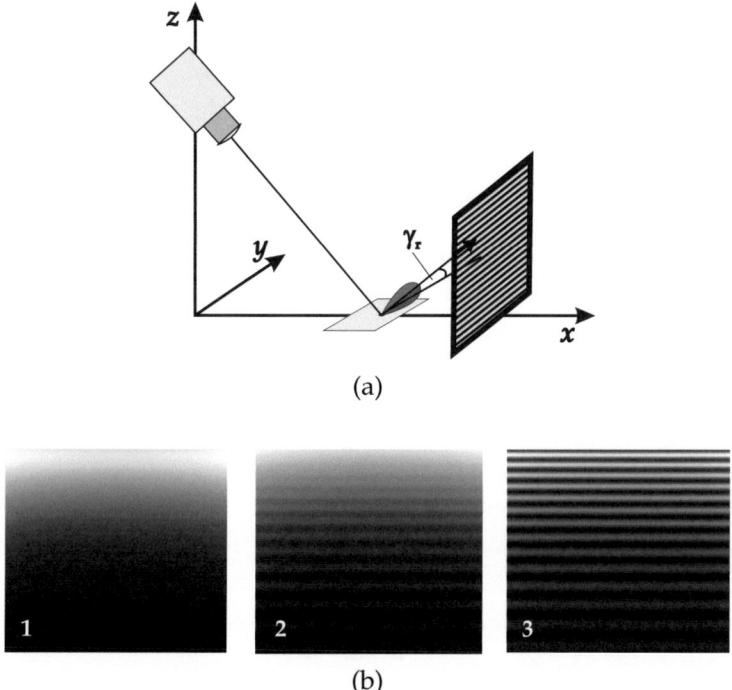

(b)

Abbildung 6.1: Abbildung über eine teilspiegelnde Fläche nach dem Reflexionsmodell nach Phong. Teilbild 6.1(a) zeigt die Bildaufnahmekonstellation und Teilbild 6.1(b) drei Ergebnisbilder mit von links nach rechts wachsendem Exponenten n_d des Phongschen Reflexionsmodells.

Oberflächen begründen. In Abbildung 6.1(b) werden für die Aufnahmekonstellation in Abbildung 6.1(a) drei Muster nach Gleichung (6.7) dargestellt. Die Kontrastabnahme bei Abnahme von n_d d. h. bei Zunahme von ϵ ist deutlich zu erkennen.

Mit der Interpretation der Musterbeobachtung über eine teilspiegelnde Fläche als Tiefpassfilterung lässt sich ein Zusammenhang zum Signalmodell (Gleichung (5.5)) aus Kapitel 5.1.1 herstellen und dieses erweitern, siehe Abbildung 6.2. $\mathbf{U_d}$ beschreibt dabei die Unschärfe aufgrund der diffusen Reflexionsanteile der Oberfläche, $\mathbf{U}$ die Unschärfe aufgrund einer Defokussierung und $\mathbf{T}$ die geometrisch optische Abbildung (evtl. mit einer

Abbildung 6.2: Signalmodell der Bildaufnahme unter Berücksichtigung der Unschärfe aufgrund eines reduzierten Reflexionsgrads.

zusätzlichen Verstärkung/Abschwächung) eines Musterpunktes auf einen Bildpunkt (analog zu Gleichung (6.2)). Die Unschärfe durch die Tiefpassfilterung nach Gleichung (6.6) kann auch durch eine Tiefpassfilterung auf der Bildsignalseite modelliert werden. Dies ist im Zusammenhang mit den inversen Mustern erforderlich, da die Unschärfe nur bildseitig rückgängig gemacht werden kann.

Damit ist eine Lösung für die Aufgabenstellung (i): „Kodierung des Orts durch die Phase eines periodischen Musters" durch das allgemeine Phasenschiebeverfahren nach Gleichung (6.5) auch bei teilspiegelnden Oberflächen gegeben.

Bei den durchgeführten Betrachtungen wurde eine Kodierung der Monitorpixel durch eine Periode einer Cosinusfunktion angenommen. Bei einem LCD-Monitor ist die Anzahl der zur Verfügung stehenden Helligkeitswerte i. d. R. deutlich kleiner als die Anzahl der zu kodierenden Pixelpositionen. Damit ist bei Benutzung von einer einzigen Musterperiode nur eine eingeschränkte Ortsauflösung möglich.

Eine höhere Ortsauflösung liefert die Applikation von Mustern mit mehreren Perioden, wobei sich dann sofort die Aufgabe (ii): „Zuordnung der aktuellen Phase zur richtigen Periode" stellt. Kammel [Kam04] schlägt dazu ein mehrstufiges Phasenschiebeverfahren mit sich sukzessive halbierenden Periodenlängen vor. Dabei dient eine Positionsbestimmung nach Gleichung (6.5) als Selektionskriterium für die richtige Periode bei der Positionsbestimmung auf der nächst feineren Stufe. Dieses Verfahren zeigt jedoch in der Praxis Kodierungsartefakte (Phasensprünge) insbesondere an Periodengrenzen. Nachfolgend wird deshalb ein neuartiger Ansatz eines mehrstufigen Phasenschiebeverfahrens zur Kodierung von Monitorpositionen präsentiert, der das Problem der Phasensprünge minimiert.

Auf der Stufe i des Verfahrens werden Muster mit N_λ^i Perioden pro Monitorbreite (-höhe)

$$m_k^i(x_L, y_L) = A_m^i \left(1 + C_m^i \cos \left(2\pi \frac{N_\lambda^i}{L_{\text{width}}} x_L + \psi_k \right) \right) \tag{6.8}$$

auf dem Monitor angezeigt ($\psi_k = (k-1)(2\pi/N_{\text{shift}})$). Die Kamera liefert bei diesen Mustern das Signal

$$g_k^i(x_B, y_B) = A_g^i(x_B, y_B) \left(1 + C_g^i(x_B, y_B) \cos \left(2\pi \frac{N_\lambda^i}{L_{\text{width}}} l_{\text{r,x}}(x_B, y_B) + \psi_k \right) \right),$$

womit eine Bestimmung der Monitorkoordinaten relativ zum halboffenen Intervall $[0, L_{\text{width}}/N_\lambda^i)$ möglich ist:

$$x_{L,\text{rel}}^i = \frac{L_{\text{width}}}{2\pi N_\lambda^i} \arctan \left[-\frac{\sum_{k=1}^{N_{\text{shift}}} g_k^i(x_B, y_B) \sin \left(\frac{2\pi}{N_{\text{shift}}}(k-1) \right)}{\sum_{k=1}^{N_{\text{shift}}} g_k^i(x_B, y_B) \cos \left(\frac{2\pi}{N_{\text{shift}}}(k-1) \right)} \right], \tag{6.9}$$

(vgl. hierzu die absolute Ortsbestimmung nach Gleichung (6.5)). Die absolute Monitorkoordinate ist also durch die Auswertung auf der Stufe i nur bis auf einen zunächst unbekannten ganzzahligen Faktor n^i bestimmt:

$$x_L^i = x_{L,\text{rel}}^i + n^i \frac{L_{\text{width}}}{N_\lambda^i}, \quad n^i \in \mathbb{N}_0.$$

Betrachtet werden nachfolgend zwei Stufen des Verfahrens i, j mit $i \neq j$, d. h. Muster m_k^i, m_k^j mit den Wellenlängen $L_{\text{width}}/N_\lambda^i$, $L_{\text{width}}/N_\lambda^j$, so dass N_λ^i und N_λ^j teilerfremd sind:

$$\text{ggT} \left(N_\lambda^i, N_\lambda^j \right) = 1 \quad \forall\, i \neq j.$$

Dies gilt insbesondere dann, wenn N_λ^i und N_λ^j zwei verschiedene Elemente aus der Menge der Primzahlen einschließlich der 1 sind. Damit sind die

Muster m_k^i und m_k^j im Bereich des Monitors unterschiedlich (ein Muster ist kein Vielfaches des anderen) und das System

$$x_L = x_{L,rel}^i + n^i \frac{L_{width}}{N_\lambda^i},$$

$$x_L = x_{L,rel}^j + n^j \frac{L_{width}}{N_\lambda^j}, \quad i \neq j, \quad n^i, n^j \in \mathbb{N}_0, \tag{6.10}$$

lässt sich eindeutig lösen. Dabei muss für die Monitorkoordinate $x_L = x_L^i = x_L^j$ gelten. Gesucht ist eine (Näherungs-)Lösung[64]

$$(n^i, n^j) = \arg \min_{\alpha,\beta \in \mathbb{N}_0} \left| \left(x_{L,rel}^i + \alpha \frac{L_{width}}{N_\lambda^i} \right) - \left(x_{L,rel}^j + \beta \frac{L_{width}}{N_\lambda^j} \right) \right| \tag{6.11}$$

unter den Nebenbedingungen

$$\alpha \in \{0, \dots, N_\lambda^i - 1\} \quad \text{und} \quad \beta \in \{0, \dots, N_\lambda^j - 1\}.$$

Bei mehr als zwei Stufen wird folgendes Optimierungsproblem betrachtet:

$$(n^1, \dots, n^{N_{step}}) = \arg \min_{\mathcal{A}} \sum_{i=1}^{N_{step}} \sum_{j=i+1}^{N_{step}} \left| \left(x_{L,rel}^i + \alpha^i \frac{L_{width}}{N_\lambda^i} \right) - \left(x_{L,rel}^j + \alpha^j \frac{L_{width}}{N_\lambda^j} \right) \right|$$

$$\text{mit} \quad \mathcal{A} = \{\alpha^1, \dots, \alpha^{N_{step}}\} \quad \text{und} \quad \alpha^i \in \{0, \dots, N_\lambda^i - 1\} \subset \mathbb{N}_0. \tag{6.12}$$

Eine praktikable Auswahl der N_λ^i sind z. B. die Primzahlen $\{1, 3, 7, 17, 41, 101\}$.

Die Berechnung der relativen Monitorkoordinaten nach Gleichung (6.9) ist von der Form

$$x_{L,rel}^i = konst \arctan \frac{Y}{X} \tag{6.13}$$

---

[64]Eine einfache Lösungsstrategie ist die des vollständigen Ausprobierens. Eine schnelle Näherungslösung erhält man durch eine Lösungssuche ausgehend vom vorherigen Resultat und anschließender sukzessiver Überprüfung der benachbarten Werte, bis die Fehlernorm unter eine vorgegebene Fehlerschwelle sinkt. Grundsätzlich handelt es sich bei dem Optimierungsproblem um ein lineares Ganzzahlprogramm [Sch98, Sie02].

mit dem totalen Differential

$$
dx_{L,rel}^{i} = konst \left[\frac{1}{X} \frac{1}{1 + \left(\frac{Y}{X} \right)^2} \, dY - \frac{Y}{X^2} \frac{1}{1 + \left(\frac{Y}{X} \right)^2} \, dX \right] .
$$

Betrachtet man zusätzlich die Implementierung mittels der atan2-Funktion (siehe Fußnote 62, Seite 140) ergeben sich für eine große numerische Robustheit folgende Forderungen:

- Ein möglichst großer Nennerterm X führt zu einer geringen Empfindlichkeit der Koordinatenbestimmung gegenüber Schwankungen von Nenner- bzw. Zählerterm.

- Ein großer Zählerterm Y verhindert Sprünge der atan2-Funktion um π bzw. 2π infolge eines möglicherweise instabilen Vorzeichenwechsels bei sehr kleinem Y.

Diese Forderungen können als Bewertungskriterium sel^i zur Selektion von Wellenlängenstufen herangezogen werden:

$$
sel_x^i := \left| \sum_{k=1}^{N_{shift}} g_k^i \sin \left(\frac{2\pi}{N_{shift}} (k-1) \right) \right| + \left| \sum_{k=1}^{N_{shift}} g_k^i \cos \left(\frac{2\pi}{N_{shift}} (k-1) \right) \right| .
$$

$$(6.14)$$

Bei mehr als zwei Stufen ergeben sich damit folgende Auswertestrategien:

(a) Benutzung aller Stufen und Auswertung von Gleichung (6.12). Durch Benutzung aller Bildaufnahmen ist das Verfahren robust gegen Störungen. Dargestellt wird diese Strategie in Algorithmus 6.1.

(b) Auswahl von zwei Stufen und Auswertung von Gleichung (6.11). Selektion der Stufen mit den größten Werten von sel^i führt zur numerisch stabilen Berechnung der atan2-Funktion. Die Selektion kann bezüglich lokaler Bereiche und sogar pixelweise erfolgen. Damit steht ein adaptives Verfahren mit optimierter Bestimmung der relativen Monitorpositionen zur Verfügung. Dargestellt wird diese Strategie in Algorithmus 6.2.

Die vorangehenden Ausführungen zeigen, dass für beide Aufgabenstellungen (i) und (ii), der Bestimmung der Monitorpositionen durch Phasenschiebeverfahren und der Zuordnung der Phase zum richtigen Intervall, effektive Lösungsverfahren vorhanden sind.

Algorithmus 6.1 Bestimmung der deflektometrischen Registrierung.

1: Wähle $N_{\text{shift}} \geq 3$ unter Beachtung der harmonischen Komponenten des Bildsignals

2: Wähle $N_{\text{step}} \geq 2$

3: Wähle $N_\lambda^i \in \mathcal{N}_{\text{Prim}}$ für $i \in \{1, \ldots, N_{\text{step}}\}$ mit $N_\lambda^i \neq N_\lambda^j$ für $i \neq j$

4: $i \leftarrow 1$

5: **repeat**   // Alle Stufen

6:    $k \leftarrow 1$

7:    **repeat**   // Alle Phasenverschiebungen

8:       Anzeige des Musters $m_k^i(x_L, y_L)$ nach Gleichung (6.8)

9:       Bildaufnahme $\rightarrow g_k^i(x_B, y_B)$

10:       $k \leftarrow k + 1$

11:    **until** $k > N_{\text{shift}}$

12:    $\forall (x_B, y_B)$: Berechnung von $x_{L,\text{rel}}^i(x_B, y_B)$ nach Gleichung (6.9)

13:    Analoge Berechnung von $y_{L,\text{rel}}^i(x_B, y_B)$

14:    $x_{L,\text{rel}}^i$ und $y_{L,\text{rel}}^i$ für spätere Verwendung speichern.

15:    $i \leftarrow i + 1$

16: **until** $i > N_{\text{step}}$

17: $n \leftarrow 1$

18: **repeat**   // Alle Kamerapixel

19:    Pixel $n \rightarrow (x_B, y_B)$

20:    Lösung des Optimierungsproblems nach Gleichung (6.12)

21:    Bestimmung von x_L nach Gleichung (6.10) $\rightarrow l_{r,x}(x_B, y_B)$

22:    Analoge Bestimmung von $y_L \rightarrow l_{r,y}(x_B, y_B)$

23:    $n \leftarrow n + 1$

24: **until** $n > N_{\text{Cam}}$

25: **return** Deflektometrische Registrierung $l_r = (l_{r,x}, l_{r,y})^\top$

Algorithmus 6.2 Bestimmung der deflektometrischen Registrierung mit adaptiver Selektion der Musterwellenlängen.

1: Wähle $N_{\text{shift}} \geq 3$ unter Beachtung der harmonischen Komponenten des Bildsignals
2: Wähle $N_{\text{step}} > 2$
3: Wähle $N_\lambda^i \in \mathcal{N}_{\text{Prim}}$ für $i \in \{1, \ldots, N_{\text{step}}\}$ mit $N_\lambda^i \neq N_\lambda^j$ für $i \neq j$
4: $i \leftarrow 1$
5: **repeat** // Alle Stufen
6:     $k \leftarrow 1$
7:     **repeat** // Alle Phasenverschiebungen
8:         Anzeige des Musters $m_k^i(x_{\text{L}}, y_{\text{L}})$ nach Gleichung (6.8)
9:         Bildaufnahme $\rightarrow g_k^i(x_{\text{B}}, y_{\text{B}})$
10:         $g_k^i(x_{\text{B}}, y_{\text{B}})$ für spätere Verwendung speichern
11:         $k \leftarrow k + 1$
12:     **until** $k > N_{\text{shift}}$
13:     $\forall (x_{\text{B}}, y_{\text{B}})$: Berechne Zähler- und Nennerterm in Gl. (6.13) $\rightarrow (X, Y)$
14:     (X, Y) für spätere Verwendung speichern
15:     $\forall (x_{\text{B}}, y_{\text{B}})$: Berechne Selektionskriterium $\text{sel}_x^i(x_{\text{B}}, y_{\text{B}})$ (Gl. (6.14))
16:     sel_x^i für spätere Verwendung speichern
17:     Analog für die Zeilenkodierung
18:     $i \leftarrow i + 1$
19: **until** $i > N_{\text{step}}$
20: $n \leftarrow 1$
21: **repeat** // Alle Kamerapixel
22:     Pixel $n \rightarrow (x_{\text{B}}, y_{\text{B}})$
23:     Selektion der zwei Stufen i, j mit größtem $\text{sel}_x^i(x_{\text{B}}, y_{\text{B}}), \text{sel}_x^j(x_{\text{B}}, y_{\text{B}})$
24:     Berechnung von $x_{\text{L,rel}}^i(x_{\text{B}}, y_{\text{B}})$ und $x_{\text{L,rel}}^j(x_{\text{B}}, y_{\text{B}})$ nach Gleichung (6.9)
25:     Lösung des Optimierungsproblems für Stufen i, j nach Gl. (6.11)
26:     Bestimmung von x_{L} nach Gleichung (6.10) $\rightarrow l_{\text{r},x}(x_{\text{B}}, y_{\text{B}})$
27:     Analoge Bestimmung von $y_{\text{L}} \rightarrow l_{\text{r},y}(x_{\text{B}}, y_{\text{B}})$
28:     $n \leftarrow n + 1$
29: **until** $n > N_{\text{Cam}}$
30: **return** Deflektometrische Registrierung $l_{\text{r}} = (l_{\text{r},x}, l_{\text{r},y})^\top$

6.2 Auswertung der deflektometrischen Registrierung

Nachdem die Gewinnung der deflektometrischen Registrierung beschrieben wurde, werden nachfolgend Auswertemöglichkeiten aufgezeigt.

Die einfachste Möglichkeit ist die Detektion von kleinen lokalen Defekten (siehe Abbildung 6.3).

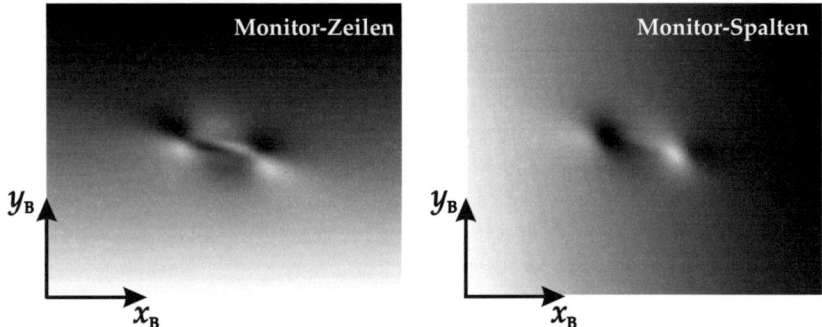

Abbildung 6.3: Deflektometrische Registrierung für kleine lokale Defekte, linkes Bild: $l_{r,y}(x_B, y_B)$, rechtes Bild: $l_{r,x}(x_B, y_B)$.

Die deflektometrische Registrierung $l_r(x_B, y_B) = (l_{r,x}, l_{r,y})^\top$ kann als ein Paar von Grauwertbildern interpretiert werden mit $0 \leq l_{r,x} \leq N_{\text{MonCols}}$ und $0 \leq l_{r,y} \leq N_{\text{MonRows}}$. Alle Methoden der 2D-Bildverarbeitung sind auf diesen Bildern anwendbar. Werden kleine lokale Störungen gesucht, entspricht dies dem Detektionsschema: „Suche nach unbekannten Objekten bei bekanntem Hintergrund". Für diese Detektionsaufgabe lassen sich z. B. Prädiktionsfehlerfilter auf AR-Modellbasis anwenden. Ein sehr effizient implementierbares Verfahren zur Detektion lokaler Defekte lässt sich ebenfalls aus der 2D-Bildverarbeitung übertragen (Abbildung 6.4). Dabei wird die deflektometrische Registrierung nach Tiefpassfilterung mit dem ursprünglichen Signal verglichen[65] und anschließend in die Standardkette der Bildverarbeitung [Abm94]: Segmentierung – Objektgenerierung – Merkmalsextraktion – Klassifikation eingespeist. Die Tiefpassfilterung ist an die Defektgröße anzupassen, so dass die lokalen Defekte im gefilterten

---

[65]Dies entspricht einer Hochpassfilterung des Eingangssignals.

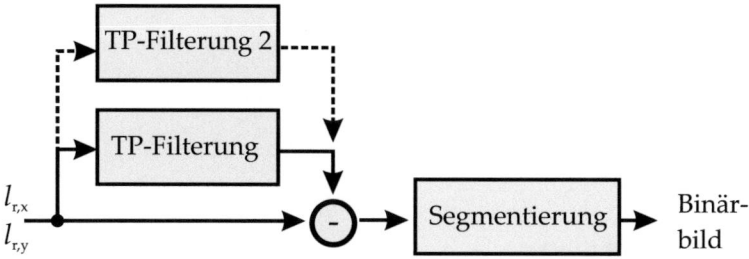

Abbildung 6.4: Effizientes Verfahren zur Detektion lokaler Defekte.

Bild unterdrückt werden (vgl. Abbildung 4.18, Seite 105). Hierdurch wird der ungestörte Hintergrund geschätzt. Bei unterschiedlichen zu erwarteten Defektgrößen können mehrere Tiefpassfilterungen parallel geschaltet werden[66].

Bis jetzt wurde nur die Defekterkennung basierend auf der deflektometrischen Registrierung betrachtet. Die Bestimmung der Abweichung der Registrierung vom Hintergrund bzw. von einem Sollwert lässt sich als Abweichung der lokalen Tangentialebenen von deren Solllage also als Krümmung relativ zu einer Sollfläche interpretieren.

Darüber hinaus ist die Änderung der Registrierung bezüglich einer Sichtrichtung ein Maß für die wahrgenommene Krümmung in ebendiese Richtung (vgl. hierzu auch die Erläuterungen in Kapitel 5).

Die Änderung der Registrierung hat somit eine zweifache Interpretation:

1. als Änderung bezüglich eines Sollverlaufs, d. h. als Krümmung relativ zu einer Sollfläche und

2. als Änderung bezüglich einer Sichtrichtung, d. h. als wahrgenommene Krümmung.

Das Verfahren nach Abbildung 6.4 soll an einem praxisrelevanten Beispiel, der Inspektion von lackiertem Blech verdeutlicht werden. Abbildung 6.5 zeigt die Vorgehensweise. Dargestellt sind das Ausgangsobjekt (Teilbild (a)), eine lackierte Fläche mit Fehlermarkierung, da der zu detektierende Fehler nur aufgrund seinen topographischen Eigenschaften und nicht mit bloßem

---

[66]Zur Größenbestimmung lokaler Defekte siehe auch Kapitel 4.3.2.2.

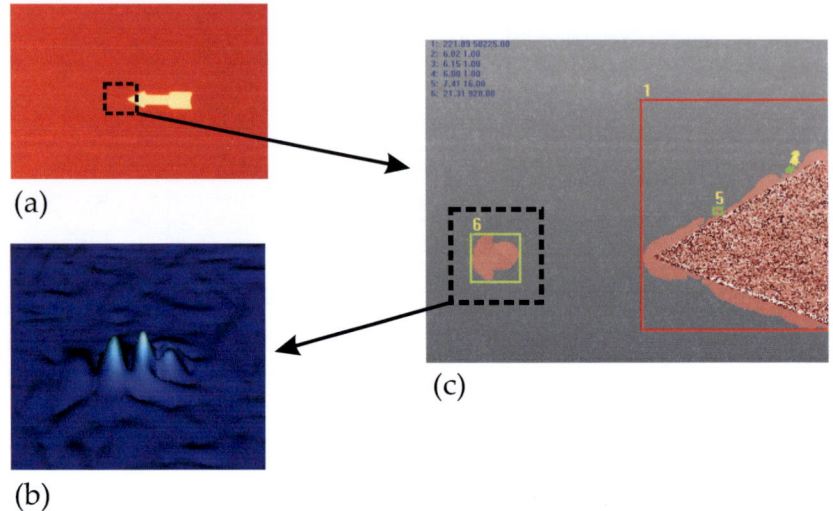

(a)

(b)

(c)

Abbildung 6.5: Inspektion lackierter Flächen.

Auge (bei diffusem Umgebungslicht) zu erkennen ist. Die Krümmung des Defekts bezüglich der Sollfläche ist in Teilbild (b) als 3D-Höhenbild dargestellt. Schließlich sind in Teilbild (c) die segmentierten Bildpunkte der deflektometrischen Registrierung $l_{r,y}$ überlagert (dabei wird auch die Pfeilmarkierung als Defekt erkannt). Nicht abgebildet sind eine nachfolgende Merkmalsgenerierung und Klassifizierung.

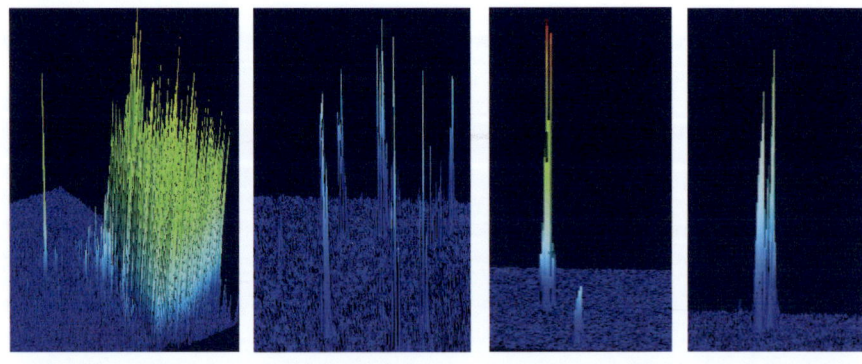

Abbildung 6.6: Auswertung der deflektometrischen Registrierung: Pickel und Poren auf lackierten Flächen.

In Abbildung 6.6 werden die Krümmungen relativ zur Sollfläche für Poren und Pickel in lackierten Flächen dargestellt. Diese Krümmungen stellen das vorverarbeitete Bildsignal direkt vor dem Segmentierungsschritt dar. Wie man unschwer erkennt, ist das Signal-Rauschverhältnis so groß, dass eine nachfolgende Segmentierung leicht möglich ist.

Eine andere Möglichkeit der Auswertung liefert die Betrachtung der wahrgenommenen Krümmung längs einer Sichtrichtung. Im Gegensatz zu den Untersuchungen in Kapitel 5 betrachten wir hierzu die Änderung der deflektometrischen Registrierung längs Geraden in der Bildebene. O. B. d. A. wählen wir eine Gerade parallel zur x_B-Achse mit einem beliebigen aber dann festen $y_B = \zeta$ und dem Kurvenparameter $\sigma = x_B$:

$$c_B : \mathbb{R} \supset \mathcal{I} \to \mathbb{R}^2, \quad c_B(x_B) = (x_B, \zeta)^\top. \tag{6.15}$$

Dieser Kurve in der Bildebene der Kamera ist durch das Kameramodell eine Menge an Sichtstrahlen zugeordnet. Diese werden an der spiegelnden Fläche S längs einer Kurve $c_S \subset S$ reflektiert und schneiden die Monitorebene wiederum in einer Kurve

$$c_L : \mathbb{R} \supset \mathcal{I} \to \mathbb{R}^2, \quad c_L(x_B) = (l_r \circ c_B)(x_B) = l_r(x_B, \zeta). \tag{6.16}$$

Ist eine Kurve $c_L(\sigma)$ in der Monitorebene die Bildmenge einer Geraden $c_B(\sigma)$ der Sensorebene der Kamera, dann gilt, dass die Änderung der Kurve $c_L(\sigma)$ proportional der Änderung der Normalen n_s längs der Oberflächenkurve $c_S(\sigma) \subset S$ ist

$$\frac{dc_L(\sigma)}{d\sigma} \propto \frac{d(n_s \circ c_S)(\sigma)}{d\sigma}, \tag{6.17}$$

da Geraden bei der Spiegelung an Ebenen wieder in Geraden abgebildet werden und insofern jede lokale Änderung der Tangente an die Bildkurve in der Monitorebene mit einer lokalen Abweichung der Spiegelfläche von einer Ebene korrespondieren muss.

Für den linken Term in Gleichung (6.17) gilt mit Gleichung (6.15) und (6.16), d. h. mit $\sigma = x_B$ und $y_B = \zeta$:

$$\begin{aligned} \frac{dc_L(\sigma)}{d\sigma} &= \frac{d(l_r \circ c_B)(\sigma)}{d\sigma} = \frac{\partial l_r(x_B, y_B)}{\partial x_B} \frac{dx_B}{d\sigma} + \frac{\partial l_r(x_B, y_B)}{\partial y_B} \frac{dy_B}{d\sigma} \\ &= \frac{\partial l_r(x_B, \zeta)}{\partial x_B}. \end{aligned} \tag{6.18}$$

Zur Auswertung des rechten Terms in Gleichung (6.17) sei die Fläche S als Funktionsgraph in Kamerakoordinaten parametrisiert

$$S = \left\{ (x_C, y_C, z_C)^\top \in \mathbb{R}^3 \;\middle|\; (x_C, y_C)^\top \in \Omega_{xy},\, z_C = f(x_C, y_C) \right\},$$

mit dem Normalenfeld

$$n_s(x_C, y_C) = \begin{pmatrix} \partial_{x_C} f \\ \partial_{y_C} f \\ -1 \end{pmatrix}.$$

Aufgrund des Kameramodells (Gleichung (4.2) und (4.3)) gilt:

$$x_C = (x_{PP} - x_B)\frac{z_C}{f_B},$$
$$y_C = (y_{PP} - y_B)\frac{z_C}{f_B},$$

mit den Koordinaten $(x_{PP}, y_{PP})^\top$ des Hauptpunktes (Principal-Point) und der Bildweite f_B. Ist der Abstand der Fläche vom Kameraursprung groß gegenüber der Höhenänderung der Fläche kann hierbei $z_C \approx konst$ angenommen werden. Damit lautet der Zusammenhang zwischen der Kurve $c_B(x_B)$ in der Bildebene (Gleichung (6.15)) und der Projektion $\tilde{c}_S(x_B)$ der Oberflächenkurve c_S auf die x_C, y_C-Parameterebene

$$\begin{pmatrix} x_C \\ y_C \end{pmatrix} = \tilde{c}_S(x_B) = \frac{z_C}{f_B} \begin{pmatrix} x_{PP} - x_B \\ y_{PP} - \zeta \end{pmatrix}\Bigg|_{z_C=konst}.$$

Daraus folgt für das Normalenfeld längs der Kurve $\tilde{c}_S(x_B)$:

$$
\begin{aligned}
\frac{d(n_s \circ \tilde{c}_S)(x_B)}{dx_B} &= \frac{\partial n_s}{\partial x_C}\frac{dx_C}{dx_B} + \frac{\partial n_s}{\partial y_C}\frac{dy_C}{dx_B} \\
&= -\frac{z_C}{f_B}\frac{\partial n_s(x_C, y_C)}{\partial x_C}\Bigg|_{(x_C, y_C)^\top = \tilde{c}_S(x_B)}.
\end{aligned}
\tag{6.19}
$$

Gleichung (6.18) und (6.19) in Gleichung (6.17) eingesetzt liefert (unter Beachtung von $\sigma = x_B$) schließlich den gesuchten Zusammenhang der Änderung der deflektometrischen Registrierung mit der Änderung der Oberflächennormalen

$$\frac{\partial l_r(x_B, \zeta)}{\partial x_B} \propto \frac{\partial n_s(x_C, y_C)}{\partial x_C} = \left(\frac{\partial^2 f(x_C, y_C)}{\partial x_C^2},\, \frac{\partial^2 f(x_C, y_C)}{\partial y_C \partial x_C},\, 0 \right)^\top.$$

Daraus lässt sich die wahrgenommene Krümmung[67] aus der deflektometrischen Registrierung gewinnen.

Mit dem vorgeschlagenen Auswerteverfahren verwandt sind die Ansätze der Deflektometrie, die Spiegelbilder von geraden Linien beobachten [Sav05, Tar05, Roz07], mit dem Unterschied, dass bei obigem Auswerteverfahren von einer Geraden in der Sensorebene ausgegangen und die korrespondierende deflektometrische Registrierung ausgewertet wird. Damit ist der quantitative Zusammenhang der Bogenlängen der Musterkurve und der beobachteten Kurve bekannt. Dieser ist bei einer reinen Beobachtung von Linien nicht gegeben. Dem Einwand, dass man zur Bestimmung der deflektometrischen Registrierung eine größere Anzahl von Mustern gegenüber der Beobachtung von einzelnen Linienmustern benötigt, kann mit dem Hinweis auf die Video-Echtzeitansätze bei den Phasenschiebeverfahren [Zha10] begegnet werden.

Kennt man einen Punkt auf der Oberfläche, so lässt sich diese auch mittels dem vorgestellten Ansatz rekonstruieren, was aber keine Vorteile gegenüber der Normalenfeldauswertung nach Kapitel 7 besitzt.

Da bei der numerischen Approximation der Ableitung durch finite Differenzen nur benachbarte Bildpunkte betrachtet werden, eignen sich zur Detektion von langwelligen Abweichungen insbesondere Pyramidenansätze. Als Beispiel dient erneut der Spiegel nach Abbildung 5.1(b).

In Abbildung 6.7 werden die Ableitungen $\frac{\partial I_{\mathrm{r}}(x_{\mathrm{B}}, y_{\mathrm{B}})}{\partial x_{\mathrm{B}}}$ auf verschiedene Skalen dargestellt.

Die einzelnen Teilbilder entstehen dabei durch drei Schritte:

1. Tiefpassfilterung,

2. Unterabtastung in x- und y-Richtung mit dem Faktor 2,

3. Berechnung der Ableitung mittels finiter Differenz.

Zu besserer Darstellung sind die Teilbilder in Abbildung 6.7 auf gleichen Größen- und Wertebereich skaliert. Die zunehmende Vergröberung lässt

---

[67]Die wahrgenommene Krümmung steht in direktem Zusammenhang mit den zweiten Ableitungen der Oberfläche bei einer Parametrisierung in Kamerakoordinaten, siehe hierzu auch Kapitel 3.7 und 5.

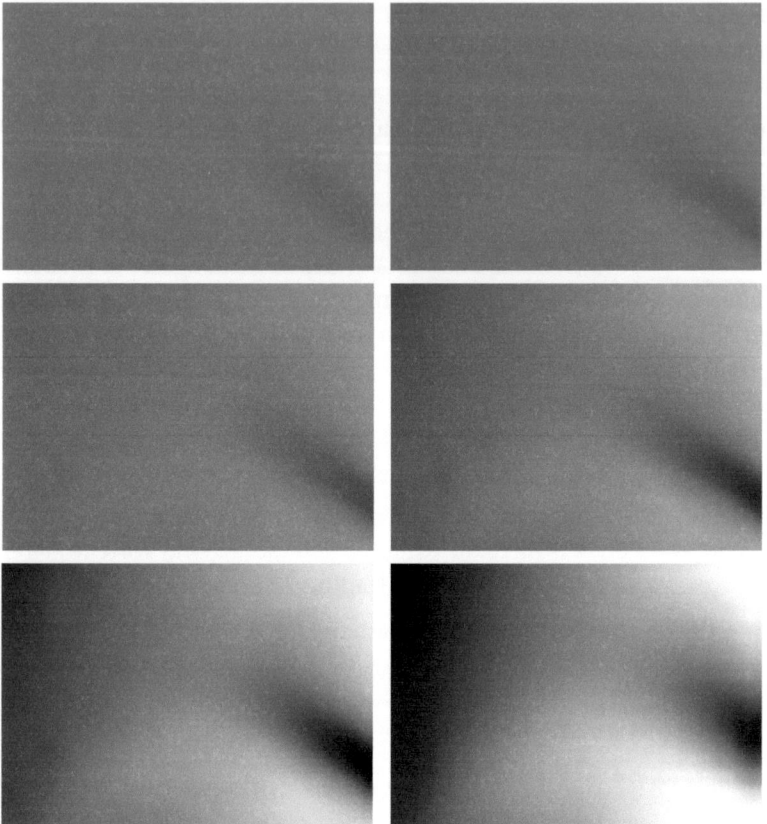

Abbildung 6.7: Auswertung der deflektometrischen Registrierung bei einem langwelligen Defekt einer spiegelnden Fläche. Von links oben nach rechts unten: zunehmende Vergröberung der Skalen. Dargestellt ist jeweils der Betrag des Gradienten der deflektometrischen Registrierung $\|\nabla(I_r(x_B, y_B))\|$. Man erkennt eine deutliche Zunahme dieses Gradientenbetrages (im Bild als Kontrastzunahme) im Bereich der gestörten Oberfläche bei zunehmender Vergröberung der Skala.

langwellige Änderungen (Defekt und Krümmung der Sphäre) in der spiegelnden Fläche sichtbar werden. Die Auswertung des Gradienten der deflektometrischen Registrierung auf unterschiedlichen Skalen führt zu einer Anpassung der Defektdetektion an die relevanten Fehlerausdehnungen.

Zu Bildpyramiden allgemein siehe Adelson et al. [Ade84] und für aktuelle Ansätze zur schnellen Implementierung Strengert et al. [Str06a] und Kraus und Strengert [Kra07].

Bei der Auswertung der deflektometrischen Registrierung soll abschließend auf die Möglichkeit der Analyse von Riefentexturen [Bey94], die sich neben lokalen topographischen Defekten ebenfalls in der deflektometrischen Registrierung zeigen, hingewiesen werden. In der Abbildung 6.8[68] sind zwei Beispiele lackierter Bleche dargestellt, in der linken Spalte ein Prüfobjekt mit überlackierten Schleifriefen und in der rechten Spalte ein Testmuster ohne Riefen. Die Auswertung erfolgt mittels der radialen Summe des Betrags der Fouriertransformierten der deflektometrischen Registrierung

$$R_{\Sigma,1} = \int\limits_0^{2\pi} |\mathcal{F}\{l_r\}| \, d\varphi \, .$$

In den oberen Teilbildern der Abbildung 6.8 sind darüber hinaus noch die Struktur des Lackes und kleine Poren als kleine weiße kreisförmige Flecken erkennbar.

Die Auswertung der deflektometrischen Registrierung eröffnet insgesamt die Möglichkeit lackierte Flächen hinsichtlich einer großen Variation von Defektklassen und Oberflächencharakteristiken (kleine lokale Dellen, Pickel und Poren bis hin zu ausgedehnten, schwach ausgeprägten Riefen) zu prüfen. Praktische Vorteile dieser Verfahren sind der Verzicht auf eine aufwändige Systemkalibrierung und die Möglichkeit der sehr effizienten Implementierung, was den Zugang der deflektometrischen Methoden bei takthaltenden Onlineinspektionen ermöglicht.

---

[68]Die Bilder dieser Abbildung entstanden in Kooperation mit Dr.-Ing. M. Heizmann, Fraunhofer-IOSB, Karlsruhe.

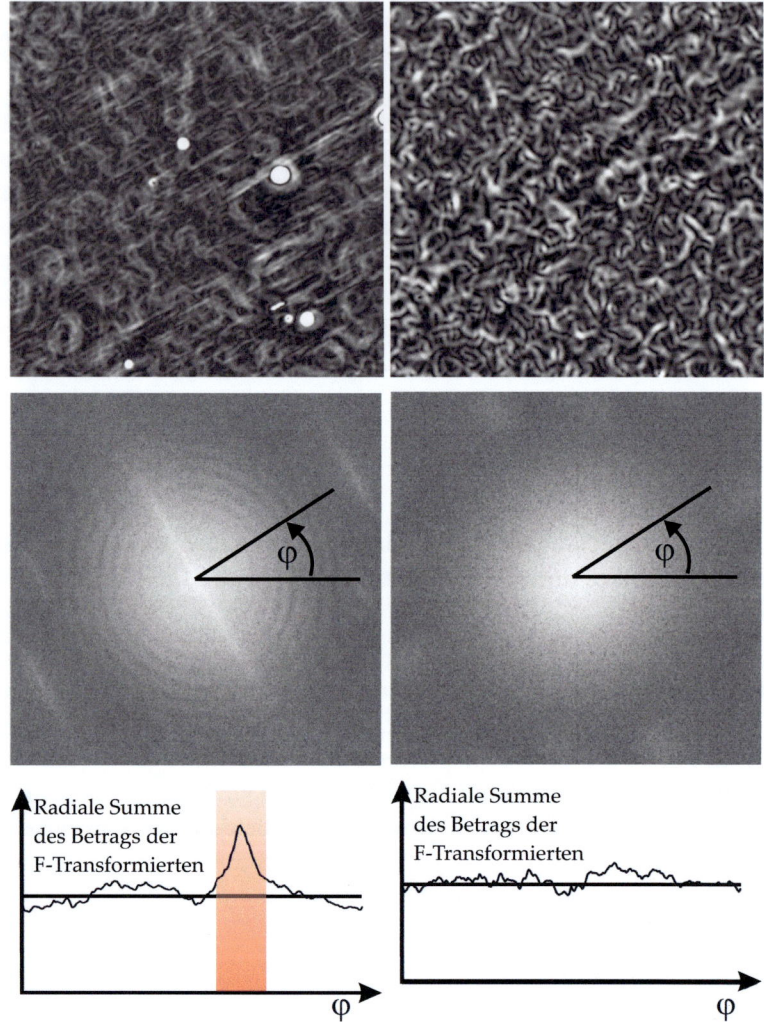

Abbildung 6.8: Texturauswertung mittels deflektometrischer Registrierung. Von oben nach unten: Registrierung, Betrag der Fouriertransformierten, Radiale Summe des Betrags der F-Transformierten. Linke Spalte: Blech mit überlackierten Schleifriefen. Rechte Spalte: Lackiertes Blech ohne Riefen.

7 Rekonstruktion spiegelnder Oberflächen

Grundlage des vorangehenden Kapitels war die deflektometrische Registrierung, d. h. die Zuordnung von Bildpunkten zu Monitorpunkten. Ist die Systemkalibrierung als Zusatzwissen vorhanden, folgt aus der deflektometrische Registrierung l_r die Messung l, also die Abbildung von Punkten aus dem Sichtbereich der Kamera auf Vektoren zum Monitorbereich der Monitorebene (siehe Gleichung (3.26) auf Seite 44).

Das Systemmodell und die Kalibrierung liefern mit der deflektometrischen Messung das deflektometrische Normalenfeld $\hat{n}_m$ bzw. $\hat{n}_{mc}$ (siehe Definition 17, Seite 46). Dieses Normalenfeld, das damit direkt von der Messung abhängt, ist Ausgangspunkt und Grundlage des vorliegenden Kapitels. Die Untersuchung des Normalenfeldes führt zu zweierlei: den direkten Auswertemöglichkeiten (z. B. über die Divergenz als der mittleren Krümmung) und zum Rekonstruktionsproblem (siehe dazu Definition 18, Seite 48).

Sei S die spiegelnde Prüffläche mit dem Normalenfeld $\hat{n}$ und Ω der Sichtbereich der Kamera, dann gilt bei nichtgestörter Messung

$$\hat{n}(x) = \hat{n}_m(x) \quad \forall\, x \in S \cap \Omega. \tag{7.1}$$

Die Übereinstimmung des Normalenfeldes auf S mit dem durch die Messung induzierten Normalenfeldes $\hat{n}_m$ ist der grundlegende Ansatz aller Rekonstruktionsverfahren. Für alle $\tilde{x} \in \Omega \backslash S$ ist $\hat{n}_m(\tilde{x})$ eine Oberflächennormale an eine hypothetische Fläche $\tilde{S}$ derart, dass $\tilde{S}$ zur gleichen deflektometrischen Messung $l(x)$ führen würde wie S (vgl. Abbildung 7.1).

Wiederholend kann festgehalten werden: Die deflektometrische Messung induziert ein Normalenfeld $\hat{n}_m(x)$ und dessen Integration führt zu einer Lösungsmannigfaltigkeit $\mathcal{L}$. Eine deflektometrische Rekonstruktion muss damit zweierlei leisten, erstens die Bestimmung einer Fläche, die dieses Normalenfeld erfüllt und die zweitens durch Zusatzwissen (Regularisierung) die „richtige" Fläche aus der Lösungsmannigfaltigkeit $\mathcal{L}$ auswählt.

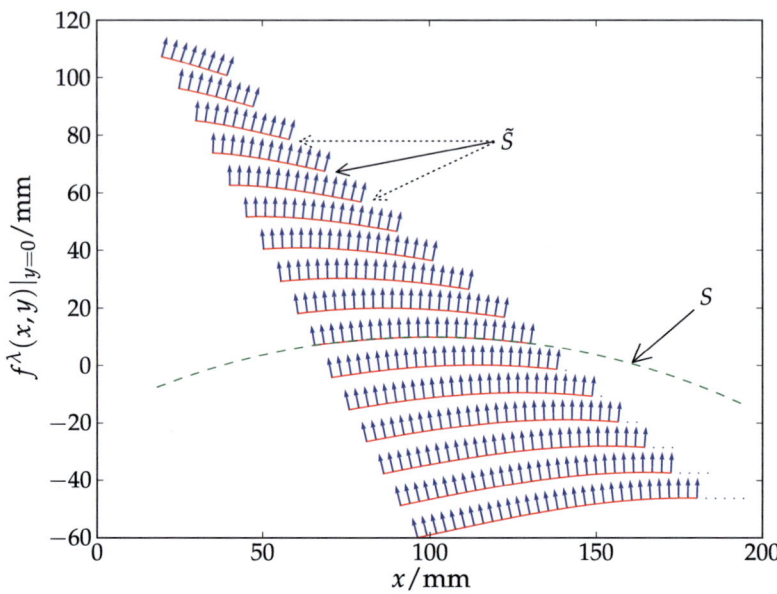

Abbildung 7.1: Beispiele aus dem Lösungsraum eines deflektometrischen Rekonstruktionsproblems: Dargestellt sind hypothetische Flächen $\tilde{S}$ (rot) und Prüfspiegel S (grün, gestrichelt) als Familie von Funktionsgraphen f^λ.

Zur Lösung des deflektometrischen Rekonstruktionsproblems wird die gesuchte Fläche S durch ein Flächenmodell repräsentiert, dabei kann man grundsätzlich zwei Klassen an Oberflächenmodellen unterscheiden: explizite (parametrische) Modelle und implizite Modelle [Whi02, Ago05a]. Beginnen wir mit einer parametrischen Flächenrepräsentation durch Funktionsgraphen (vgl. hierzu auch Kapitel 3.2).

7.1 Rekonstruktion und Funktionsgraphen

Die spiegelnde Fläche S kann durch den Graph einer Funktion $f : \mathbb{R}^2 \supset \Omega_{xy} \to \mathbb{R}$, $(x,y)^\top \mapsto f(x,y)$ dargestellt werden als

$$S = \left\{ (x,y,z)^\top \in \Omega \mid (x,y)^\top \in \Omega_{xy}, z = f(x,y) \right\}.$$

Dabei bezeichnet Ω_{xy} die Projektion von $S \cap \Omega$ in die xy-Ebene.

Das Normalenfeld auf S wird beschrieben durch

$$\hat{n}(x,y) = \frac{1}{\sqrt{(\partial_x f)^2 + (\partial_y f)^2 + 1}} \begin{pmatrix} -\partial_x f \\ -\partial_y f \\ 1 \end{pmatrix}, \quad (x,y)^\top \in \Omega_{xy}.$$

Für jeden Punkt x im gesehenen Bereich der Oberfläche $S \cap \Omega$ muss die grundlegende Bedingung nach Gleichung (7.1) erfüllt sein:

$$\frac{1}{\sqrt{(\partial_x f)^2 + (\partial_y f)^2 + 1}} \begin{pmatrix} -\partial_x f \\ -\partial_y f \\ 1 \end{pmatrix} = \begin{pmatrix} \hat{n}_{m,1}(x,y,f) \\ \hat{n}_{m,2}(x,y,f) \\ \hat{n}_{m,3}(x,y,f) \end{pmatrix} \quad \forall\, (x,y)^\top \in \Omega_{xy}.$$

Dies führt zur nichtlinearen partiellen Differentialgleichung (PDE [69])

$$-\nabla f(x,y) = \begin{pmatrix} \hat{n}_{m,1}/\hat{n}_{m,3} \\ \hat{n}_{m,2}/\hat{n}_{m,3} \end{pmatrix} =: q(x,y,f) = \begin{pmatrix} q_1(x,y,f(x,y)) \\ q_2(x,y,f(x,y)) \end{pmatrix}. \quad (7.2)$$

Man beachte, dass die rechte Seite dieser Gleichung von der Messung und von der gesuchten Fläche abhängt.

7.1.1 Linearisierung durch Modellannahme

Viele deflektometrische Rekonstruktionsansätze beruhen auf einer linearen Variante von Gleichung (7.2) (siehe z. B. Massig [Mas01]). Dies bedeutet eine implizite Regularisierung durch Auswahl[70] der „richtigen" Normalen $\hat{n}_{m,lin}(x,y)$ aus dem deflektometrischen Normalenfeld $\hat{n}_m(x,y,z)$:

$$\hat{n}_{m,lin}(x_0,y_0) \in \{\hat{n}_m(x_0,y_0,z) \mid z \in \mathbb{R}\}.$$

---

[69] engl.: partial differential equation
[70] Vergleiche hierzu die Ausführungen zu Regularisierung durch Stereo, Kapitel 3.6.1.

Diese Normalenselektion entspricht einer Regularisierung mittels Annahme einer Modellfläche[71]

$$\zeta : \mathbb{R}^2 \to \mathbb{R}, \quad z = \zeta(x,y)$$

und der daraus folgenden Normalenselektion

$$\hat{n}_{m,\text{lin}}(x,y) = \hat{n}_m(x,y,\zeta(x,y)), \tag{7.3}$$

was als Linearisierung des Rekonstruktionsproblems betrachtet werden kann, da dadurch die Abhängigkeit des projizierten Normalenfeldes $q(x,y,f)$ von $f(x,y)$ eliminiert wird.

Damit wird aus der nichtlinearen deflektometrischen PDE (Gleichung (7.2)) das lineare Problem

$$-\nabla f(x,y) = q_{\text{lin}}(x,y). \tag{7.4}$$

Dabei ist

$$q_{\text{lin}}(x,y) := q(x,y,\zeta(x,y)) = \begin{pmatrix} \hat{n}_{m,1}(x,y,\zeta)/\hat{n}_{m,3}(x,y,\zeta) \\ \hat{n}_{m,2}(x,y,\zeta)/\hat{n}_{m,3}(x,y,\zeta) \end{pmatrix}$$

das durch Normalenselektion (Gleichung (7.3)) linearisierte projizierte Normalenfeld (und dadurch auch Gradientenfeld).

Zu dieser linearen Problembeschreibung ist folgendes zu bemerken: Erstens, die rechte Seite $q_{\text{lin}}(x,y)$ von Gleichung (7.4) ist vollständig durch die Messung bestimmt. Zweitens, die Linearisierung des Problems genügt zur vollständigen Flächenrekonstruktion nicht, da zusätzliche Rand-/Anfangswerte benötigt werden und drittens, ist $q_{\text{lin}}(x,y)$ nicht notwendigerweise rotationsfrei, d. h. die Existenz eines Potentials $f(x,y)$ ist nicht gesichert, weswegen man nur approximative Lösungen erhalten kann.

7.1.2   Lösungszugänge zum Rekonstruktionsproblem

Gleichung (7.4) ist eine Potentialgleichung zu deren Lösung viele Lösungsansätze für die Vektorfeldintegration zur Verfügung stehen.

---

[71]Es kann z. B. ein parametrisches Flächenmodell $\zeta(x,y;p)$ benutzt werden. Entscheidend ist jedoch, dass die Modellfläche unabhängig von der gesuchten Fläche $f(x,y)$ vorgegeben werden kann, wodurch eine Entkopplung der rechten von der linken Seite der Rekonstruktionsgleichung erfolgt.

Beispielsweise haben Frankot and Chellappa [Fra88] gezeigt, dass die Projektion einer Fläche auf einen integrierbaren Unterraum mittels Fouriertransformation rekonstruiert werden kann. Dieser Ansatz kann auch bei möglicherweise nicht integrierbaren Vektorfeldern angewandt werden, führt jedoch zu Problemen durch die implizite periodische Flächenfortsetzung infolge der Fouriertransformation. Terzopoulos [Ter88] schlägt einen Variationsansatz zur Flächenrekonstruktion vor, wobei das zu minimierende Energiefunktional Terme für die Positions- und Normalenabweichung enthält. Karaçali und Snyder [Kar03, Kar04] beschreiben ein adaptives Rekonstruktionsverfahren, das auch bei Flächen mit Unstetigkeiten gute Ergebnisse erzielt und untersuchen Verfahren zur Rauschreduzierung von Gradientendaten im Kontext der Rekonstruktion. Kickingereder und Donner [Kic04] beschreiben ein Verfahren zur Simultanlösung des Rekonstruktionsproblems aus zwei Beobachtungsrichtungen. Dabei werden die Normalen mittels Stereoansatz selektiert und die gesuchte Oberfläche durch ein B-Spline Modell repräsentiert. Ettl et al. [Ett07, Ett08] schlagen einen B-Spline basierten Rekonstruktionsansatz vor, bei dem die Splineableitungen an das Gradientenfeld angepasst werden. Ein zweiter Rekonstruktionsansatz basiert auf radialen Basisfunktionen (RBF) zur Oberflächenapproximation.

Die lineare Gleichung (7.4) führt durch Normbildung direkt zu folgender Eikonalgleichung[72]:

$$\|\nabla f(x,y)\|^2 = \left(\frac{\partial f}{\partial x}\right)^2 + \left(\frac{\partial f}{\partial y}\right)^2 = q_{\text{lin},1}^2(x,y) + q_{\text{lin},2}^2(x,y),$$

die z. B. durch die Fast-Marching-Methode gelöst werden kann, (vgl. Ho et al. [Ho06]).

Kovesi [Kov05] benutzt einen Wavelet-Ansatz (sogenannte Shapelets) zur Oberflächenrekonstruktion, der auch bei um π mehrdeutigen Normalenrichtungen einsetzbar ist.

7.1.3 Lineare Poisson-Gleichung

Schließlich führt die Anwendung des Divergenzoperators auf die lineare PDE erster Ordnung (Gleichung (7.4)) zu folgender skalaren

---

[72]Siehe auch Gleichung (3.11) auf Seite 25 bei der Ableitung des Reflexionsgesetzes. Zur Lösung der Eikonalgleichung stehen in der physikalisch orientierten Literatur viele Lösungsansätze bereit.

Differentialgleichung:

$$-\Delta f(x,y) = \operatorname{div} q_{\mathrm{lin}}(x,y).$$ (7.5)

Als Randwerte stehen infolge der deflektometrischen Messung die Normalen auch am Rande zur Verfügung. Dies liefert die natürlichen bzw. Neumannschen Randbedingungen

$$\langle \nabla f(x,y) | \hat{o} \rangle = \langle -q_{\mathrm{lin}}(x,y) | \hat{o} \rangle, \qquad (x,y)^{\top} \in \partial\Omega_{xy}.$$ (7.6)

Dabei bezeichnet $\hat{o}$ die äußere Einheitsnormale[73] an Ω_{xy}. Weitere Randwerte sind ohne Zusatzwissen d. h. Regularisierung nicht verfügbar, das Rekonstruktionsproblem ist damit eine reines *Neumann*-Problem [Boc05, Dai07]. Dieses ist jedoch ohne zusätzlichen Bedingungen nicht eindeutig lösbar. Es existiert i. Allg. genau dann eine schwache Lösung[74] für das Neumann-Problem der Poisson-Gleichung, wenn die Integrierbarkeitsbedingung

$$\int_{\Omega_{xy}} \operatorname{div} q_{\mathrm{lin}}(x,y)\, \mathrm{d}x = -\int_{\partial\Omega_{xy}} \langle -q_{\mathrm{lin}}(x,y) | \hat{o} \rangle\, \mathrm{d}o$$

erfüllt ist. Dabei ist $\mathrm{d}o = \hat{o}\, \mathrm{d}o$ ein Randelement von $\partial\Omega_{xy}$. Diese Integrierbarkeitsbedingung ist im vorliegenden Falle genau die Aussage des Gaußschen Integralsatzes, womit die Existenz einer Lösung gesichert ist. Mit

$$\int_{\Omega_{xy}} f(x,y)\, \mathrm{d}x = 0$$ (7.7)

kann dann eine Lösung eindeutig festgelegt werden, da mit $f(x,y)$ auch $f(x,y) + konst$ eine Lösung des Neumann-Problems ist (Beweis durch Einsetzen in die Gleichungen (7.5) und (7.6)).

Der Lösungsansatz zur Oberflächenrekonstruktion nach den Gleichungen (7.5) – (7.7) besitzt zwei Nachteile: Erstens liefert die Rekonstruktion

---

[73] Es gilt für die Normalenableitung: $\langle \nabla f | \hat{o} \rangle \equiv \partial f / \partial \hat{o}$.

[74] Für den speziellen Funktionenraum $V = \{v \in \mathrm{H}^1(\Omega_{xy}) | \int_{\partial\Omega_{xy}} v\, \mathrm{d}x = 0\}$ sichert das Lax-Milgram-Lemma (vgl. Anhang A.1) eine eindeutige Lösung des Neumann-Problems der Poisson-Gleichung in V. Will man aber für glatte f auf die klassische Lösung zurück schließen, muss man $V = \mathrm{H}^1(\Omega_{xy})$ setzen, was zu der angegebenen Integrierbarkeitsbedingung führt (vgl. hierzu die Bemerkung 3.5 in Großmann und Roos [Gro05] und Satz 89.7 in Hanke-Bourgeois [HB02]).

zwar die Gestalt der Fläche aber nicht deren Lage im Raum und zweitens bedarf es einer zusätzlichen a priori Linearisierung des Rekonstruktionsproblems.

7.1.4 Nichtlineare Poisson-Gleichung

Diese Nachteile der a priori Linearisierung des Rekonstruktionsproblems können durch direkten Rückgriff auf das nichtlineare Ausgangsproblem nach Gleichung (7.2) behoben werden. Wird der Divergenzoperator auf diese nichtlineare Gleichung erster Ordnung angewandt führt dies unter Berücksichtigung einer Flächenparametrisierung in Kamerakoordinaten (im weiteren Verlauf wird auf den Index „C" zur Kennzeichnung des Kamerakoordinatensystems aus Gründen der Übersichtlichkeit verzichtet) zu

$$-\Delta f(x,y) = \operatorname{div} q\,(x,y,f(x,y)), \qquad (x,y)^\top \in \Omega_{xy} \qquad (7.8)$$

wobei wiederum die natürlichen Randwerte

$$\langle \nabla f(x,y)\,|\,\hat{o}\rangle = \langle -q\,(x,y,f(x,y))\,|\,\hat{o}\rangle, \qquad (x,y)^\top \in \partial\Omega_{xy}$$

gegeben sind.

Diese Problemformulierung ist Ausgangspunkt der folgenden Betrachtungen, wobei u. a. ein iterativer Lösungsalgorithmus für dieses nichtlineare partielle Differentialgleichung präsentiert wird.

In Kapitel 4.3.2.1 wurde gezeigt, dass sich bei geeigneten Inspektionskonstellation die Normalen längs einer Sichtrichtung nur wenig ändern. Dies führt zu einer schwachen Abhängigkeit der rechten Seite von Gleichung (7.8) von $f(x,y)$. Eine vollständige Entfernung dieser Abhängigkeit kann durch eine sukzessive Approximation von $f(x,y)$ erfolgen, wobei als Ausgangsfläche $f_0(x,y)$ beispielsweise eine Ebene angenommen werden kann. Dies motiviert die Idee eines iterativen Lösungsansatzes für das Rekonstruktionsproblem in Gleichung (7.8) durch sukzessives Lösen der linearen Neumann-

Probleme für $i > 0$

$$-\Delta f_i(x,y) = \operatorname{div} q(x,y,f_{i-1}), \qquad (x,y)^\top \in \Omega_{xy},$$
$$\langle \nabla f_i(x,y) | \hat{o} \rangle = \langle -q(x,y,f_{i-1}) | \hat{o} \rangle, \qquad (x,y)^\top \in \partial\Omega_{xy}, \tag{7.9}$$
$$\int\limits_{\Omega_{xy}} f_i(x,y)\,\mathrm{d}x = 0$$

mit der initialen Fläche

$$f_0(x,y) = c(x,y).$$

Dabei kann $c(x,y)$ als konstante Funktion $c(x,y) = konst$ gewählt werden.

Aus der Theorie der partiellen Differentialgleichungen ist bekannt, dass zum linearen Problem nach Gleichung (7.9) äquivalente Variationsansätze existieren [Boc05], welche schwache Lösungen des Problems zulassen. Die Lösungen $f_i(x,y)$ sind dabei Elemente des Sobolevraums H^1 über Ω_{xy}, der verallgemeinerte Ableitungen erlaubt[75].

Zur Ableitung der Variationsformulierung (z. B. Jung und Langer [Jun01] oder Steinbach [Ste08]) wird zunächst der Raum V_0 der Testfunktionen definiert. Da es sich bei Gleichung (7.9) um ein Neumann-Problem handelt, werden Dirichletsche Randbedingungen bei der Wahl der Testfunktionen nicht berücksichtigt[76] und es gilt

$$V_0 = H^1(\Omega_{xy}).$$

Multiplikation der Differentialgleichung (7.9) mit einer Testfunktion $v \in V_0$ und Integration über Ω_{xy} liefert

$$-\int\limits_{\Omega_{xy}} \Delta f_i(x,y)\,v(x,y)\,\mathrm{d}x = \int\limits_{\Omega_{xy}} \operatorname{div} q(x,y,f_{i-1})\,v(x,y)\,\mathrm{d}x.$$

Partielle Integration dieser Gleichung führt zu

$$\int\limits_{\Omega_{xy}} \langle \nabla f_i | \nabla v \rangle\,\mathrm{d}x - \int\limits_{\partial\Omega_{xy}} \langle \nabla f_i | \hat{o} \rangle v\,\mathrm{d}o = \int\limits_{\Omega_{xy}} \operatorname{div} q(x,y,f_{i-1})\,v\,\mathrm{d}x.$$

---

[75]Zu Sobolevräumen siehe Adams und Fournier [Ada03].
[76]Bei Dirichletschen Randbedingungen wird stattdessen folgender Testfunktionenraum angesetzt: $V_0 = \{ v \in H^1(\Omega_{xy}) \mid v = 0 \text{ auf } \partial\Omega_{xy} \}$.

Als nächstes werden die Neumannschen Randbedingungen eingearbeitet. Dies liefert schließlich die literaturübliche Variationsformulierung des Poisson-Problems für beliebige rechte Seiten:

$$\int\limits_{\Omega_{xy}} \langle \nabla f_i | \nabla v \rangle \, \mathrm{d}x = \int\limits_{\Omega_{xy}} \mathrm{div}\, (q\,(x,y,f_{i-1}))\, v \, \mathrm{d}x - \int\limits_{\partial\Omega_{xy}} \langle q\,(x,y,f_{i-1}) \,|\, \hat{o} \rangle v \, \mathrm{d}o \, .$$

(7.10)

Da die rechte Seite der vorliegenden Poisson-Gleichung die Divergenz eines Vektorfeldes ist, liefert die Anwendung der Greenschen Formel auf den daraus resultierenden Divergenzterm in Gleichung (7.10)

$$\int\limits_{\Omega_{xy}} \mathrm{div}\, (q\,(x,y,f_{i-1}))\, v(x,y) \, \mathrm{d}x = - \int\limits_{\Omega_{xy}} \langle q\,(x,y,f_{i-1}) \,|\, \nabla v(x,y) \rangle \, \mathrm{d}x$$

$$+ \int\limits_{\partial\Omega_{xy}} \langle q\,(x,y,f_{i-1}) \,|\, \hat{o} \rangle v(x,y) \, \mathrm{d}o \, .$$

Damit kann Gleichung (7.10) weiter zur randwertfreien Darstellung

$$\int\limits_{\Omega_{xy}} \langle \nabla f_i | \nabla v \rangle \, \mathrm{d}x = - \int\limits_{\Omega_{xy}} \langle q\,(x,y,f_{i-1}) \,|\, \nabla v \rangle \, \mathrm{d}x$$

vereinfacht werden.

Anstelle einer direkten Lösung von Gleichung (7.9) werden also Lösungen $f_i(x,y) \in H^1(\Omega_{xy})$ des folgenden äquivalenten Variationsproblems gesucht:

$$a(f_i, v) = Q(v) \quad \forall v \in V_0 \, ,$$

(7.11)

mit der Bilinearform

$$a(f_i, v) = \int\limits_{\Omega_{xy}} \langle \nabla f_i(x,y) | \nabla v(x,y) \rangle \, \mathrm{d}x \, ,$$

(7.12)

und der Linearform

$$Q(v) = - \int\limits_{\Omega_{xy}} \langle q\,(x,y,f_{i-1}) \,|\, \nabla v(x,y) \rangle \, \mathrm{d}x \, .$$

(7.13)

Das Variationsproblem (7.11) ist für symmetrische und positive Bilinearformen (z. B. Gleichung (7.12)) äquivalent zum folgenden Minimierungsproblem:

$$\text{Gesucht ist} \quad f_i \in H^1(\Omega_{xy}) \quad \text{so dass} \quad J(f_i) = \inf_{g \in H^1} J(g),$$

mit dem *Ritz*schen Energiefunktional

$$J(g) = \frac{1}{2}a(g,g) - Q(g).$$

Einsetzen der Gleichungen (7.12) und (7.13) in dieses Energiefunktional liefert

$$J(g) = \frac{1}{2}\int_{\Omega_{xy}} \langle \nabla g(x,y) | \nabla g(x,y) \rangle \, dx + \int_{\Omega_{xy}} \langle q(x,y,f_{i-1}) | \nabla g(x,y) \rangle \, dx,$$

bzw.

$$J(g) = \int_{\Omega_{xy}} \frac{1}{2}\|\nabla g\|^2 + \langle \nabla g | q \rangle \, dx.$$

Addition der positiven Konstanten[77] $\frac{1}{2}\int_{\Omega_{xy}}\|q\|^2 \, dx$ liefert schließlich nach Ausklammern von -1 das Ergebnis

$$J(f_i) = \inf_{g \in H^1} J(g), \quad f_i \in H^1(\Omega_{xy}),$$

$$J(g) = \frac{1}{2}\int_{\Omega_{xy}} \|-\nabla g - q\|^2 \, dx.$$

Eine Lösung des zum Neumann-Problem äquivalenten Variationsproblems (7.11) führt auf das Gradientenanpassungsproblem: Gesucht ist die Funktion $f_i \in H^1(\Omega_{xy})$, so dass die Gradienten von f_i möglichst gut mit den durch die Messung induzierten Gradienten übereinstimmen. Dies ist die tiefere Begründung für die Anwendung des Divergenzoperators in Gleichung (7.8). Eine weitere Begründung liefert die Betrachtung der *Hodge*-Zerlegung eines Vektorfeldes $F = \nabla\varphi + \nabla \times A + H$ in einen rotationsfreien Anteil φ (das Skalarpotential), einen divergenzfreien Anteil A (das

---

[77]Dies ändert nicht den Wert des Minimums von $J(g)$, da das Integral nur von der Messung $\hat{n}_m$ abhängt.

Vektorpotential) und in harmonische Komponenten H (vgl. [Ton03]). Die Hodge-Zerlegung des reduzierten Normalenfeldes $-q = \nabla f + \nabla \times A + H$ führt zur Interpretation von Gleichung (7.8) als Normalisierung des Vektorfeldes q, in dem Sinne, dass dadurch die Existenz des Skalarpotentials f gesichert wird.

Damit stehen zwei Lösungszugänge zum deflektometrischen Rekonstruktionsproblem basierend auf einer nichtlinearen Poisson-Gleichung zur Verfügung: iterative Bestimmung einer klassischen Lösung mittels Gleichung (7.9) oder einer schwachen Lösung durch Lösen des äquivalenten Variationsproblems (7.11) – (7.13).

Zwei Fragestellungen bleiben noch zu beantworten: erstens die Frage nach der Regularisierung des Rekonstruktionsproblems, da Lösungen von Gleichung (7.9) oder (7.11) nur ein Element aus der Lösungsmenge liefern (jenes für das $\int_{\Omega_{xy}} f(x,y)\, dx = 0$ gilt) und zweitens die Frage nach der Konvergenz des iterativen Ansatzes.

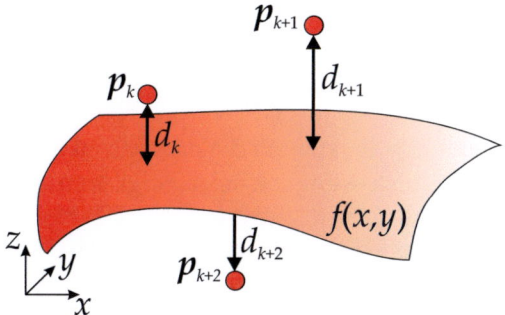

Abbildung 7.2: Anpassung der Fläche $f(x,y)$ an gegebene Regularisierungspunkte $\{p_k\}$.

Stehen zusätzliche Oberflächenpunkte $p_k = (x_k, y_k, z_k)^\top$ z. B. infolge eines der Regularisierungsverfahren aus Kapitel 3.6 zur Verfügung, können diese Punkte zur Auswahl einer Lösung aus dem Lösungsraum des deflektometrischen Rekonstruktionsproblems benutzt werden.

Sei $d_k = \|z_k - f(x_k, y_k)\|$ nach Abbildung 7.2 der Abstand des Regularisierungspunktes p_k von einer Lösungsfläche f des nichtlinearen Poisson-

Problems (Gleichung (7.8)). Gilt für diese Lösung

$$\frac{1}{2}\sum_k {d_k}^2 = \frac{1}{2}\sum_k \|z_k - f(x_k, y_k)\|^2 \to \min, \tag{7.14}$$

dann ist die Lösungsfläche f optimal hinsichtlich der Übereinstimmung der Oberflächenormalen mit den auf der deflektometrischen Messung beruhenden Normalen und hinsichtlich der Lage bezüglich vorgegebener Punkte im Raum.

Wie lässt sich der iterative Lösungsansatz basierend auf der sukzessiven Lösung der linearen Probleme nach Gleichung (7.9) mit der Optimalitätsforderung bezüglich der Lage verbinden? Da für eine Lösung f_i des linearen Problems immer $\int_{\Omega_{xy}} f_i(x, y)\, dx = 0$ gilt, eine Lösung des linearen Problems also immer um 0 zentriert ist, muss diese Lösung so projiziert (bzw. verschoben) werden, dass sie nach jedem Iterationsschritt immer den minimalen Abstand zu den Regularisierungspunkten behält (also Gleichung (7.14) für jeden Iterationsschritt erfüllt wird). Für diese projizierten Flächen $\tilde{f}_i$ und $\tilde{f}_{i-1}$ gilt bei Konvergenz des Verfahrens $\|\tilde{f}_i - \tilde{f}_{i-1}\| < \epsilon$ mit dem vorzugebenden Abbruchkriterium $\epsilon > 0$; $\tilde{f}_i$ erfüllt dann beide Optimierungsaufgaben: das Gradienten- und das Lageanpassungsproblem.

Für die Projektion bzw. Verschiebung der Lösung f_i gibt es zwei Strategien:

1. In Kamerakoordinaten können die projektiven Eigenschaften der deflektometrischen Messung berücksichtigt werden. Dadurch liegen korrespondierende Oberflächenpunkte auf Sichtstrahlen der Kamera und müssen längs diesen verschoben werden. Punkte auf der Lösungsfläche f_i werden damit gemäß

$$\begin{pmatrix} x \\ y \\ z \end{pmatrix} \longmapsto \begin{pmatrix} \tilde{x} \\ \tilde{y} \\ \tilde{z} \end{pmatrix} = \frac{f_i(x, y) + c}{f_i(x, y)} \begin{pmatrix} x \\ y \\ f_i(x, y) \end{pmatrix}, \quad c \in \mathbb{R} \tag{7.15}$$

transformiert. Die Konstante c ist dabei so zu bestimmen, dass das Langeanpassungsproblem an die Regularisierungspunkte $\{(x_k, y_k, z_k)^\top\}$ für die projizierte Fläche erfüllt wird:

$$c = \arg\min_{\varsigma \in \mathbb{R}} \frac{1}{2} \sum_k \left\| \begin{pmatrix} x_k \\ y_k \\ z_k \end{pmatrix} - \frac{f_i(x_k, y_k) + \varsigma}{f_i(x_k, y_k)} \begin{pmatrix} x_k \\ y_k \\ f_i(x_k, y_k) \end{pmatrix} \right\|^2. \tag{7.16}$$

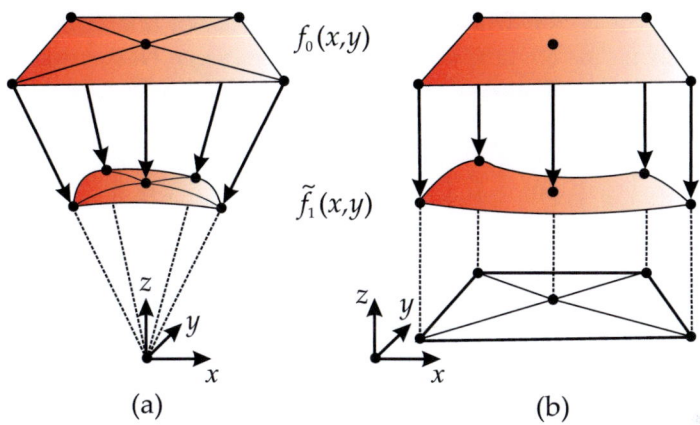

Abbildung 7.3: Flächenprojektion: Teilbild (a): perspektivische Projektion bei Kamerakoordinaten und Teilbild (b): Parallelprojektion bei Weltkoordinaten.

Abbildung 7.3 (a) zeigt beispielhaft die ebene Ausgangsfläche f_0 und die in Richtung des optischen Zentrums projizierte Fläche $\tilde{f}_1$ nach der ersten Iteration.

Die entscheidenden Vorteile dieses Vorgehens sind zum einen die Invarianz der Topologie der Flächentriangulation, wobei lediglich die Geometrie der Netzpunkte geändert wird und zum anderen die Möglichkeit einer Prüfkonstellation mit geringen Änderungen der Normalen längs Sichtstrahlen, was infolge der damit erreichbaren Linearisierung des Rekonstruktionsproblems zu sehr guter Konvergenz des Verfahrens führt.

Der Nachteil liegt in den durch die Projektion eingeführten ungleichmäßigen Gitterabständen, was den effizienten Einsatz schneller Verfahren wie z. B. den Finiten-Differenz-Methoden erschwert.

2. Wird die Rekonstruktionsaufgabe in Weltkoordinaten behandelt, so bleiben die Gitterabstände einer regelmäßigen Flächentriangulation bei einer Parallelverschiebung der Lösungsfläche[78]

$$
\begin{pmatrix} x \\ y \\ z \end{pmatrix} \longmapsto \begin{pmatrix} \tilde{x} \\ \tilde{y} \\ \tilde{z} \end{pmatrix} = \begin{pmatrix} x \\ y \\ f_i(x,y) + c \end{pmatrix}, \quad c \in \mathbb{R} \tag{7.17}
$$

erhalten (vgl. Abbildung 7.3 (b)), was eine effiziente Lösung des Rekonstruktionsproblems erlaubt.

Die Konstante c wird hierbei bestimmt durch

$$
c = \arg\min_{\varsigma \in \mathbb{R}} \frac{1}{2} \sum_k \| z_k - f_i(x_k, y_k) - \varsigma \|^2. \tag{7.18}
$$

Nachteilig erweist sich dabei jedoch eine möglicherweise benötigte Retriangulierung der Fläche am Rand, da infolge der Verschiebung der Lösungsfläche diese aus dem Sichtkegel der Kamera hinaus wandern kann.

Eine Behandlung des Rekonstruktionsproblems in Weltkoordinaten ist demnach dann sinnvoll, wenn das Prüfgebiet a priori so begrenzt werden kann, dass auf eine Änderung des (gleichmäßigen) Netzes verzichtet werden kann.

Der iterative Lösungsansatz wird schließlich für beide Projektionsstrategien in den Algorithmen 7.1 und 7.2 zusammengefasst.

Bemerkung: Die Formulierung des Rekonstruktionsansatzes mittels der Poisson-Gleichung hat noch den weiteren Vorteil, dass lokale Bereiche mit ungültigen Messwerten (d. h. $\hat{n}_m = 0$) einfach interpoliert werden können: div $(\hat{n}_m) = 0$ bedeutet dann Interpolation mit einer Fläche verschwindender mittlerer Krümmung, also einer Minimalfläche.

Es bleibt die Frage nach der Konvergenz dieses Algorithmus zu beantworten.

---

[78]Mit f_i ist auch $\tilde{f}_i = f_i + konst$ Lösung des Neumann-Problems der linearen Poisson-Gleichung.

Algorithmus 7.1 Iterative Rekonstruktion spiegelnder Flächen – Kamerakoordinaten.

1: Gegeben: Prüfbereich $\Omega \subset \mathbb{R}^3$, das deflektometrische Normalenfeld $\hat{n}_m(\Omega)$ und eine nichtleere Menge an Regularisierungspunkten $\{p_k \mid p_k \in \Omega\} \neq \emptyset$
2: Setze $f_1 = konst$ // Modellinformationen können genutzt werden
3: Setze Abbruchbedingung $\epsilon > 0$
4: Erzeuge eine Triangulierung $\mathcal{T}$ auf $\Omega \cap f_{i-1} \rightarrow (\Omega_{xy}, \mathcal{T})$
5: **repeat**
6:    $f_{i-1} \leftarrow f_i$
7:    Berechne div q an den Knoten von $\mathcal{T}$
8:    Berechne q an den Randknoten von $\mathcal{T}$
9:    Löse PDE (7.9) bzw. Variationsproblem (7.11) auf $\mathcal{T} \rightarrow f_i$
10:    Berechne die Konstante c nach Gleichung (7.16) $\rightarrow c$
11:    Projiziere die Knoten von $\mathcal{T}$ und f_i nach Gleichung (7.15) $\rightarrow f_i$
12: **until** $\|f_i - f_{i-1}\| < \epsilon$

Algorithmus 7.2 Iterative Rekonstruktion spiegelnder Flächen – Weltkoordinaten.

1: Gegeben: Prüfbereich $\Omega \subset \mathbb{R}^3$, das deflektometrische Normalenfeld $\hat{n}_m(\Omega)$ und eine nichtleere Menge an Regularisierungspunkten $\{p_k \mid p_k \in \Omega\} \neq \emptyset$.
2: Setze $f_1 = konst.$ // Modellinformationen können genutzt werden.
3: Setze Abbruchbedingung $\epsilon > 0$.
4: **repeat**
5:    $f_{i-1} \leftarrow f_i$
6:    Erzeuge eine (Re-)Triangulierung $\mathcal{T}$ auf $\Omega \cap f_{i-1} \rightarrow (\Omega_{xy}, \mathcal{T})$
7:    Berechne div q an den Knoten von $\mathcal{T}$
8:    Berechne q an den Randknoten von $\mathcal{T}$
9:    Löse PDE (7.9) bzw. Variationsproblem (7.11) auf $\mathcal{T} \rightarrow f_i$
10:    Berechne die Konstante c nach Gleichung (7.18) $\rightarrow c$
11:    Projiziere die Knoten von $\mathcal{T}$ und f_i nach Gleichung (7.17) $\rightarrow f_i$
12: **until** $\|f_i - f_{i-1}\| < \epsilon$

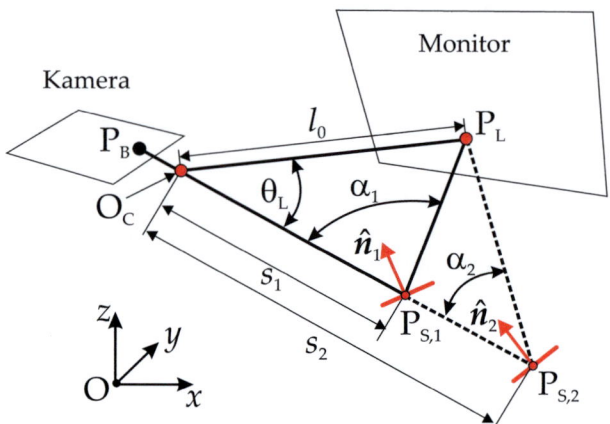

Abbildung 7.4: Zur Winkeländerung der Normalen längs eines Sichtstrahls.

7.1.5 Konvergenz des Rekonstruktionsalgorithmus

Die Konvergenz des iterativen Rekonstruktionsverfahrens soll mittels Banachschem Fixpunktsatz gezeigt werden, wobei der Nachweis der kontrahierenden Abbildung über die Beschränkung der Normalenänderung längs Sichtstrahlen geführt wird.

Gegeben sei die deflektometrische Messung, womit für jeden Punkt auf dem Sichtstrahl $s = s\hat{s}$ der korrespondierende Vektor l zum Monitor bekannt ist. Damit ist der Winkel zwischen l und s

$$\theta_L = \arccos\langle\hat{s}|\,\hat{l}\rangle$$

ebenfalls bekannt. Anwendung des Tangens- und Winkelsummensatzes auf das Dreieck $\triangle(O_C, P_{s,1}, P_L)$ in Abbildung 7.4 liefert den Winkel

$$\alpha_1 = \frac{\pi - \theta_L}{2} + \arctan\left(\frac{l_0 - s_1}{l_0 + s_1}\cot\frac{\theta_L}{2}\right).$$

Analog gilt für das Dreieck $\triangle(O_C, P_{s,2}, P_L)$:

$$\alpha_2 = \frac{\pi - \theta_L}{2} + \arctan\left(\frac{l_0 - s_2}{l_0 + s_2}\cot\frac{\theta_L}{2}\right).$$

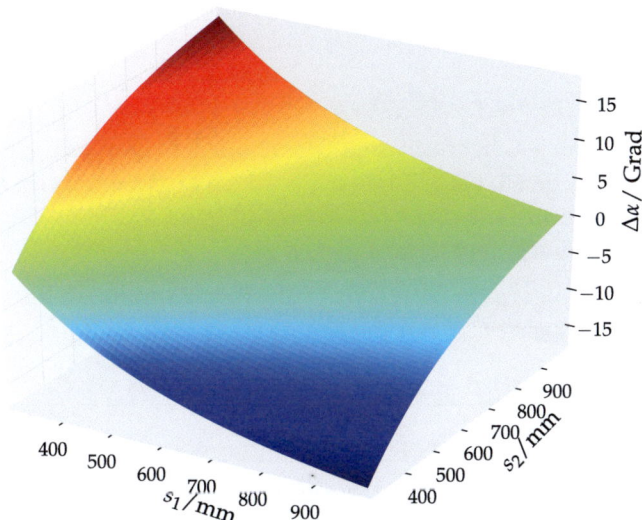

Abbildung 7.5: Gesamte Winkeländerung der Normalen längs eines Sichtstrahls von s_1 nach s_2 nach Abbildung 7.4.

Damit gilt für die gesamte Winkeländerung der Normalen von s_1 nach s_2:

$$\Delta\alpha = \frac{\alpha_1 - \alpha_2}{2} = \frac{1}{2}\left[\arctan\left(\frac{l_0 - s_1}{l_0 + s_1}\cot\frac{\theta_L}{2}\right) - \arctan\left(\frac{l_0 - s_2}{l_0 + s_2}\cot\frac{\theta_L}{2}\right)\right].$$
(7.19)

In Abbildung 7.5 ist diese Winkeländerung in Abhängigkeit von s_1 und s_2 für eine realistische Prüfkonstellation mit $l_0 = 300\,\text{mm}$ und $\theta_L = 75°$ dargestellt.

Kann für eine Prüfsituation die mögliche Objektlage auf einen Bereich von s_1 bis s_2 je Sichtstrahlrichtung beschränkt werden, dann ist durch Gleichung (7.19) die maximale Normalenänderung in diesem Bereich gegeben.

Eine Iteration des Rekonstruktionsalgorithmus 7.1 kann als Funktional

$$\mathcal{K} : H^1(\Omega_{xy}) \to H^1(\Omega_{xy}), \quad f_i = \mathcal{K}(f_{i-1})$$

aufgefasst werden, wobei ein Regularisierungspunkt $p_k \in \Omega$ vorausgesetzt wird.

Bei Konvergenz gilt die Fixpunktgleichung

$$f = \mathcal{K}(f)$$

mit dem Fixpunkt $f \in \mathrm{H}^1(\Omega_{xy})$.

Ein Funktional $\mathcal{K}$ hat nach dem Banachschen Fixpunktsatz (z. B. Göpfert et al. [Göp09]) genau dann einen eindeutigen Fixpunkt, wenn $\mathcal{K}$ eine kontrahierende Abbildung einer nichtleeren abgeschlossenen Menge eines vollständigen metrischen Raums in sich ist.

Da der Sobolevraum $\mathrm{H}^1(\Omega_{xy}{}')$ [79] ein Banachraum ist, braucht auf einer Teilmenge $\Omega_{xy}{}' \subset \Omega_{xy}$ nur die Kontraktionsbedingung

$$d\left(\mathcal{K}(f), \mathcal{K}(g)\right) \leq k_L \, d(f, g) \quad \forall \, f, g \in \mathrm{H}^1(\Omega_{xy}{}')$$

gezeigt zu werden. Dabei ist k_L eine Lipschitz-Konstante mit $0 \leq k_L < 1$ und $d(\cdot, \cdot)$ der Abstand der Funktionen f und g

$$d\left(f, g\right) = \max_{\hat{s} \in M_{\hat{s}}} \|P[\hat{s}] \cap S_f - P[\hat{s}] \cap S_g\|,$$

definiert über den euklidschen Abstand der Schnittpunkte der Sichtstrahlen mit den Funktionsgraphen S_f, S_g der Funktionen f und g. Dabei bezeichnet $P[\hat{s}] := \{ w \mid w = \mu \hat{s}, \, \mu > 0 \}$ die Menge der Punkte auf dem Sichtstrahl in Richtung $\hat{s}$.

Seien f, g stetig differenzierbare Funktionen aus $\mathrm{H}^1(\Omega_{xy}{}')$ und p_k ein Regularisierungspunkt, der o. B. d. A. an den Rand des Inspektionsbereichs Ω' gelegt wird (vgl. Abbildung 7.6). Beide Funktionen selektieren Normalen aus dem deflektometrischen Normalenfeld $\hat{n}_m$ (bzw. Gradientenfeld q). Der maximale Abstand der Funktionen beträgt dabei $d(f, g)$. Damit liegt g zwischen $f^+ = f + z_d$ und $f^- = f - z_d$ mit $z_d(x, y) = d(f, g)$ (vgl. Abbildung 7.6 (a)). Die Normalen ändern sich längs der Sichtstrahlen von f^- nach f^+ streng monoton gemäß Gleichung (7.19) (vgl. dazu auch Abbildung 7.5). Die Normalenänderung ist damit beschränkt und die Funktion g selektiert Normalen aus diesem beschränkten Bereich. Der Rekonstruktionsalgorithmus erzwingt, dass sich die Bildfunktionen $\mathcal{K}(g), \mathcal{K}(f), \mathcal{K}(f^+), \mathcal{K}(f^-)$ alle

---

[79] Da die zu rekonstruierende Fläche aus praktischen Gründen nicht überall im Kamerasichtkegel Ω liegen kann, kann dieser auf einen sinnvollen Teilbereich Ω' beschränkt werden. Damit wird auch der Definitionsbereich der Funktionen zur Flächenbeschreibung auf $\Omega_{xy}{}'$ beschränkt.

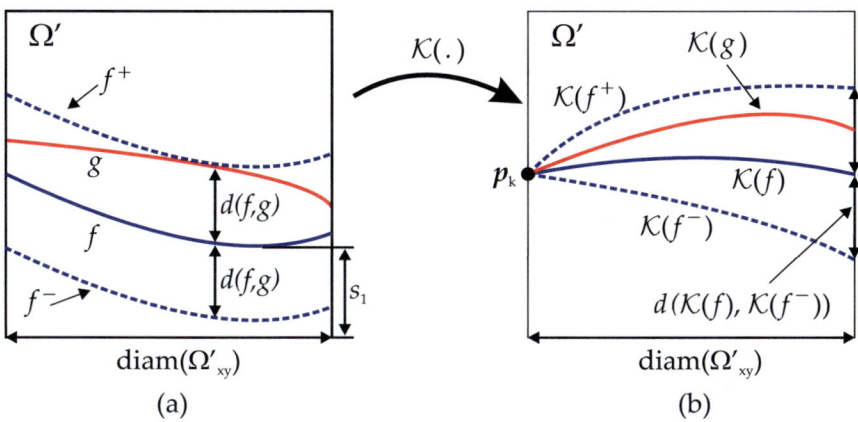

Abbildung 7.6: Abbildung beschränkter Funktionen f, g durch das Funktional $\mathcal{K}$.

im Regularisierungspunkt p_k schneiden (Abbildung 7.6 (b)). Aufgrund der durch f^- und f^+ beschränkten Normalenselektion und der Regularisierung durch p_k muss $\mathcal{K}(g)$ zwischen $\mathcal{K}(f^-)$ und $\mathcal{K}(f^+)$ liegen. Damit gilt für den Abstand der Bilder von f und g:

$$d\left(\mathcal{K}(g),\mathcal{K}(f)\right) \leq \max\left\{d\left(\mathcal{K}(f),\mathcal{K}(f^+)\right), d\left(\mathcal{K}(f),\mathcal{K}(f^-)\right)\right\} .$$

Zum Nachweis der Kontraktionsbedingung wird eine Abschätzung nach oben von $d\left(\mathcal{K}(f),\mathcal{K}(f^+)\right)$ bzw. $d\left(\mathcal{K}(f),\mathcal{K}(f^-)\right)$ in Abhängigkeit von $d(f,g)$ benötigt. Dazu wird die Winkeländerung der Normalen längs eines Sichtstahls von f nach g nach Gleichung (7.19) mit

$$\Delta\alpha = \frac{1}{2}\left[\arctan\left(\frac{l_0 - f}{l_0 + f}\cot\frac{\theta_L}{2}\right) - \arctan\left(\frac{l_0 - g}{l_0 + g}\cot\frac{\theta_L}{2}\right)\right]$$

abgeschätzt. Die Menge der Sichtstrahlen und der Monitorpunkte ist kompakt, daher existiert ein $l_{0,\max}$ und ein $\theta_{L,\max}$, so dass die Winkeländerung zwischen den Normalen maximal wird. Weiter ist die Winkeländerung nach Abbildung 7.5 umso größer je kleiner s_1 ist. Setzt man als minimalen Wert

s_1 nach Abbildung 7.6, erhält man für die maximale Änderung

$$\Delta\alpha_{max}\left(d(f,g)\right) = \frac{1}{2}\left[\arctan\left(\frac{l_{0,max}-s_1}{l_{0,max}+s_1}\cot\frac{\theta_{L,max}}{2}\right) - \right.$$
$$\left. \arctan\left(\frac{l_{0,max}-s_1-d(f,g)}{l_{0,max}+s_1+d(f,g)}\cot\frac{\theta_{L,max}}{2}\right)\right]. \tag{7.20}$$

Diese maximale Winkeländerung muss in Bezug zu Lösungen $\mathcal{K}(f^+)$ und $\mathcal{K}(f)$ gesetzt werden (analog für $\mathcal{K}(f^-)$ und $\mathcal{K}(f)$). Betrachtet man dazu das äquivalenten Rekonstruktionsproblem $f_i = \mathcal{K}(f_{i-1})\ :\ -\nabla f_i(x,y) = q(x,y,f_{i-1})$ dann gilt

$$-\nabla\mathcal{K}(f^+) = q(x,y,f^+) \tag{7.21}$$

und analog $-\nabla\mathcal{K}(f) = q(x,y,f)$. Die rechte Seite von Gleichung (7.21) kann aufgrund der maximalen Winkeländerung wie folgt abgeschätzt werden[80]

$$q(x,y,f^+(x,y)) \geq q(x,y,f(x,y)) + q_{z_d}(x,y)$$

mit

$$q_{z_d}(x,y) = -\begin{pmatrix}\tan\Delta\alpha_{max}\\\tan\Delta\alpha_{max}\end{pmatrix}.$$

Damit gilt

$$-\nabla\mathcal{K}(f^+) \geq -\nabla\mathcal{K}(f) + q_{z_d}.$$

Dies bedeutet, dass sich die Lösungen $\mathcal{K}(f^+)$ und $\mathcal{K}(f)$ maximal um die Lösung von

$$\nabla\left(\mathcal{K}(f^+) - \mathcal{K}(f)\right) \leq= -q_{z_d} = (\tan\Delta\alpha_{max},\ \tan\Delta\alpha_{max})^\top$$

unterscheiden.

---

[80]Man beachte, dass $q = \begin{pmatrix}\hat{n}_{m,1}/\hat{n}_{m,3}\\\hat{n}_{m,2}/\hat{n}_{m,3}\end{pmatrix} = -\begin{pmatrix}\tan\alpha_1\\\tan\alpha_2\end{pmatrix}$ die negativen Gradienten in x- und y-Richtung beschreibt, da aufgrund der Vorzeichenkonvention $-\nabla f$ parallel und richtungsgleich zu $\hat{n}_m$ ist und dadurch eine Winkeländerung $\Delta\alpha$ der Normalen einer Neigungsänderung $-\tan\Delta\alpha$ der Tangetialebene von f entspricht.

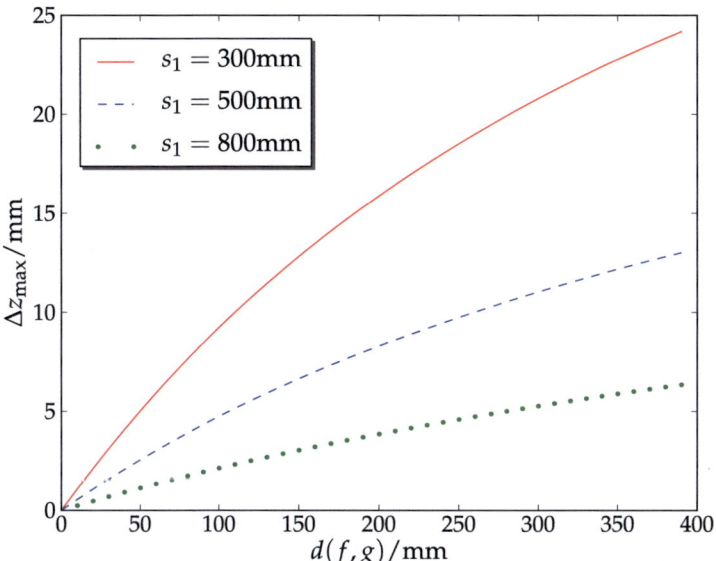

Abbildung 7.7: Maximale Höhenänderung Δz_{max} einer Lösung bei Einschränkung der Normalenselektion auf einen Bereich von $s_1 + d(f,g)$ nach Gleichung (7.22).

Sei $\mathrm{diam}(\Omega_{xy}{}')$ die größte Ausdehnung des Prüfobjektes in der xy-Ebene, dann wird damit die maximale Abweichung einer Fläche $\mathcal{K}(f^+)$ von $\mathcal{K}(f)$ bestimmt durch

$$
\Delta z_{max}\left(d(f,g)\right) = \int\limits_{0}^{\mathrm{diam}(\Omega_{xy}{}')} \tan(\Delta\alpha_{max})\,\mathrm{d}x
$$

$$
= \mathrm{diam}(\Omega_{xy}{}')\,\tan\left(\Delta\alpha_{max}\left(d(f,g)\right)\right)\,. \tag{7.22}
$$

Somit ist

$$
d\left(\mathcal{K}(f^+),\mathcal{K}(f)\right) \leq \Delta z_{max}\left(d(f,g)\right) \leq k_{L}\,d(f,g)\,.
$$

Die Lipschitz-Konstante k_L lässt sich aus dieser Gleichung zusammen mit den Gleichungen (7.20) und (7.22) abschätzen:

$$\Delta z_{max}\left(d(f,g)\right) = \text{diam}(\Omega_{xy}{}') \tan\left(\Delta\alpha_{max}\left(d(f,g)\right)\right)$$
$$< \text{diam}(\Omega_{xy}{}') \tan\left(2\Delta\alpha_{max}\left(d(f,g)\right)\right)$$
$$= \text{diam}(\Omega_{xy}{}') \frac{\frac{A}{B}C - \frac{A-d}{B+d}C}{1 + \frac{A}{B}C\frac{A-d}{B+d}C}$$
$$= \text{diam}(\Omega_{xy}{}') \frac{C(A+B)d}{A^2C^2 + B^2 + (B - AC^2)d}$$

mit $A = l_{0,max} - s_1$, $B = l_{0,max} + s_1$ und $C = \cot\frac{\theta_{L,max}}{2}$.

Gilt

$$(B - AC^2) \geq 0$$
$$\Leftrightarrow l_{0,max} + s_1 \geq (l_{0,max} - s_1)\cot^2\frac{\theta_{L,max}}{2}$$

was für eine Prüfkonstellation einfach zu erfüllen ist (z. B. mit $s_1 \geq l_{0,max}$, d. h. die minimale Objektentfernung s_1 sei größer als die maximale Entfernung $l_{0,max}$ eines Monitorpunktes von der Kamera), dann ist

$$\Delta z_{max}\left(d(f,g)\right) < \text{diam}(\Omega_{xy}{}')\frac{C(A+B)}{A^2C^2 + B^2}\, d(f,g).$$

Also gilt dann für die Lipschitzkonstante

$$k_L = \frac{2l_{0,max}\cot\frac{\theta_{L,max}}{2}}{(l_{0,max} + s_1)^2 + (l_{0,max} - s_1)^2\cot^2\frac{\theta_{L,max}}{2}}.$$

Im Beispiel $l_{0,max} = 300\,\text{mm}$, $s_1 = 500\,\text{mm}$, $\theta_{L,max} = 75°$ und $\text{diam}(\Omega_{xy}{}') = 100\,\text{mm}$ ist $k_L = 0.11$.

Bei typischen Prüfkonstellationen, wie sie mit dem kompakten Sensorkopf nach Kapitel 4 gegeben sind, ist diese Konstante kleiner eins und damit $\mathcal{K}$ eine kontrahierende Abbildung. Daraus folgt die eindeutige Existenz des Fixpunktes $f = \mathcal{K}(f)$ und damit die Konvergenz der Rekonstruktionsalgorithmen.

In Abbildung 7.7 ist Δz_{max} für eine beispielhafte Prüfkonstellation mit $l_{0,max} = 300\,\text{mm}$ und $\theta_{L,max} = 75°$ für verschiedene minimale s_1 dargestellt.

Abbildung 7.8: Initiale Fläche und Rekonstruktion eines Kugelpatches.

Man sieht, dass bei diesem Praxisbeispiel $\Delta z_{max} < d(f, g)$ gilt und damit die Lipschitz-Konstante $k_L < 1/10$ was obige grobe Abschätzung bestätigt. Dies begründet damit das beobachtete gute Konvergenzverhalten der Rekonstruktionsalgorithmen in praktischen Anwendungen.

In Abbildung 7.8 sind schließlich ein rekonstruierter Spiegelpatch und ein willkürlicher Schnitt durch das deflektometrische Normalenfeld als initiale Fläche dargestellt. Nach nur zwei bis vier Iterationen wird durch den hier beschriebenen Rekonstruktionsalgorithmus bei dem dieser Arbeit zugrunde liegenden deflektometrischen Sensorsystem ein für die industrielle Sichtprüfung hinreichend genaues Endergebnis erreicht.

7.1.6   Inhomogene Helmholtz-Gleichung

Kennt man (z. B. über ein Modell) eine approximierte Lösungsfläche f_0 kann man das Rekonstruktionsproblems in der Form der nichtlinearen Poisson-Problems nach Gleichung (7.8) in ein lineares Problem mit bekannten Existenz- und Eindeutigkeitsaussagen überführen.

Eine Taylor-Entwicklung des nichtlinearen Teils von

$$-\Delta f(x, y) = \operatorname{div} \boldsymbol{q}\,(x, y, f(x, y))$$

liefert

$$\operatorname{div} q(x, y, f) \approx \operatorname{div} q(x, y, f_0) + \langle \nabla \left(\operatorname{div} q \right) \mid \hat{e}_z \rangle (f - f_0) .$$

Damit wird die nichtlineare Poisson-Gleichung zu einer inhomogenen Helmholtz-Gleichung

$$-\Delta f(x, y) - \frac{\partial \operatorname{div} q(x, y, f_0)}{\partial z} f(x, y) = \operatorname{div} q(x, y, f_0) - \frac{\partial \operatorname{div} q(x, y, f_0)}{\partial z} f_0 .$$

(7.23)

Gilt

$$-\frac{\partial \operatorname{div} q(x, y, z)}{\partial z} \geq c_0 > 0 ,$$

dann ist die zugeordnete Bilinearform V-elliptisch auf $V = H^1(\Omega_{xy})$ (siehe Großmann und Roos [Gro05]) und das Lax-Milgram-Lemma (vgl. Anhang A.1) sichert die eindeutige Existenz schwacher Lösungen.

Längs Sichtstrahlen ändern sich die Normalenrichtungen streng monoton[81]. Zusätzlich gilt, dass die Lösungsfläche des Rekonstruktionsproblems für sehr große Abstände durch eine Ebene approximiert werden kann. Daraus folgt, dass die mittlere Krümmung $K_M = -\operatorname{div} \hat{n}_m$ der Lösungsflächen bei zunehmendem Abstand von der Kamera streng monoton abnimmt[82]. Damit gilt

$$\frac{\partial \operatorname{div} q(x, y, z)}{\partial z} < 0 \quad \forall \, (x, y, z)^\top \in \Omega$$

und die V-Elliptizität der Gleichung (7.23) ist gesichert. Ist eine gute Schätzung f_0 der zu rekonstruierenden Fläche verfügbar, liefert die Helmholtz-Gleichung (7.23) einen zur nichtlinearen Poisson-Gleichung alternativen Rekonstruktionsansatz. Da die rechte Seite der Helmholtz-Gleichung eine zusätzliche Ableitung der Divergenz von q enthält wird dieser Lösungsansatz in der vorliegenden Arbeit nicht weiter verfolgt.

---

[81] Die Normalen liegen alle in der vom Sichtstrahl s und vom reflektierten Strahl s_r aufgespannten Ebene, wobei der Winkel zwischen den Normalen und dem Sichtstrahl bei zunehmender Entfernung vom Kameraursprung streng monoton abnimmt.

[82] Bei kleinen Höhenänderungen der Fläche in Relation zur Kameraentfernung können die dabei auftretenden perspektivischen Effekte zusätzlich vernachlässigt werden.

7.2 Rekonstruktion und Niveauflächen

Nach der Behandlung des Rekonstruktionsproblems bei einer Flächendarstellung mittels Funktionsgraphen (dem expliziten Fall) wird in diesem Abschnitt die zu rekonstruierende Oberfläche als Niveaufläche einer differenzierbaren Funktion $\varphi : \mathbb{R}^3 \supset \Omega \to \mathbb{R}$, $x \mapsto \varphi(x)$ betrachtet (impliziter Fall). Diese implizite Flächenbeschreibung ermöglicht die Gewinnung von Simultanlösungen, d. h. die Gewinnung von *allen* hypothetischen Flächen in einem Lösungsvolumen. Darüber hinaus erhält man durch diesen Ansatz weitere Einsichten in die Lösungsstruktur des deflektometrischen Rekonstruktionsproblems. Eine gute Einführung in die Flächenbeschreibung mittels Niveau- und Distanzfunktionen geben Osher und Fedkiw [Osh03].

Die Repräsentation der Oberfläche S erfolgt hier mittels Niveau– oder Isokonturfläche einer impliziten Funktion $\varphi(x)$:

$$S = \{ x \in \Omega \mid \varphi(x) = 0 \} .$$

Bemerkung: Die Wahl des Niveaus $\varphi(x) = 0$ ist beliebig, denn für eine beliebige Funktion $\tilde{\varphi}(x)$ und einer Niveaufläche $\tilde{\varphi}(x) = konst$ können wir $\varphi(x) = \tilde{\varphi}(x) - konst$ definieren. Beide Funktionen sind bis auf eine Translation identisch, sie haben insbesondere die gleichen Gradienten und Krümmungen.

Die Werte $\varphi(x) = c$ definieren nicht nur eine Fläche sondern eine ganze Niveauflächenschar

$$S_c = \{ x \in \Omega \mid \varphi(x) = c, c \in \Xi \subset \mathbb{R} \} , \quad \Omega = \bigcup_c S_c .$$

An jedem Punkt $x \in \Omega$ ist die Normale an die Niveaufläche $\varphi(x) = c$ gegeben durch

$$\hat{n}(x) = \frac{\nabla \varphi(x)}{\|\nabla \varphi(x)\|} ,$$

und die mittlere Krümmung dieser Niveaufläche durch (vgl. Goldman [Gol05])

$$K_M(x) = -\operatorname{div} \hat{n}(x) = -\operatorname{div} \left(\frac{\nabla \varphi(x)}{\|\nabla \varphi(x)\|} \right) = \frac{\nabla \varphi^\top \mathbf{H}(\varphi) \nabla \varphi - \|\nabla \varphi\|^2 \Delta \varphi}{2\|\nabla \varphi\|^3} ,$$

mit der Hesse-Matrix $H(\varphi) = [\frac{\partial^2 \varphi}{\partial x_i \partial x_j}]_{i,j \in \{1,2,3\}}$. Da die Lösungsmannigfaltigkeit, d. h. die Menge aller hypothetischen Lösungen des deflektometrischen Rekonstruktionsproblems eindimensional ist (vgl. Balzer [Bal08]), lassen sich diese hypothetischen Flächen durch die Niveaumengen einer impliziten Funktion darstellen[83] Eine Niveauflächenschar S_c soll also *alle* Flächenhypothesen repräsentieren. Dafür müssen, bei einer ungestörten Messung, die *Richtungen* der Normalen an die Flächenhypothesen mit den auf der Messung basierenden Normalenrichtungen an jedem Punkt übereinstimmen:

$$\hat{n}(x) = \frac{\nabla \varphi(x)}{\|\nabla \varphi(x)\|} = \hat{n}_m(x) \quad \forall \, x \in \Omega. \tag{7.24}$$

Anwendung des Divergenzoperators auf beide Seiten der Gleichung liefert nach Multiplikation[84] mit -1 das Krümmungsanpassungsproblem bei impliziter Flächendarstellung (punktweise Übereinstimmung der mittleren Krümmung)[85]:

$$-\text{div} \frac{\nabla \varphi(x)}{\|\nabla \varphi(x)\|} = -\text{div}\, \hat{n}_m(x) \quad \forall \, x \in \Omega. \tag{7.25}$$

Die Quellen des induzierten Normalenfeldes sind also die mittleren Krümmungen der hypothetischen Lösungsflächen. Das Krümmungsanpassungsproblem wird durch eine nichtlineare partielle Differentialgleichung beschrieben.

Kann man zu einer linearen Variante von Gleichung (7.25) gelangen? Wir betrachten dazu folgende Zerlegung des induzierten Normalenfeldes $\hat{n}_m$:

$$\hat{n}_m = \frac{\nabla \varphi(x)}{\|\nabla \varphi(x)\|} = \nabla \varphi(x) + \left(\frac{1}{\|\nabla \varphi(x)\|} - 1 \right) \nabla \varphi(x). \tag{7.26}$$

---

[83]Die Flächen füllen den kompletten Beobachtungsbereich Ω aus und schneiden sich nicht. Gäbe es einen Schnitt, wäre an diesen Punkten die Flächennormale mehrdeutig, was im Widerspruch zur physikalischen Abbildung bei der zugrunde liegenden deflektometrischen Registrierung ist. Die Flächen sind also doppelpunktfrei.

[84]Siehe Gleichung (3.8), Seite 18.

[85]Das Problem lässt sich auch bezüglich der Gauß-Krümmung formulieren, liefert aber hier keinen weiteren Informationsgewinn.

Mit der Hodge-Zerlegung[86] des Vektorfelds $\hat{n}_m$ in drei Komponenten

$$\hat{n}_m = \nabla\varphi + \nabla \times A + H, \tag{7.27}$$

(dem Skalarpotential φ, dem Vektorpotential A und dem harmonischen Anteil H) kann man den Anteil $\left(\|\nabla\varphi\|^{-1} - 1\right)\nabla\varphi$ als die Summe des Rotationsanteils und des harmonischen Anteils des Feldes $\hat{n}_m$ auffassen. Bei nicht verschwindender Summe[87] $\nabla \times A + H$ besitzt diese Zerlegung aufgrund ihrer Konstruktion folgende Eigenschaften:

$$\left(\|\nabla\varphi\|^{-1} - 1\right)\nabla\varphi \parallel \hat{n}_m, \tag{7.28a}$$

$$\mathrm{div}\left(\left[\|\nabla\varphi\|^{-1} - 1\right]\nabla\varphi\right) = \mathrm{div}\left(\nabla \times A + H\right) = 0. \tag{7.28b}$$

Anwendung des Divergenzoperators auf beiden Seiten von Gleichung (7.26) selektiert das Skalarpotential und liefert mit (7.28b) nach Multiplikation mit -1 die gewünschte lineare Gleichung (*Poisson-Gleichung* in Standardform)

$$-\Delta\varphi(x) = -\mathrm{div}\,\hat{n}_m(x), \quad x \in \Omega. \tag{7.29}$$

Man beachte, dass infolge von Eigenschaft (7.28a) durch die Divergenzbildung ein zu $\hat{n}_m$ paralleler Feldanteil abgespalten wird. Die Bedingung des Reflexionsgesetzes, dass die Richtungen der Flächennormalen bei der Rekonstruktion erhalten bleiben müssen, wird dadurch erfüllt. Weiter sieht man an Gleichung (7.27), dass $\hat{n}_m$ selber (bei nicht verschwindendem A und H) nicht durch ein Skalarpotential darstellbar ist. Jedoch existiert immer ein solches derart, dass die Normalen an dessen Niveauflächen die gleiche *Richtungen* wie die des induzierten Nomalenfeldes besitzen.

Zur Lösung der Differentialgleichung (7.29) sind Randwerte nötig. Infolge der Messung sind nur die Normalenrichtungen gegeben, also können am Rand auch nur diese vorgegeben werden:

$$\left\langle \frac{\nabla\varphi}{\|\nabla\varphi\|} \,\middle|\, \hat{o} \right\rangle = \langle \hat{n}_m | \hat{o} \rangle,$$

---

[86]Siehe dazu Tong et al. [Ton03] und für eine tiefgehende Darstellung Cantarella et al. [Can02]. Vergleiche hierzu auch auf Seite 169 die Zerlegung des Gradientenfeldes q.

[87]Gilt $\nabla \times A + H = 0$, dann besitzt das induzierte Normalenfeld ein Potential und ist damit direkt integrierbar.

d. h. die Projektionen des normierten Gradienten in Richtung der äußeren Einheitsnormalen $\hat{o}$ von $\partial\Omega$. Die Neumann-Randbedingungen dazu lauten

$$\frac{\partial\varphi}{\partial\hat{o}} = \langle\nabla\varphi|\,\hat{o}\rangle = \|\nabla\varphi\|\langle\hat{n}_{\mathrm{m}}|\,\hat{o}\rangle\,.$$

Die Integrierbarkeitsbedingung für das Neumann-Problem der Poisson-Gleichung fordert (vgl. Hanke-Bourgeois [HB02])

$$-\int_{\Omega}\operatorname{div}\hat{n}_{\mathrm{m}}(x)\,\mathrm{d}x = -\int_{\partial\Omega}\|\nabla\varphi\|\langle\hat{n}_{\mathrm{m}}|\,\hat{o}\rangle\,\mathrm{d}o\,.$$

Anwendung des Divergenzsatzes auf die linke Seite liefert

$$\int_{\Omega}\operatorname{div}\hat{n}_{\mathrm{m}}(x)\,\mathrm{d}x = \int_{\partial\Omega}\langle\hat{n}_{\mathrm{m}}|\,\hat{o}\rangle\,\mathrm{d}o\,.$$

Damit wird die Integrierbarkeitsbedingung zu

$$\int_{\partial\Omega}\langle\hat{n}_{\mathrm{m}}|\,\hat{o}\rangle\,\mathrm{d}o = \int_{\partial\Omega}\|\nabla\varphi\|\langle\hat{n}_{\mathrm{m}}|\,\hat{o}\rangle\,\mathrm{d}o\,. \tag{7.30}$$

Mit der zusätzlichen Forderung[88] $\|\nabla\varphi(x)\| = 1 \;\forall\; x \in \partial\Omega$ wird die Integrierbarkeit gesichert. Damit erhalten wir schließlich folgendes lineare Neumann-Problem

$$-\Delta\varphi(x) = -\operatorname{div}\hat{n}_{\mathrm{m}}(x)\,, \quad x \in \Omega\,, \tag{7.31a}$$

$$\langle\nabla\varphi(x)|\,\hat{o}\rangle = \langle\hat{n}_{\mathrm{m}}(x)|\,\hat{o}\rangle\,, \quad x \in \partial\Omega \tag{7.31b}$$

für die Simultanlösung aller Flächen in Ω. Man beachte, dass mit φ auch $\varphi + konst$ eine Lösung ist. Eine Eindeutigkeit des Problems erreicht man z. B. mit der Bedingung $\int_{\Omega}\varphi = 0$. Wiederum suchen wir schwache Lösungen im Sobolev-Raum $\varphi \in \mathrm{H}^1$ mittels Variationsformulierung. Multiplikation beider Seiten von Gleichung (7.31a) mit einer Testfunktion $v \in \mathrm{V}_0$, anschließender partielle Integration, Anwendung des Gaußschen Divergenzsatzes und Berücksichtigung von Gleichung (7.31b) liefert die zum

---

[88]Siehe dazu im Vorgriff Gleichung (7.36).

Neumann-Problem (7.31) äquivalente Variationsformulierung (vgl. Knaber und Angermann [Kna00]):

Gesucht ist $\varphi \in H^1(\Omega)$, so dass $a(\varphi, v) = b(v)$ $\quad \forall\, v \in V_0$, $\qquad$ (7.32)

mit der Bilinearform

$$a(\varphi, v) = \int_{\Omega} \langle \nabla \varphi | \nabla v \rangle \, dx, \qquad (7.33)$$

und der Linearform

$$b(v) = -\int_{\Omega} \operatorname{div}(\hat{n}_m)\, v \, dx + \int_{\partial\Omega} \langle \hat{n}_m | \hat{o} \rangle v \, do. \qquad (7.34)$$

Dabei bezeichnet $H^1(\Omega)$ den Sobolevraum erster Ordnung über Ω und V_0 den Raum der Testfunktionen. Die Variationsformulierung erlaubt den Lösungszugang mittels Finite-Element-Methoden.

Da die Bilinearform (7.33) symmetrisch und positiv ist, existiert eine zum Variationsproblem (7.32) äquivalente Formulierung als Minimierungsproblem [Kna00, Jun01]:

Gesucht ist $\varphi \in H^1(\Omega)$, so dass $J(\varphi) = \inf_{\psi \in H^1} J(\psi)$

mit dem Ritzschen Energiefunktional

$$J(\psi) = \frac{1}{2} a(\psi, \psi) - b(\psi).$$

Einsetzen der Gleichungen (7.33) und (7.34) ins Energiefunktional ergibt:

$$J(\psi) = \frac{1}{2} \int_{\Omega} \langle \nabla \psi(x) | \nabla \psi(x) \rangle \, dx + \int_{\Omega} \operatorname{div}(\hat{n}_m)\, \psi \, dx - \int_{\partial\Omega} \langle \hat{n}_m | \hat{o} \rangle \psi \, do.$$

Partielle Integration des Divergenzterms und Anwendung des Gaußschen Satzes liefert

$$\int_{\Omega} \operatorname{div}(\hat{n}_m)\, \psi \, dx = -\int_{\Omega} \langle \hat{n}_m | \nabla \psi \rangle \, dx + \int_{\partial\Omega} \langle \hat{n}_m | \hat{o} \rangle \psi \, do.$$

Damit wird das Energiefunktional zu

$$J(\psi) = \int_{\Omega} \frac{1}{2} \|\nabla \psi\|^2 - \langle \nabla \psi | \hat{n}_m \rangle \, dx.$$

Addition der positiven Konstanten $\frac{1}{2} \int_\Omega \|\hat{n}_m\|^2 \, dx = \frac{1}{2} \int_\Omega dx$ ergibt schließlich das Minimierungsproblem:

Gesucht ist $\varphi \in H^1(\Omega)$, so dass

$$J(\varphi) = \inf_{\psi \in H^1} J(\psi) \quad \text{mit}$$

$$J(\psi) = \frac{1}{2} \int_\Omega \|\nabla \psi(x) - \hat{n}_m(x)\|^2 \, dx \,.$$

(7.35)

Eine Lösung des quadratischen Minimierungsproblems nach Gleichung (7.35) unter der Nebenbedingung $\|\nabla \varphi\| = 1 \; \forall \; x \in \partial\Omega$ liefert *alle* hypothetischen Lösungsflächen des deflektometrischen Rekonstruktionsroblems in einem Beobachtungsbereich Ω. Die Lösungsflächen sind dabei die Niveauflächen der impliziten Funktion φ.

Eine Lösung φ des Minimierungsproblems (7.35) besitzt folgende Eigenschaften (beachte $\|\hat{n}_m\| = 1$):

$$\text{Mean}\{\|\nabla \varphi(x)\|\} = 1\,,$$

$$\text{Var}\{\|\nabla \varphi(x)\|\} \to \min\,.$$

(7.36)

Aus Gleichung (7.36) folgt, dass die Lösung φ eine Distanzfunktion mit minimaler Varianz der Gradientennorm approximiert, d. h. das Energiefunktional (7.35) sucht nach der am besten „passenden" Distanzfunktion, die das deflektometrische Normalenfeld erfüllt. Damit lassen sich die Werte von $\varphi(x) = k$ als mittleren Abstand des k-Levels vom 0-Level interpretieren.

In Abbildung 7.9(a) wird der Schnitt durch eine Simultanlösung mittels Finite-Element-Methode basierend auf Gleichung (7.32) gezeigt. Prüfobjekt ist ein ebener Spiegel an der 0-Level Position.

Zum Vergleich werden in Abbildung 7.9(b) Schnitte durch den Lösungsraum durch Lösen eines Anfangswertproblems einer gewöhnlichen Differentialgleichung (und damit exakte Lösungen) dargestellt.

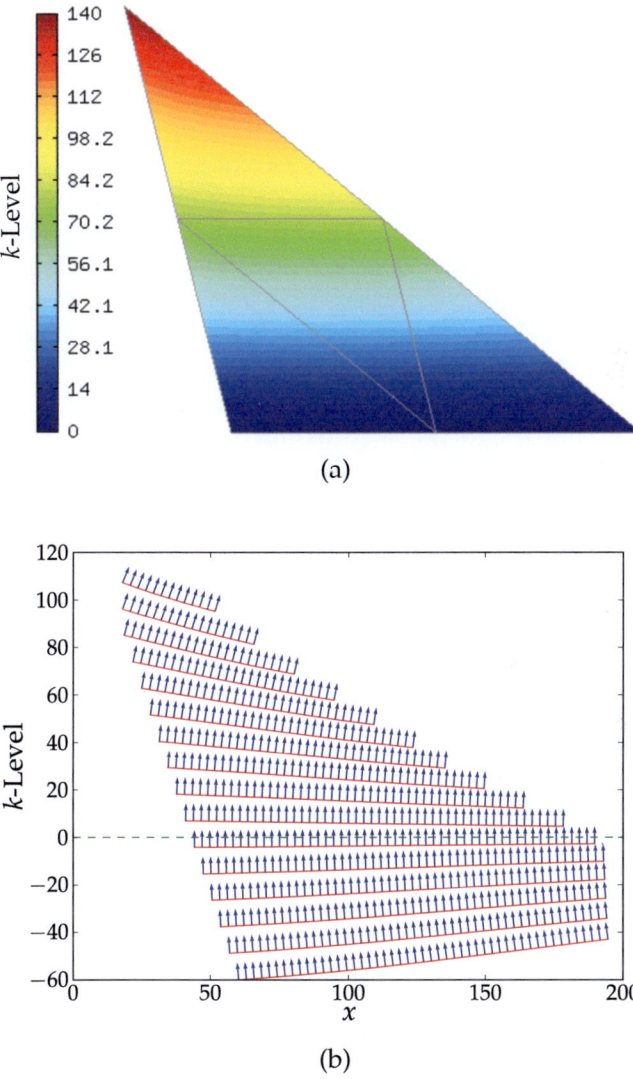

(a)

(b)

Abbildung 7.9: Teilbild (a): Simultanlösung basiered auf der Poisson-Gleichung (7.29), die Niveauflächen sind farblich kodiert; Teilbild (b): Schnitte durch den Lösungsraum.

Zusammenfassend wurde in diesem Abschnitt, aufbauend auf der Arbeit von Balzer [Bal08], ein Zugang zur Simultanlösung aller hypothetischen Lösungsflächen des deflektometrischen Rekonstruktionsproblems aufgezeigt, der ausgehend von der Forderung der punktweisen Normalen*richtungs*übereinstimmung (Gleichung (7.24)) über das Neumann-Problem der Poisson-Gleichung (Gleichung (7.31)) hin zur Variationsformulierung des Normalenanpassungsproblems (Gleichung (7.35)) führt. Besonders hinzuweisen ist dabei auf die Hodge-Zerlegung des deflektometrischen Normalenfeldes (Gleichungen (7.27) und (7.28)), die die Existenz eines Skalarpotentials ermöglicht, sowie auf die Integrierbarkeitsbedingung (Gleichung (7.30)) und damit an die Werte von $\|\nabla\varphi\|$ am Rand $\partial\Omega$ des Inspektionsbereichs. Damit zeigt sich, dass zusätzlich zur Lösung des Variationsproblems nach Gleichung (7.35) die Nebenbedingung $\|\nabla\varphi(x)\| = 1 \, \forall \, x \in \partial\Omega$ erfüllt sein muss. Schließlich stellt die so gewonnene Simultanlösung φ eine bestapproximierende Distanzfunktion dar (Gleichung (7.36)) und ermöglicht damit die Interpretation der Level der Niveauflächen von φ als mittleres Abstandsmaß.

7.3   Finite-Element-Methoden

Zur Lösung des deflektometrischen Rekonstruktionsproblems nach Gleichung (7.9) empfiehlt sich die Finite-Element-Methode (FEM)[89] aus folgenden Gründen:

1. Die Lösung des korrespondierenden Variationsproblems nach den Gleichungen (7.11) – (7.13) liefert sogenannte schwache Lösungen, die eine Rekonstruktion von im klassischen Sinne nicht differenzierbaren Oberflächen ermöglichen.

2. Der Einsatz von FE-Methoden erfordert eine Triangulierung des Prüfbereichs Ω_{xy}, womit unregelmäßige Begrenzungen oder Bereiche mit ungültigen Messdaten behandelt werden können.

3. FEM ist eine hinsichtlich der Rechenzeit kostengünstige Methode, da Ansatzfunktionen mit lokalem Träger benutzt werden, was auf schwach besetzte lineare Systeme führt.

---

[89]Einen guten Überblick geben [Jun01, Šol04, Šol06, Ste08].

4. Methoden der adaptiven Netzverfeinerung können eingesetzt werden (insbesondere in Bereichen mit großer Oberflächenkrümmung, d. h. großer Divergenz des Normalenfeldes).

5. Der Einsatz von Multigrid-Methoden ermöglicht weitere Rechenzeit-reduzierungen und stellt den Stand der Technik hinsichtlich effizienten Lösungsstrategien für große Systeme dar.

6. Schließlich können die Finite-Element-Methoden als Industriestan-dard zur Lösung von partiellen Differentialgleichungen im Ingenieur-bereich betrachtet werden, so dass eine umfangreiche Auswahl an praxiserprobten Softwareprodukten existiert.

Ausgangspunkt der Finite-Element-Methode ist die Variationsformulierung der zu lösenden PDE nach Gleichung (7.11):

Gesucht ist $f \in H^1$ so dass

$$a(f,v) = Q(v),$$

$$\Leftrightarrow \int_{\Omega_{xy}} \langle \nabla f(x,y) | \, \nabla v(x,y) \rangle \, dx = \int_{\Omega_{xy}} \langle -q\left(x,y,\tilde{f}\right) | \, \nabla v(x,y) \rangle \, dx \quad (7.37)$$

für alle $v \in H^1$ gilt. Dabei ist $\tilde{f}$ wiederum eine Schätzung der Lösung, z. B. aus einer vorhergehenden Iteration.

Zur Lösung dieses Problems werden zwei Dikretisierungsschritte durchge-führt:

Schritt 1: Eine Lösung des Variationsproblems wird in einem endlichdimen-sionalen Funktionenraum gesucht (Galerkin-Projektion).

Dazu wird ein Teilraum $V_h \subset H^1$ als Raum der Ansatz- und Testfunktionen gewählt. Sei $\{\phi_0, \phi_1, \dots\}$ eine Basis von V_h also

$$V_h = \left\{ v_h(x) \,\middle|\, v_h(x) = \sum_{i \in \omega_h} v_i \phi_i(x) \right\} = \mathrm{span}\left\{ \phi_i(x) \mid i \in \omega_h \right\} \subset H^1$$

mit der Indexmenge ω_h (Degrees-Of-Freedom (DOF)) und $|\omega_h| = N_h$. Als Näherung für die Lösung des Variationsproblems wird angesetzt:

$$f_h(x) = \sum_{j \in \omega_h} f_{h,j} \, \phi_j(x), \quad f_h(x) \in V_h, \quad f_{h,j} \in \mathbb{R}.$$

Da das Variationsproblem für alle Testfunktionen $v_h(x) \in V_h$ erfüllt sein muss, genügt es, dies für die Basisfunktionen ϕ_i zu fordern. Einsetzen von f_h und ϕ_i in Gleichung (7.37) führt dann unter Beachtung der Bilinearität von $a(\cdot, \cdot)$ auf

$$\sum_{j \in \omega_h} f_{h,j}\, a(\phi_j, \phi_i) = Q(\phi_i) \quad \forall\, i \in \omega_h .$$

In Matrixschreibweise wird dies zum Galerkin-Gleichungssystem

$$\mathbf{A}_h f_h = b_h \tag{7.38}$$

mit

$$\mathbf{A}_h = \left[a(\phi_j, \phi_i) \right] = \left[\int_{\Omega_{xy}} \langle \nabla \phi_j | \nabla \phi_i \rangle \, \mathrm{d}x \right] \in \mathbb{R}^{N_h \times N_h} ,$$

$$b_h = \left[Q(\phi_i) \right] = \left[\int_{\Omega_{xy}} \langle -q\,(x, y, \tilde{f}) \,|\, \nabla \phi_i \rangle \, \mathrm{d}x \right] \in \mathbb{R}^{N_h} ,$$

$$f_h = \left[f_{h,j} \right] \in \mathbb{R}^{N_h} .$$

Hierbei wird $\mathbf{A}_h$ als Steifigkeitsmatrix und b_h als Lastvektor bezeichnet. Zur Berechnung der Elemente von $\mathbf{A}_h$ und b_h müssen die Integrale auf ganz Ω_{xy} ausgewertet werden (man beachte hierbei die randwert- und divergenzfreie Formulierung). Um diesen Rechenaufwand zu reduzieren werden Funktionen ϕ_i mit lokalem Träger angesetzt. Dies führt zum nächsten Diskretisierungsschritt.

Schritt 2: Das Gebiet Ω_{xy} wird in eine endliche Anzahl von Teilgebieten (finite Elemente) zerlegt.

Sei $\mathcal{T}_h$ eine Zerlegung des Gebietes Ω_{xy} in finite Elemente nach Definition 4 (vgl. dazu die Abbildungen 7.10 und 7.11):

$$\mathcal{T}_h = \left\{ \mathrm{T}^{(r)} \;\middle|\; r = 1, \ldots, R_h \right\} .$$

Auf diesen finiten Elementen werden Funktionen mit lokalem Träger definiert[90], z. B. Hutfunktionen. Für die Matrixelemente der Steifigkeitsmatrix

---

[90]Manche Autoren bezeichnen das Tupel $(\mathcal{T}_h, V_h)$ als finites Element, vgl. Hanke-Bourgeois [HB02].

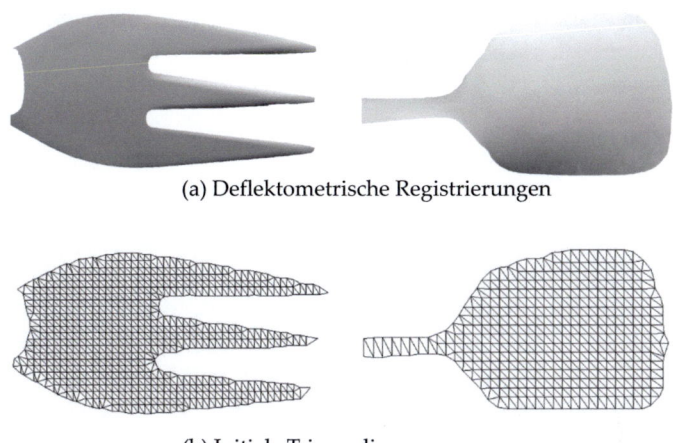

(a) Deflektometrische Registrierungen

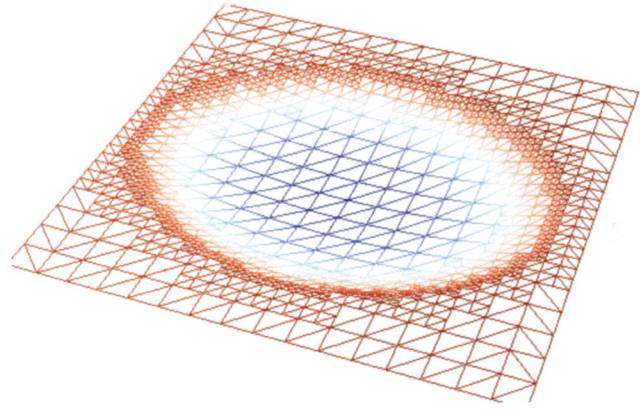

(b) Initiale Triangulierungen

Abbildung 7.10: Triangulierungen deflektometrischer Messungen

Abbildung 7.11: Rekonstruktion eines Ellipsoidspiegels mit adaptiver Netz-verfeinerung in Bereichen mit großer Divergenz des Normalenfeldes.

gilt dann[91]:

$$\mathbf{A}_{h\,i,j} = 0 \quad \text{falls} \quad \text{int}\left(\text{supp}\left(\phi_i\right)\right) \cap \text{int}\left(\text{supp}\left(\phi_j\right)\right) = \varnothing.$$

---

[91] Mit $\text{int}(\overline{M})$ wird das Innere einer Menge $\overline{M}$ bezeichnet, also: $\text{int}(\overline{M}) = M = \overline{M} \backslash \partial M$.

Die Steifigkeitsmatrix ist dadurch schwachbesetzt. Die Zerlegung in finite Elemente ermöglicht die elementweise Berechnung von A_h und b_h mit

$$\int_{\Omega_{xy}} (\ldots)\, dx = \sum_{r=1}^{R_h} \int_{T^{(r)}} (\ldots)\, dx,$$

da $T^{(r)} \cap T^{(r^*)} = \varnothing$ für $r \neq r^*$. Die elementweise Berechnung wird üblicherweise auf Referenzelementen mit Näherungsformeln zur numerischen Integration nach Gauß oder Newton-Cotes[92] durchgeführt. Dazu werden für jedes Element der Zerlegung affine Transformationen für die bijektive Abbildung auf die Referenzelemente benötigt. Für Details hierzu siehe die angegebene Literatur. Für eine Implementierung des auf finiten Elementen basierten Rekonstruktionsverfahrens wird auf Unger [Ung10] verwiesen. Dabei wurden die frei verfügbaren Bibliotheken deal.II [Ban07] und libMesh [Kir06] verwendet.

Zur Lösung des schwachbesetzten Gleichungssystems können direkte Methoden, z. B. multifrontale Löser wie UMFPACK [Dav04] oder iterative wie die konjugierte Gradienten Verfahren (CG) eingesetzt werden. Zur Verbindung der CG-Verfahren mit den FE-Methoden siehe v. a. Křížek et al. [Kří04] und allgemein zu iterativen Methoden Saad [Saa03].

Man beachte, dass die Steifigkeitsmatrix im Gleichungssystem (7.38) infolge des zugrunde liegenden Neumann-Problems (Gleichung (7.9)) nur positiv semidefinit ist. Eine eindeutige Lösung erhält man mit der zusätzlichen Normierungsbedingung $\int_{\Omega_{xy}} f(x,y)\, dx = 0$.

In Algorithmus 7.3 ist die grundsätzliche Vorgehensweise bei der Lösung von partiellen Differentialgleichungen mit Finite-Element-Methoden zusammengefasst.

Nachfolgend wird noch auf einzelne Aspekte bei der Anwendung der FEM zur Rekonstruktion spiegelnden Oberflächen näher eingegangen.

Eine initiale Triangulierung kann in einfacher Weise dadurch erreicht werden, dass man in einem ersten Schritt ein äquidistantes (und rechteckförmiges) Gitter über das Prüfgebiet legt und nachfolgend das Netz am Rande an den Prüfbereich anpasst (Unger [Ung10] und Abbildung 7.10). Damit ist der Triangulationsaufwand minimal. Es ist darüber hinaus möglich, die

---

[92]Siehe z. B. Schwarz und Köckler [Sch04].

Algorithmus 7.3 Finite-Element-Methode

1: Transformation der PDE in Variationsformulierung (schwache Lösung)
2: Ersetzung der Funktionenräume für Test- und Ansatzfunktionen durch endlichdimensionale Räume (Galerkin-Projektion)
3: Triangulierung des Lösungsgebietes Ω_{xy}, finite Elemente $\rightarrow \mathcal{T}_h$
4: Wahl der Ansatzfunktionen auf diesen Gebieten
5: Wahl eines Integrationsschemas auf diesen Elementen
6: **for all** $T^{(r)} \in \mathcal{T}_h$ **do**
7: Elementweiser Aufbau von Steifigkeitsmatix $\mathbf{A}_h$ und Lastvektor b_h
8: **end for**
9: Lösen des linearen Gleichungssystems $\mathbf{A}_h \, f_h = b_h$
10: **return** f_h

Triangulierung in Bereichen mit starken Krümmungen zu verfeinern, siehe Abbildung 7.11 am Rande des eingebetteten Ellipsoids. Zur Steuerung der Zellunterteilung kann dazu in einfacher Weise die Divergenz des deflektometrischen Normalenfeldes ausgewertet werden. Triangulationsverfahren zur Anwendung bei der FEM dürfen keine besonders spitzen oder flachen Innenwinkel der Dreieckselemente erzeugen. Ein allgemeines Triangulationsverfahren, das Innenwinkelbedingungen garantiert, ist das Verfahren nach Ruppert [Rup95].

Zur Vermeidung von aufwändigen Triangulationsverfahren wurden in jüngerer Zeit die sogenannten „Meshfree"-Methoden zur Lösung von partiellen Differentialgleichungen entwickelt. Zur Einführung siehe Gu und Liu [Gu05] und für eine FE-Methode mit B-Spline-Basisfunktionen (Web-FEM) Höllig et al. [Höl05].

In Abbildung 7.12 wird die Lösung des Variationsproblems nach Gleichung (7.37) für verschiedene teilspiegelnde Objekte dargestellt. Die initiale Ausgangsfläche f_0 ist dabei ein ebener Schnitt durch das induzierte Normalenfeld. Dargestellt werden die rekonstruierten Flächen f_4 jeweils nach der vierten Iteration des Rekonstruktionsalgorithmus 7.1. Man sieht, dass selbst in Regionen mit starken konvexen und konkaven Bereichen (z. B. Gabelzinken) eine gute Lösung erreichbar ist.

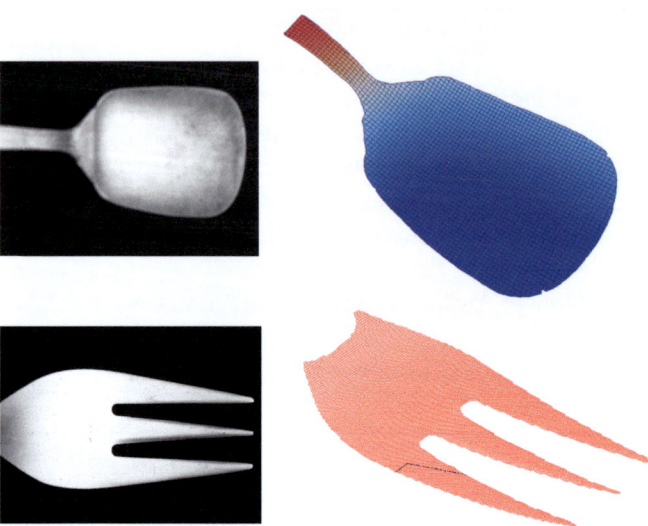

Abbildung 7.12: Rekonstruktionsbeispiele: Prüfobjekte (linke Spalte) und FEM-Lösungen des Rekonstruktionsproblems (rechte Spalte).

Abbildung 7.13 zeigt ein weiteres Beispiel zur Oberflächenrekonstruktion teilspiegelnder lackierter Flächen. Dargestellt ist eine Photographie und die 3D-Rekonstruktion der Emblemhalterung auf einer Motorhaube eines populären französischen Kleinwagens. Selbst die Prägestruktur des Firmenlogos ist einer Rekonstruktion zugänglich.

Abschließend wird noch kurz auf die Approximationsgüte der FEM eingegangen. Als Diskretisierungsparameter h wird dazu die größte Kantenlänge der einzelnen Dreiecke der Triangulierung (bzw. größter Durchmesser bei anderen finiten Elementen wie quadrilateralen Elementen) angesetzt:

$$h = \max_{r=\{1,2,\dots,R_\mathrm{h}\}} h^{(r)}.$$

Für den Diskretisierungsfehler e_h gilt dann bei Ansatz von stückweisen polynominalen Ansatzfunktionen mit dem Polynomgrad p:

$$e_\mathrm{h} = \|f - f_\mathrm{h}\|_2 \propto h^{p+1}$$

Emblemhalterung auf Motorhaube (Foto)

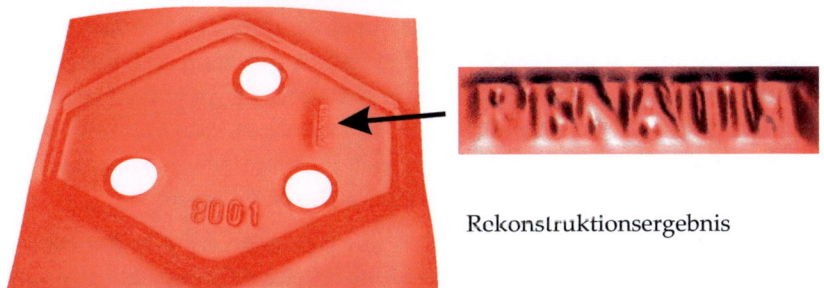

Rekonstruktionsergebnis

Abbildung 7.13: Rekonstruktion der Emblemhalterung auf einer Motorhaube

mit der L_2-Norm

$$\|f - f_{\mathrm{h}}\|_2 = \sqrt{\int_{\Omega_{xy}} [f(x) - f_{\mathrm{h}}(x)]^2 \, dx}.$$

Eine Erhöhung der Genauigkeit der Rekonstruktion erhält man durch

- Netzverfeinerung (Verkleinerung von h) oder durch

- Erhöhung der Approximationsordnung (Erhöhung von p).

Beide Strategien zur Verbesserung der Rekonstruktionsgenauigkeit verfolgen die hp-Finite-Element-Methoden (siehe Šolín [Šol04]).

Betrachtet man zusätzlich die „r-refinement"-Strategie, bei der die Position der Knoten bei konstanter Knotenanzahl verschoben werden, so können die vorgeschlagenen Algorithmen bei adaptiver Netzverfeinerung als h-Methode (Algorithmus 7.2) und hr-Methode (Algorithmus 7.1) gekennzeichnet werden. Eine Erweiterung in Richtung hp bzw. hpr-Methodik ist dabei möglich.

7.3.1   Rekonstruktion komplex geformter Objekte

Die bisher beschriebenen Rekonstruktionsansätze werden nachfolgend auf die Rekonstruktion von komplex geformten Objekten erweitert. Dies beinhaltet, dass das Prüfobjekt nicht mehr mit einer einzelnen Prüfkonstellation inspiziert werden kann. Durch das Handhabungssystem (robotergeführter Sensorkopf, Kapitel 4) ist die Position der Sensorik in jeder Prüfkonstellation bekannt. Damit unterscheiden sich die einzelnen Prüfungen nicht von den bisher beschriebenen, einzig das Problem des Zusammenfügens einzelner rekonstruierter Oberflächenbereiche ist zu lösen.

In Kapitel 3.6.1 wurde ein Verfahren zur Bestimmung von Randkurven vorgeschlagen. Damit kann das deflektometrische Rekonstruktionsproblem als Randwertproblem nach Gleichung (3.32), Seite 55 mit Robin[93]- oder mit Dirichlet-Randbedingungen beschrieben werden. Stehen keine geschlossenen Randkurven zur Verfügung, kennt man z. B. nur wenige Regularisierungspunkte, dann kann ein Rekonstruktionsstrategie wie folgt durchgeführt werden: Es sei die Teiloberfläche S_1 mit dem Prüfbereich Ω_1 infolge Zusatzwissens mit Algorithmus 7.1 rekonstruiert. Eine zweite Aufnahmekonstellation liefert eine deflektometrische Messung in einem Sichtkegel Ω_2. Der Schnitt des Randes dieses Sichtkegels mit der schon rekonstruierten Fläche $S_1 \cap \partial\Omega_2$ liefert eine durch die Messung 1 bekannte Raumkurve

$$\gamma_R : \Omega_{xy,1} \cap \Omega_{xy,2} \supset \Gamma_R \to \mathbb{R}^3, \quad (x,y)^\top \mapsto \gamma_R(x,y).$$

Auf dieser Kurve sind nicht nur die Flächenpunkte sondern auch die Normalen bekannt (die mittlere Normale aus beiden Messungen), man besitzt also Randbedingungen 3. Art (Robinsche Randbedingungen) auf Γ_R (vgl. Abbildung 7.14). Es kann eine initiale Flächenschätzung durch den Sichtkegel Ω_2 so gewählt werden, dass die Kurve γ_R darin enthalten ist (praktischerweise genügt ein ebener Schnitt in der Nähe der Kurve). Damit kann

---

[93]Randbedingungen dritter Art: es werden sowohl die Ableitungen in Richtung der äußeren Normalen als auch die Werte selbst vorgegeben.

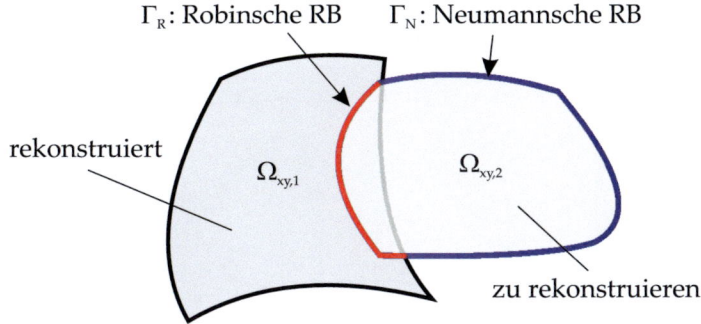

Abbildung 7.14: Robinsche und Neumannsche Randbedingungen bei überlappenden Prüfbereichen. Dargestellt sind die Definitionsbereiche $\Omega_{xy,1}$ und $\Omega_{xy,2}$ der gesuchten Lösungsfunktionen.

der Rekonstruktionsalgorithmus 7.1 durchgeführt werden. Dabei bieten sich zwei Strategien an:

1. Punkte $S_1 \cap \Omega_2$ aus dem dem schon rekonstruierten Flächenpatch z. B. eine Teilmenge von γ_R werden als Regularisierungspunkte betrachtet und iterativ reine Neumann-Probleme gelöst. In Abbildung 7.15 ist die Kombination von zwei Teilflächen einer Kugel mit dieser Strategie dargestellt. Selbst bei stark verrauschen Normalenrichtungen lassen sich aufgrund der Variationsformulierung des Rekonstruktionsproblems qualitative Flächenrekonstruktionen erzielen.

2. Werden die Werte auf γ_R und die entsprechenden Normalen als Randwerte angesetzt, wird die Rekonstruktionsaufgabe zu einem gemischten Randwertproblem. Auf Γ_R werden Robinsche und auf Γ_N Neumannsche Randbedingungen angesetzt (vgl. Abbildung 7.14). Der Rekonstruktionsalgorithmus ist dann dahingehend zu ändern, dass zum einen die Normierung $\int_{\Omega_{xy}} f(x,y)\,\mathrm{d}x = 0$ und zum anderen die Projektion der Lösung entfällt, da durch die Vorgabe der Werte auf Γ_R eine eindeutige Lösung erzwungen wird. Diese Strategie hat den Vorteil, dass bei vollständiger Randüberdeckung durch verschiedene Oberflächenpatches, ein glatter Übergang zwischen diesen erreicht wird. In Abbildung 7.16 wird die Rekonstruktion eines Teils einer Kegelkugel aus 32 Teilmessungen gezeigt. Für einen initialen Patch

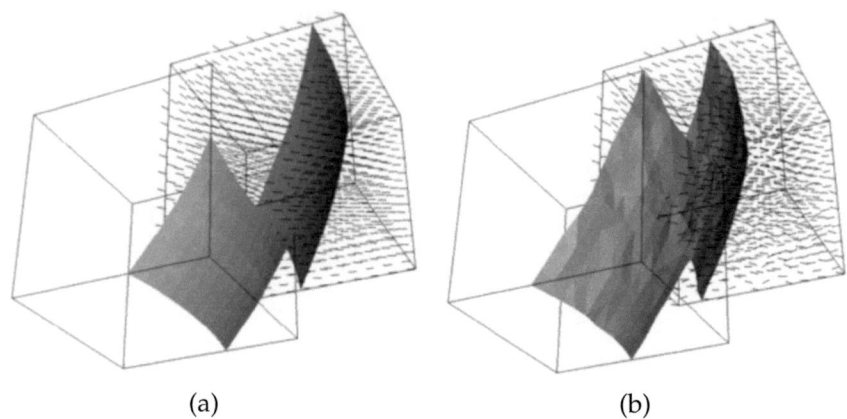

(a)   (b)

Abbildung 7.15: Rekonstruktion und Fusion zweier überlappender Oberflächenpatches: (a) Rekonstruktion auf Basis ungestörter Normalenfelder, (b) Rekonstruktion auf Basis von Normalenfeldern, deren Richtungen mit gleichverteilten Abweichungen im Bereich von $\pm 20°$ gestört wurden.

wurde ein Punkt der Kugel vorgegeben und mit dem Algorithmus 7.2 bei reinen Neumann-Randbedingungen rekonstruiert. Die restlichen Patches wurden mit gemischten Randbedingungen erhalten (vgl. Unger [Ung10]).

Bemerkung: Wird die zweite Strategie angewandt, muss das Variationsproblem (7.37) infolge der Robinschen Randbedingung

$$\langle \nabla f(x,y) | \, \hat{o} \rangle + f(x,y) = \langle -q(x,y,\tilde{f}) | \, \hat{o} \rangle + \gamma_R(x,y), \quad (x,y)^\top \in \Gamma_R$$

folgendermaßen geändert werden:

Gesucht ist $f \in H^1$, so dass

$$a(f,v) = Q(v)$$

Abbildung 7.16: Rekonstruktion einer Kegelkugel aus mehreren Teilmessungen.

mit

$$a(f,v) = \int\limits_{\Omega_{xy}} \langle \nabla f \,|\, \nabla v \rangle \, \mathrm{d}x + \int\limits_{\Gamma_R} f \, v \, \mathrm{d}o\,,$$

$$Q(v) = \int\limits_{\Omega_{xy}} \mathrm{div}\,\big(q(x,y,\tilde{f})\big)\, v \, \mathrm{d}x - \int\limits_{\Gamma_N} \langle q\,(x,y,\tilde{f}) \,|\, \hat{o}\rangle v \, \mathrm{d}o -$$

$$\int\limits_{\Gamma_R} \langle q\,(x,y,\tilde{f}) \,|\, \hat{o}\rangle v \, \mathrm{d}o + \int\limits_{\Gamma_R} \langle \gamma_R \,|\, \hat{o}\rangle v \, \mathrm{d}o$$

für alle $v \in H^1$ gilt.

Werden anstelle der Robinschen Randbedingungen Dirichletsche auf Γ_R gefordert, wird die Variationsformulierung zu:

Gesucht ist $f \in V_\gamma = \{\, f \in H^1 \mid f(x) = \gamma_3(x) \text{ für } x \in \Gamma_R \,\}$, so dass

$$a(f, v) = Q(v)$$

mit

$$a(f, v) = \int\limits_{\Omega_{xy}} \langle \nabla f \mid \nabla v \rangle \, dx,$$

$$Q(v) = \int\limits_{\Omega_{xy}} \operatorname{div}\left(q(x, y, \tilde{f})\right) v \, dx - \int\limits_{\Gamma_N} \langle q\left(x, y, \tilde{f}\right) \mid \hat{o} \rangle v \, do$$

für alle $v \in V_0 = \{\, v \in H^1 \mid v(x) = 0 \text{ für } x \in \Gamma_R \,\}$ gilt.

Man beachte, dass hierbei zwischen Ansatz- und Testfunktionenraum V_γ bzw. V_0 unterschieden wird.

Das weitere Vorgehen bezüglich der Diskretisierung und des Aufbaus des Galerkin-Gleichungssystems erfolgt in beiden Fällen analog zum Neumann-Fall. Hierbei ist zu beachten, dass bei gemischten Randbedingungen keine randwert- und divergenzfreie Formulierung des Variationsproblems möglich ist. Die Berechnung der Divergenz auf den triangulierten Netzen kann hier mit den Methoden der diskreten Differentialgeometrie erfolgen (vgl. dazu auch Kapitel 3.2.1.2).

Abschließend wird in der Abbildung 7.17 die Rekonstruktion einer Motorhaube gezeigt. Die Datenbasis besteht hierbei aus 265 Einzelmessungen, aufgenommen mit dem deflektometrischen Sensorsystem aus Kapitel 4. Die Motorhaube wird als Funktionsgraph angesetzt (globales Flächenmodell). Der Rekonstruktionsalgorithmus besteht im Detail aus folgenden Schritten:

1. Aufnahme aller Messpositionen

2. Festlegung des Definitionsbereichs Ω_{xy} des Flächenmodells

3. Erzeugung einer Triangulierung auf Ω_{xy}

4. Berechnung der (mittleren) Normalen an den Knoten des Netzes. Dabei werden alle Teilmessungen ausgewertet für die am entsprechenden Knoten eine Normale berechnet werden kann.

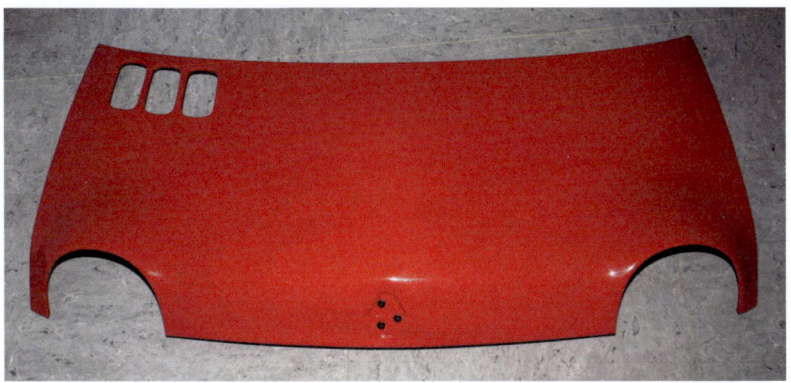

(a) Original (Foto)

(b) Rekonstruktionsergebnis

Abbildung 7.17: Rekonstruktion einer Motorhaube aus 265 Teilmessungen.

5. Festlegung des Bereiches in dem mittels Stereomethode Normalen-disparitäten berechnet werden können (Ausführliches hierzu in Kapitel 3.6.1; es werden a priori bekannte konvexe Oberflächenbereiche ausgewählt um eine eindeutige Bestimmung der Disparitätsminima zu ermöglichen)

6. Bestimmung der Regularisierungspunkte in diesen Bereichen mit dem Disparitätsmaß nach Gleichung (3.31), Seite 53

7. Lösung des Rekonstruktionsproblems nach Algorithmus 7.2, Seite 173.

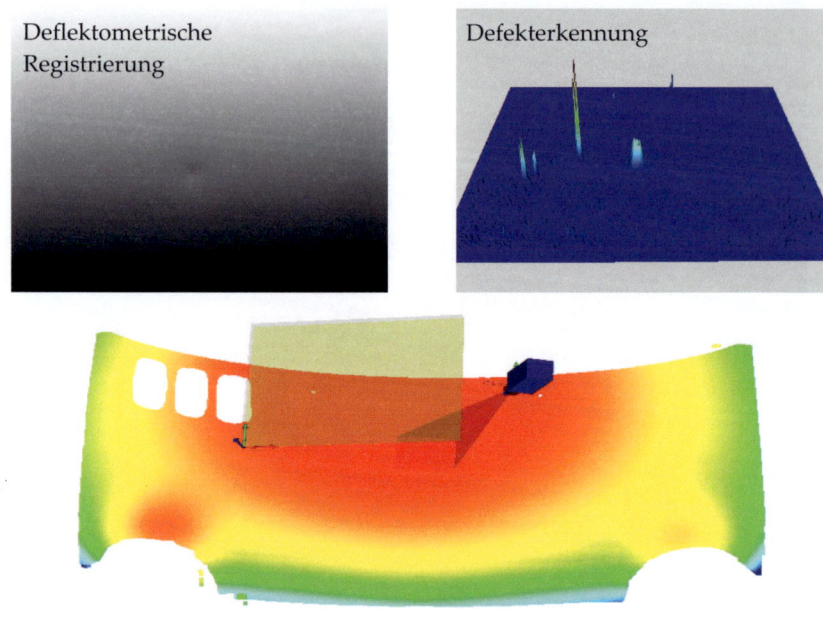

Oberflächenrekonstruktion

Abbildung 7.18: Zusammenfassung der Aufnahme der deflektometrischen Registrierung, der Defektdetektion und der Rekonstruktion komplex geformter Oberflächen in einem System.

In Abbildung 7.18 werden einige der methodischen Möglichkeiten des Inspektionssystems nach Kapitel 4 zusammenfassend dargestellt. Die Simulation zeigt die Position des robotergeführten Sensorsystems bei der deflektometrischen Bildaufnahme eines Prüfpatches in Relation zu dem aus diesen Einzelmessungen erzeugten Gesamtmodell des Prüfobjektes. Die Bildaufnahme an dieser Position des Sensorsystems führt mit den Methoden des Kapitels 6 zur deflektometrischen Registrierung und nachfolgend zur Möglichkeit der Defekterkennung. Die deflektometrischen Registrierungen aller Sensorpositionen liefern über die deflektometrischen Messungen schließlich ein Gesamtmodell. Mit dem in dieser Arbeit dargestellten Sensorsystem kann also mit einem Scan der Prüffläche sowohl eine online Defekterkennung als auch eine 3D-Modellgenerierung durchgeführt werden.

Mit dem Vorhandensein der lokalen Krümmungsmerkmale, der Neigung sowie der 3D-Form der Prüffläche stehen alle relevanten topographischen Daten zur Oberflächenbeschreibung zur Verfügung.

7.4 Finite-Differenz-Methoden

Obwohl Finite-Element-Methoden als Standardverfahren zur Lösung von partiellen Differentialgleichungen betrachtet werden können,[94] bleibt der Einsatz von Finite-Differenz-Methoden (FDM) zur Oberflächenrekonstruktion sinnvoll, wenn durch die gegebene Prüfkonstellation der Hauptnachteil der FDM, nämlich die unflexible Gitterhandhabung umgangen werden kann.

Finite-Differenz-Verfahren können bei regelmäßigen Gittern auf rechteckförmigen Prüfbereichen sehr effizient eingesetzt werden.

Ausgangspunkt ist das lineare Teilproblem der iterativen Rekonstruktionsalgorithmen nach Gleichung (7.9)

$$-\Delta f(x,y) = \operatorname{div} q(x,y,\tilde{f}), \qquad (x,y) \in \Omega_{xy},$$
$$\langle \nabla f(x,y) | \hat{o} \rangle = \langle -q(x,y,\tilde{f}) | \hat{o} \rangle, \qquad (x,y) \in \partial\Omega_{xy},$$
$$\int_{\Omega_{xy}} f(x,y)\, dx = 0.$$

Hierbei bezeichnet $\tilde{f}$ eine Flächenschätzung, die wiederum aus einem vorhergehenden Iterationsschritt gewonnen werden kann. Für diese Differentialgleichung wird nun eine diskrete Näherungslösung gesucht. Dazu wird der Definitionsbereich Ω_{xy} mit einem (äquidistanten) Gitter überzogen, mit der Forderung, dass die Differentialgleichung an jedem Gitterpunkt erfüllt sein muss. Dies führt anstelle einer kontinuierlichen Lösungsfunktion $f(x,y)$ zur Gitterfunktion f_h, so dass f_h mit der Lösung $f(x,y)$ an den Gitterpunkten möglichst gut übereinstimmt.

Die folgende Darstellung dieser Diskretisierung orientiert sich an Hackbusch [Hac05] und Aizinger [Aiz05].

---

[94]Man vergleiche dazu den Stellenwert und Umfang den „klassische" Lösungen bei Finite-Differenz-Verfahren und schwache Lösungen bei Finite-Element-Verfahren in Standardwerken zur numerischen Behandlung von Differentialgleichungen aus verschiedenen Jahrzehnten einnehmen, vgl. Collatz [Col55] mit Großmann [Gro05].

Der Definitionsbereich wird in einem ersten Schritt mit der äquidistanten Schrittweite h diskretisiert:

$$\Omega_h = \left\{ (x,y)^\top \in \Omega_{xy} \mid \frac{x}{h}, \frac{y}{h} \in \mathbb{Z} \right\}.$$

Die diskreten Randwerte bilden die Menge

$$\partial\Omega_h = \left\{ (x,y)^\top \in \partial\Omega_{xy} \mid \frac{x}{h}, \frac{y}{h} \in \mathbb{Z} \right\}.$$

Es gilt

$$\overline{\Omega}_h = \Omega_h \cup \partial\Omega_h = \left\{ (x,y)^\top \in \overline{\Omega}_{xy} \mid \frac{x}{h}, \frac{y}{h} \in \mathbb{Z} \right\}.$$

Nachfolgend sei der Definitionsbereich o. B. d. A. auf $\Omega_{xy} = (0,1) \times (0,1)$ eingeschränkt.

Die Differentialoperatoren werden in einem zweiten Schritt mit rechtsseitigen, linksseitigen oder zentralen Differenzen approximiert. Bei der Poisson-Gleichung wird dabei der Laplace-Operator mit der Fünfpunktformel

$$(\Delta_h f)(x,y) = \frac{f(x-h,y) + f(x+h,y) + f(x,y-h) + f(x,y+h) - 4f(x,y)}{h^2}$$

diskretisiert. Die Neumannschen-Randbedingungen müssen zusätzlich diskretisiert werden. Anwendung der einseitigen Differenz auf die Randbedingungen $\frac{\partial f}{\partial \hat{o}} = \langle -q(x,y,\tilde{f}) \mid \hat{o} \rangle$ liefert

$$\frac{f_h(x) - f_h(x - h\hat{o})}{h} = \langle -q(x,y,\tilde{f}) \mid \hat{o} \rangle, \quad x \in \partial\Omega_h.$$

Setzt man für die äußere Normale $\hat{o}$ an das Gebiet Ω_{xy} die entsprechenden Richtungen ein, erhält man

$$\left. \begin{array}{ll} \frac{1}{h}[f_h(x,0) - f_h(x,h)] & = +q_2(x,0,\tilde{f}) \\ \frac{1}{h}[f_h(x,1) - f_h(x,1-h)] & = -q_2(x,1,\tilde{f}) \end{array} \right\} \text{ für } x = h, 2h, \ldots, 1-h,$$

$$\left. \begin{array}{ll} \frac{1}{h}[f_h(0,y) - f_h(h,y)] & = +q_1(0,y,\tilde{f}) \\ \frac{1}{h}[f_h(1,y) - f_h(1-h,y)] & = -q_1(1,y,\tilde{f}) \end{array} \right\} \text{ für } y = h, 2h, \ldots, 1-h.$$

Mit Hilfe dieser Gleichungen können die Variablen $f_h(x)$, $x \in \partial\Omega_h$ am Rande des Definitionsbereichs in der Fünfpunktformel eliminiert werden.

Der Stern $h^{-2} \begin{bmatrix} & -1 & \\ -1 & 4 & -1 \\ & -1 & \end{bmatrix}$ wird damit in der Nähe des linken, rechten, oberen und unteren Randes zu

$$h^{-2} \begin{bmatrix} & -1 & \\ 0 & 3 & -1 \\ & -1 & \end{bmatrix}, h^{-2} \begin{bmatrix} & -1 & \\ -1 & 3 & 0 \\ & -1 & \end{bmatrix}, h^{-2} \begin{bmatrix} & 0 & \\ -1 & 3 & -1 \\ & -1 & \end{bmatrix}, h^{-2} \begin{bmatrix} & -1 & \\ -1 & 3 & -1 \\ & 0 & \end{bmatrix}.$$

Auf ähnliche Weise lassen sich die Randwerte in den vier Eckpunkten ersetzen.

Damit wird die 2D-Poisson-Gleichung bei zeilenweiser Nummerierung der diskreten Werte zu folgendem Gleichungssystem:

$$\mathbf{M_f} f_\mathrm{h} = q_\mathrm{h}, \tag{7.39}$$

mit

$$\mathbf{M_f} = h^{-2} \begin{bmatrix} (\mathbf{T} - \mathbf{I}) & -\mathbf{I} & & & \\ -\mathbf{I} & \mathbf{T} & -\mathbf{I} & & \\ & \ddots & \ddots & \ddots & \\ & & -\mathbf{I} & \mathbf{T} & -\mathbf{I} \\ & & & -\mathbf{I} & (\mathbf{T} - \mathbf{I}) \end{bmatrix}, \quad \mathbf{T} = \begin{bmatrix} 3 & -1 & & & \\ -1 & 4 & -1 & & \\ & \ddots & \ddots & \ddots & \\ & & -1 & 4 & -1 \\ & & & -1 & 3 \end{bmatrix}$$

und

$$\begin{aligned}
f_\mathrm{h} = \big[& f_\mathrm{h}(h,h), f_\mathrm{h}(2h,h), \ldots, f_\mathrm{h}(1-h,h), \\
& f_\mathrm{h}(h,2h), f_\mathrm{h}(2h,2h), \ldots, f_\mathrm{h}(1-h,2h), \\
& \cdots \\
& f_\mathrm{h}(h,1-h), f_\mathrm{h}(2h,1-h), \ldots, f_\mathrm{h}(1-h,1-h) \big]^\top,
\end{aligned}$$

$$\begin{aligned}
q_\mathrm{h} = \big[& q_\mathrm{h}^*(h,h), q_\mathrm{h}^*(2h,h), \ldots q_\mathrm{h}^*(1-h,h), \\
& q_\mathrm{h}^*(h,2h), q_\mathrm{h}^*(2h,2h), \ldots q_\mathrm{h}^*(1-h,2h), \\
& \cdots \\
& q_\mathrm{h}^*(h,1-h), q_\mathrm{h}^*(2h,1-h), \ldots q_\mathrm{h}^*(1-h,1-h) \big]^\top,
\end{aligned}$$

mit den Abkürzungen

$$q_h^*(x) = \operatorname{div} q(x, \tilde{f}) + h^{-1} \sum_{\xi \in \partial \Omega_h} \delta_{h,\xi}^x \langle -q(\xi, \tilde{f}) | \hat{o}(\xi) \rangle$$

und

$$\delta_{h,\xi}^x = \begin{cases} 1 & \text{falls } \xi, x \in \overline{\Omega}_h \text{ benachbart sind,} \\ 0 & \text{sonst.} \end{cases}$$

Damit eine Lösung des Neumann-Problems für die Poisson-Gleichung und damit für Gleichung (7.39) existiert, muss die Integrabilitätsbedingung

$$-h \sum_{(x,y)^\top \in \Omega_h} f(x,y) = \sum_{(x,y)^\top \in \partial \Omega_h} \langle -q(x,y,\tilde{f}) | \hat{o} \rangle$$

erfüllt sein. Dies kann mit der Erweiterung

$$\overline{M}_f \overline{f}_h = \overline{q}_h \tag{7.40}$$

mit

$$\overline{M}_f = \begin{bmatrix} M_f & 1 \\ 1^\top & 0 \end{bmatrix}, \quad \overline{f}_h = \begin{bmatrix} f_h \\ w \end{bmatrix}, \quad \overline{q}_h = \begin{bmatrix} q_h \\ 0 \end{bmatrix}$$

erreicht werden. Ist die letzte Komponente $w \in \mathbb{R}$ der Lösung $\overline{f}_h$ gleich Null, so stellt f_h jene Lösung des Systems (7.39) dar, die durch

$$\sum_{x \in \Omega_h} f_h(x) = 0$$

normiert ist. Gilt dagegen $w \neq 0$, so lässt sich f_h als Lösung von $M_f f_h = q_h'$ interpretieren, wobei $q_h' = q_h - wI$ zur rechten Seite div $(q) - w$ gehört. (Siehe Satz 4.7.5 in Hackbush [Hac05], Beweis a.a.O.). Dadurch wird eine eindeutige Lösung des Neumann-Problems erzielt.

Eine Lösung von Gleichung (7.40) kann mit der Methode der konjugierten Gradienten gefunden werden (vgl. Schwarz und Köckler [Sch04]). Diese Verfahren benötigen keine explizite Assemblierung eines schwachbesetzten Gleichungssystems und sind damit speicherplatzeffizient.

Abbildung 7.19 zeigt eine Rekonstruktion mittels FDM für einen Ellipsoidspiegel. In Abbildung 7.20 sind dazu die Abweichungen von der echten

Abbildung 7.19: Rekonstruierter Ellipsoidspiegel

Fläche für die ersten drei Iterationen des Rekonstruktionsalgorithmus dargestellt. Eine für Prüfzwecke hinreichende Genauigkeit kann dabei mit lediglich drei Iterationen erreicht werden.

Ein weiterer Zugang ergibt sich über die Forderung der punktweisen Normalenübereinstimmung (vgl. Gleichung (7.2))

$$-\frac{\partial f(x,y)}{\partial x} = q_1(x,y,\tilde{f}),$$
$$-\frac{\partial f(x,y)}{\partial y} = q_2(x,y,\tilde{f}),$$
(7.41)

wobei $\tilde{f}$ wiederum eine Flächenschätzung bezeichnet.

Eine Diskretisierung dieser Differentialgleichung erster Ordnung erfolgt am Rand von Ω_h über die einseitigen Ableitungen

$$\left.\begin{array}{l} (2h)^{-1}[2f_h(x,h) - 2f_h(x,0)] = q_2(x,0,\tilde{f}) \\ (2h)^{-1}[2f_h(x,1) - 2f_h(x,1-h)] = q_2(x,1,\tilde{f}) \end{array}\right\} \text{ für } x = 0, h, 2h, \ldots, 1,$$

$$\left.\begin{array}{l} (2h)^{-1}[2f_h(h,y) - 2f_h(0,y)] = q_1(0,y,\tilde{f}) \\ (2h)^{-1}[2f_h(1,y) - 2f_h(1-h,y)] = q_1(1,y,\tilde{f}) \end{array}\right\} \text{ für } y = 0, h, 2h, \ldots, 1$$

und sonst mit den symmetrischen Differenzen

$$\left.\begin{array}{l} (2h)^{-1}[2f_h(x+h,y) - 2f_h(x-h,y)] = q_1(x,y,\tilde{f}) \\ (2h)^{-1}[2f_h(x,y+h) - 2f_h(x,y-h)] = q_2(x,y,\tilde{f}) \end{array}\right\} \text{ für } x, y = h, 2h, \ldots, 1-h.$$

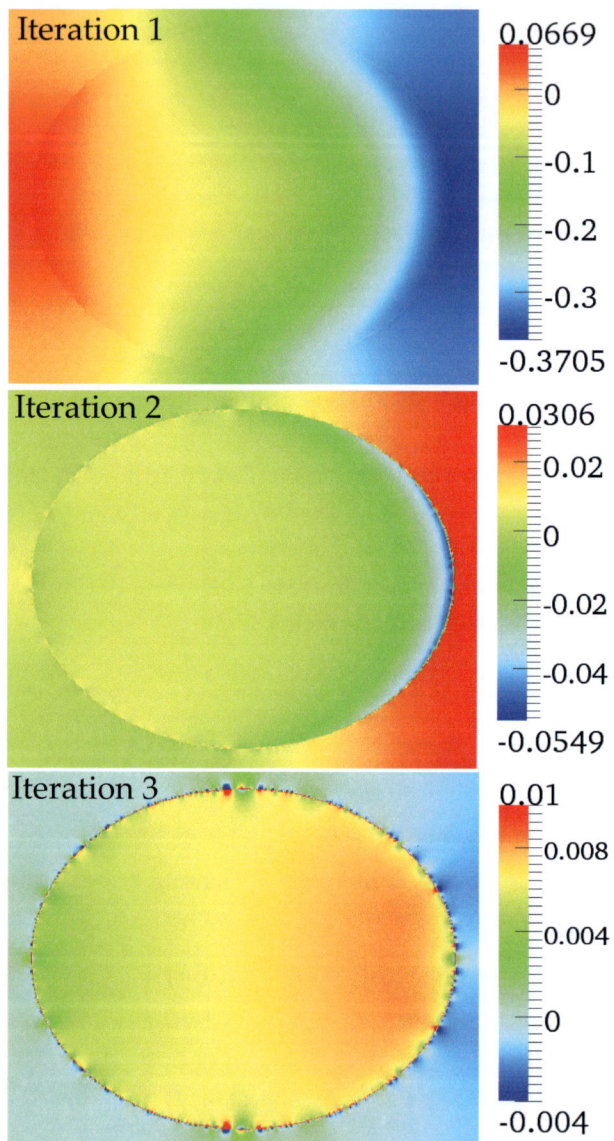

Abbildung 7.20: Ellipsoidspiegel: Rekonstruktionsfehler für Iterationen 1–3

Diese Diskretisierung führt auf das lineare Gleichungssystem

$$\mathbf{M_f} f_h = q_h \, .$$

Dabei gilt für die Matrix

$$\mathbf{M_f} = \begin{bmatrix} \mathbf{M_x} \\ \mathbf{M_y} \end{bmatrix}$$

mit

$$\mathbf{M_x} = \begin{bmatrix} \mathbf{T} & & \\ & \ddots & \\ & & \mathbf{T} \end{bmatrix}, \quad \mathbf{T} = \begin{bmatrix} 2 & -2 & & & \\ 1 & 0 & -1 & & \\ & \ddots & \ddots & \ddots & \\ & & 1 & 0 & -1 \\ & & & 2 & -2 \end{bmatrix}$$

und

$$\mathbf{M_y} = \begin{bmatrix} 2\mathbf{I} & -2\mathbf{I} & & & \\ \mathbf{I} & 0 & -\mathbf{I} & & \\ & \ddots & \ddots & \ddots & \\ & & \mathbf{I} & 0 & -\mathbf{I} \\ & & & 2\mathbf{I} & -2\mathbf{I} \end{bmatrix}, \quad \mathbf{I} = \begin{bmatrix} 1 & & \\ & \ddots & \\ & & 1 \end{bmatrix} \, .$$

Für die gesuchten diskreten Werte f_h der Näherungsfunktion $f_h(x, y)$ und für die diskreten Werte der projizierten Normalen q_h gilt bei zeilenweiser Nummerierung der Elemente aus $\overline{\Omega}_h$:

$$\begin{aligned} f_h = [& f(0,0), f(h,0), \dots, f(1,0), \\ & f(0,h), f(h,h), \dots, f(1,h), \\ & \quad \dots \\ & f(0,1), f(h,1), \dots, f(1,1)]^\top \end{aligned}$$

und

$$\begin{aligned} q_{h,1} = 2h[& q_1(0,0), q_1(h,0), \dots, q_1(1,0), \\ & q_1(0,h), q_1(h,h), \dots, q_1(1,h), \\ & \quad \dots \\ & q_1(0,1), q_1(h,1), \dots, q_1(1,1)]^\top , \end{aligned}$$

$$q_{h,2} = 2h \big[q_2(0,0), q_2(h,0), \dots, q_2(1,0),$$
$$q_2(0,h), q_2(h,h), \dots, q_2(1,h),$$
$$\dots$$
$$q_2(0,1), q_2(h,1), \dots, q_2(1,1) \big]^\top,$$

also

$$q_h = \begin{pmatrix} q_{h,1} \\ q_{h,2} \end{pmatrix}.$$

Daraus folgt für das zu lösende Gleichungssystem:

$$\mathbf{M}_f f_h = q_h$$
$$\Leftrightarrow \begin{bmatrix} \mathbf{M}_x \\ \mathbf{M}_y \end{bmatrix} f_h = \begin{bmatrix} q_{h,1} \\ q_{h,2} \end{bmatrix}. \tag{7.42}$$

Da mit $f(x,y)$ auch $f(x,y) + konst$ eine Lösung der PDE in Gleichung (7.41) ist, muss eine eindeutige Lösung erzwungen werden. Dies kann durch folgende Erweiterung

$$\overline{\mathbf{M}}_f \overline{f}_h = \overline{q}_h \tag{7.43}$$

mit

$$\overline{\mathbf{M}}_f = \begin{bmatrix} \mathbf{M}_f & \mathbf{1} \\ \mathbf{1}^\top & 0 \end{bmatrix}, \ \overline{f}_h = \begin{bmatrix} f_h \\ w \end{bmatrix}, \ \overline{q}_h = \begin{bmatrix} q_h \\ 0 \end{bmatrix}$$

erreicht werden. Damit löst f_h das System $\mathbf{M}_f f_h = q_h - w\mathbf{1}$ wobei f_h durch

$$\mathbf{1}^\top f_h = \sum_{x \in \Omega_h} f_h(x) = 0$$

normiert ist (siehe auch Gleichung (7.40)).

Das Gleichungssystem (7.43) (wie auch das System in Gleichung (7.42)) ist überbestimmt und hat mehr Zeilen als Spalten. Eine approximative Lösung erhält man durch Betrachtung der Normalgleichungen

$$\overline{\mathbf{M}}_f^\top \overline{\mathbf{M}}_f \overline{f}_h = \overline{\mathbf{M}}_f^\top \overline{q}_h.$$

Dieser Lösungsansatz ermöglicht sofort die Anwendung des konjugierten Gradientenverfahrens auf Normalengleichungen (CGNR-Verfahren[95]) nach Algorithmus 7.4.

Das CGNR-Verfahren hat folgende wichtige Eigenschaften:

- Es liefert implizit eine Lösung des Normalenanpassungsproblems $\int_{\Omega_{xy}} \|-\nabla f - q\|^2 \to$ min, da der Algorithmus iterativ die Norm $\|\mathbf{M}_f f_{h,i} - q_h\|^2$ minimiert (vgl. Knaber und Angermann [Kna00]).

- Es minimiert nicht nur das Residuum $r_i = q_h - \mathbf{M}_f f_{h,i}$ sondern auch die Fehlernorm $\|f_h - f_{h,i}\|$:

$$\|f_h - f_{h,i+1}\| \leq \|f_h - f_{h,i}\|, \quad i = 0, 1, \ldots$$

wobei f_h die exakte Lösung des Gleichungssystems bezeichnet (vgl. Li [Li01]). Dies gilt auch bei Vorkonditionierung mit einer symmetrischen, positiv-definiten Matrix (vgl. Gao und Dai [Gao07]).

Algorithmus 7.4 CGNR-Verfahren.

1: Eingabe: $\mathbf{M}, \mathbf{M}^\top, q_h$ und Abbruchkriterium ϵ
2: Ausgabe: Näherungslösung für $\mathbf{M} f_h = q_h$
3: Wähle $x_0 \in \mathbb{R}^n$ beliebig.
4: Berechne $r_0 = q_h - \mathbf{M} x_0$, $d_0 = g_0 = \mathbf{M}^\top r_0$
5: **repeat**
6: $\quad t = \mathbf{M} g_i \quad$ // Hilfsvariable
7: $\quad c = \|d_i\|^2 / \|t\|^2$
8: $\quad x_{i+1} = x_i + c g_i$
9: $\quad r_{i+1} = r_i - c t$
10: $\quad d_{i+1} = \mathbf{M}^\top r_{i+1}$
11: $\quad c = \|d_{i+1}\|^2 / \|d_i\|^2$
12: $\quad g_{i+1} = d_{i+1} + c g_i$
13: **until** $\|r_{i+1}\| < \epsilon$
14: **return** $x_{i+1} \quad$ // Approximation von $f_h = \mathbf{M}^{-1} q_h$

---

[95]engl.: Conjugate Gradient Normal Residual

- Es eignet sich für eine schnelle Implementierung auf Grafikprozessoren und stellt bei einer zusätzlichen Vorkonditionierung ein sehr effizientes Verfahren zur Lösung von großen linearen Systemen dar (siehe Elble et al. [Elb09]).

- Es werden nur zwei zusätzliche Hilfsfunktionen zur Berechnung von $\mathbf{M_f}\,x$ und $\mathbf{M_f^\top}\,x$ benötigt. Dadurch müssen keine großen schwachbesetzten Matrizen angelegt und verwaltet werden, wodurch der Algorithmus auch sehr speicherplatzeffizient und einfach zu implementieren ist.

In Abbildung 7.21 werden die Rekonstruktionen von lokalen Defekten basierend auf Differenzenverfahren dargestellt. Selbst Defekte mit geringer einseitiger lateraler Ausdehnung (z. B. Kratzer) können auf teilspiegelnden Oberflächen detektiert werden.

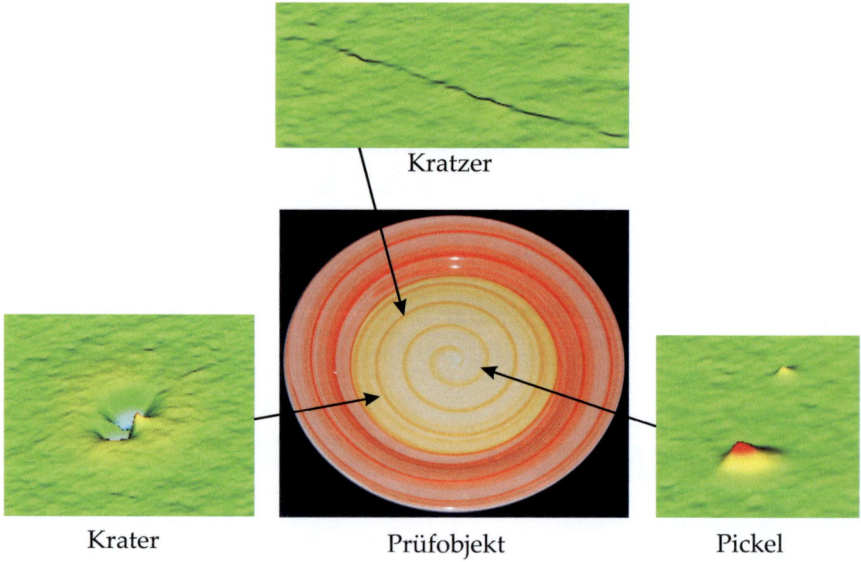

Abbildung 7.21: 3D-Rekonstruktion lokaler Defekte auf lasierter Keramikfläche.

Bemerkung: Ansätze für Finite-Differenz-Methoden bei Gittern mit nicht gleichmäßigen Abständen finden sich ausführlich bei Collatz [Col55].

h / mm	Problemgröße	Unbekannte
0.05	1200 × 1200	1440000
0.1	600 × 600	360000
0.2	300 × 300	90000
0.3	200 × 200	40000
0.4	150 × 150	22500
0.5	120 × 120	14400
1.0	60 × 60	3600

Tabelle 7.1: Problemgröße und Anzahl der Unbekannten des linearen Gleichungssystems für das Rekonstruktionsproblem eines Kugelpatchs in Abhängigkeit des Diskretisierungsparameters h.

Einen ausführlichen Überblick über iterative Methoden zur Lösung von großen schwachbesetzten linearen Gleichungssystemen liefert Saad [Saa03].

Abschließend werden für die Rekonstruktion eines Kugelpatches einige Messwerte bezüglich des Konvergenz- und Zeitverhaltens des Rekonstruktionsalgorithmus zusammengestellt. Der Messbereich beträgt dabei 60 mm × 60 mm. Mit dem Diskretisierungsparameter h ergeben sich für diesen Inspektionsbereich die Problemgrößen in Tabelle 7.1 . Die initiale Fläche des Rekonstruktionsalgorithmus 7.2 ist bei allen Simulationen ein ebener Schnitt durch das Normalenfeld.

In Abbildung 7.22 wird oben der mittlere absolute Fehler der Rekonstruktion in Abhängigkeit von der Anzahl der Iterationen des Rekonstruktionsalgorithmus 7.2 bei Verwendung der FDM zur Lösung der linearen Poisson-Gleichung dargestellt. Man erkennt in der oberen Grafik die rasche Konvergenz des vorgeschlagenen Rekonstruktionsalgorithmus, wobei typischerweise drei Iterationen zur Erreichung einer stabilen Lösung genügen. Im unteren Diagramm von Abbildung 7.22 wird die Abhängigkeit des mittleren absoluten Fehlers in Abhängigkeit des Diskretisierungsparameters h (der Maschenweite) bei drei Iterationen nach Algorithmus 7.2 dargestellt. Die Approximationsgüte der diskreten Lösung an die reale Fläche nimmt mit abnehmendem h linear zu. Die Darstellungen der Abbildung 7.22 sind unabhängig vom verwendeten Verfahren zur Lösung des bei der Rekonstruktion auftretenden linearen Gleichungssystems.

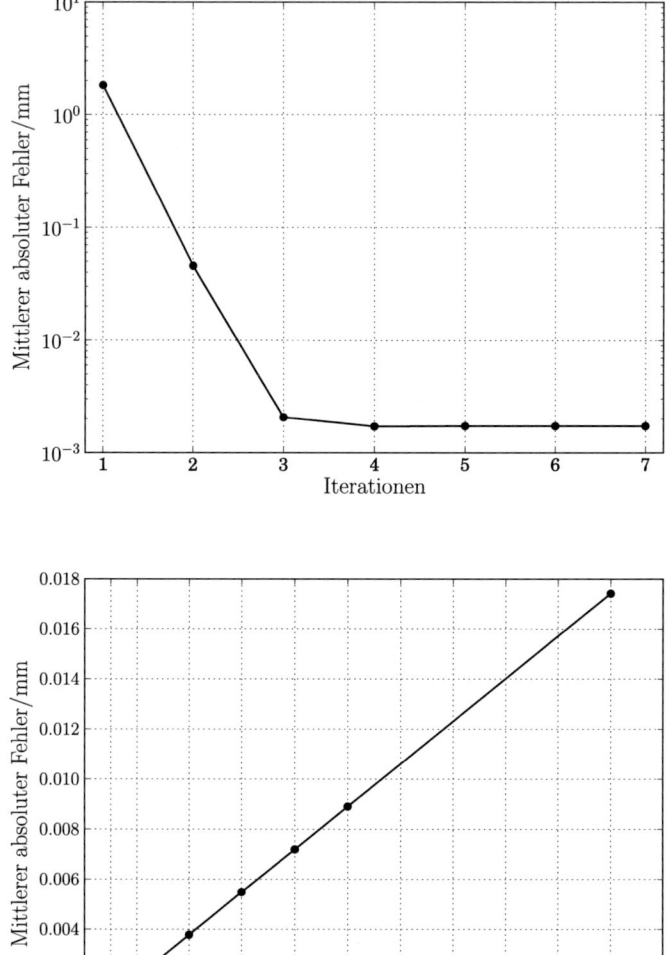

Abbildung 7.22: Mittlerer absoluter Fehler für $h = 0.1$ in Abhängigkeit von der Anzahl an Iterationen des Algorithmus 7.2 (oben) und vom Diskretisierungsparameter h nach drei Iterationen des Rekonstruktionsverfahrens (unten).

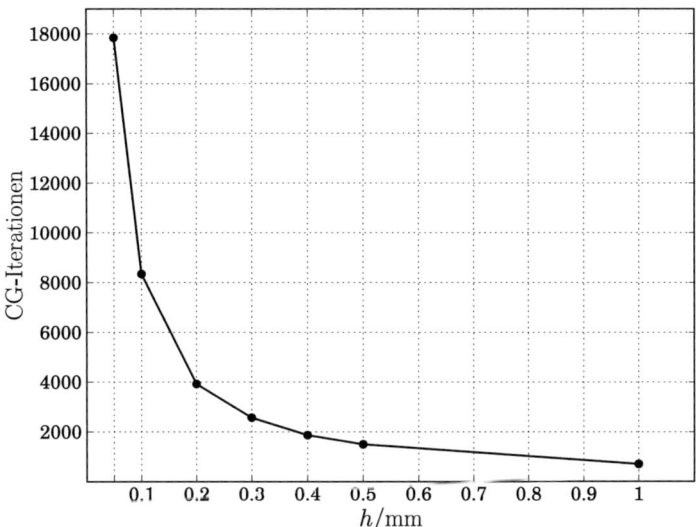

Abbildung 7.23: Zeitverhalten der Rekonstruktion: Anzahl der benötigten CG-Iterationen vs. Diskretisierung.

Zum Zeitverhalten der Rekonstruktion werden nachfolgend Messwerte basierend auf der iterativen Lösung von Gleichung (7.40) mittels CG-Verfahren angegeben. Die Zeitangaben in Sekunden beziehen sich auf einen Rechner mit Intel Core i7 CPU ohne softwareseitige Parallelisierung. In Abbildung 7.23 werden für das betrachtete Beispiel die Anzahl der benötigten Iterationen des CG-Verfahrens angegeben. Diese bestimmen wesentlich die Laufzeit der gesamten Rekonstruktion. Es wird wiederum nach der dritten Iteration des Rekonstruktionsalgorithmus abgebrochen und die Gesamtzahl der CG-Iterationen wird in Abhängigkeit von h (also von der Problemgröße) dargestellt. Es wird keine Vorkonditionierung verwendet (zum Einfluss einer Vorkonditionierung bei der iterativen Lösung von großen Gleichungssystemen siehe Saad [Saa03]).

In Abbildung 7.24 wird hierzu abschließend die absolute Rekonstruktionszeit in Sekunden dargestellt. Je nach Problemgröße, d. h. je nach benötigter Rekonstruktionsgenauigkeit (vgl. Abbildung 7.22 (unten)) liegt die

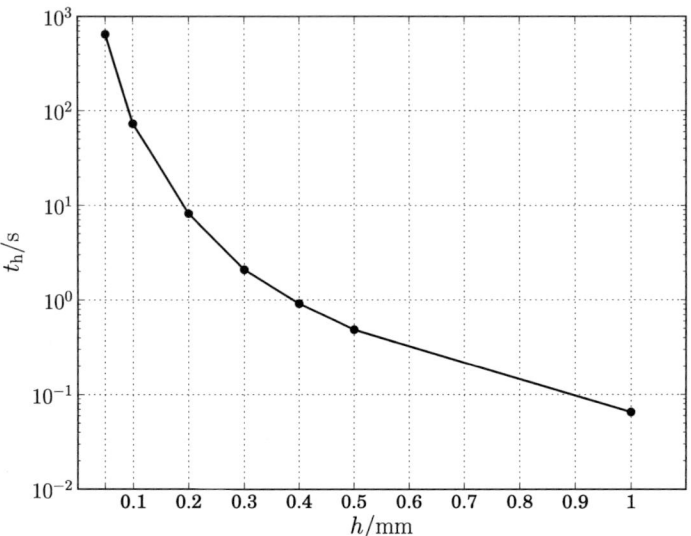

Abbildung 7.24: Zeitverhalten: Rekonstruktionszeit vs. Diskretisierung.

benötigte Zeit im Bereich von Bruchteilen einer Sekunde bis hin zu vielen Minuten. Bei Einsatz geeigneter Vorkonditionierer und Ausnutzung aller Parallelisierungsmöglichkeiten lassen sich diese Zeiten deutlich vermindern; dies bleib jedoch weiteren Untersuchungen vorbehalten.

7.5 Diskrete Differentialgeometrie

Einen weiteren Zugang zur Oberflächenrekonstruktion auf Basis von Flächentriangulationen $\mathcal{T}_h$ bieten die Approximationen der mittleren Krümmung und der Flächennormalen mittels der diskreten Differentialgeometrie. Sei nach Gleichung (3.10) die Normale $\hat{n}_{v,i}$ an einem Knoten v_i bestimmt durch die N_v umliegenden Facettennormalen:

$$\hat{n}_{v,i} = \frac{n_{v,i}}{\|n_{v,i}\|}, \quad n_{v,i} = \frac{1}{N_v} \sum_{k=0}^{N_v-1} \frac{(v_k - v_i) \times (v_{(k+1) \bmod N_v} - v_i)}{\|(v_k - v_i) \times (v_{(k+1) \bmod N_v} - v_i)\|}.$$

Diese Normale muss mit der gemessenen an jedem Punkt des Netzes übereinstimmen:

$$\hat{n}_{v,i} = \hat{n}_{\mathrm{m}}(v_i)\,.$$

Zur Erfüllung dieser Forderung werden nur Verschiebungen der $|\mathcal{V}| = |\{v_i\}|$ Netzknoten längs Sichtstrahlen zugelassen (die Netztopologie bleibt dabei erhalten und jeder Knoten hat nur einen Freiheitsgrad bezüglich seiner Bewegung). Dies führt zu dem Minimierungsproblem (nichtlineares Least-Squares-Problem)

$$\frac{1}{2} \sum_{i=0}^{|\mathcal{V}|-1} \|\hat{n}_{v,i} - \hat{n}_{\mathrm{m}}(v_i)\|^2 \to \min$$

unter der Nebenbedingung des minimalen Abstands der triangulierten Fläche zu gegebenen Regularisierungspunkten (vgl. dazu die Gleichungen (7.15) und (7.16)).

Da bei impliziter Flächenbeschreibung die mittlere Krümmung gleich der Divergenz des Normalenfeldes ist, kann mit

$$K_{\mathrm{M}}(v_i) = -\mathrm{div}\,(\hat{n}_{\mathrm{m}}(v_i))$$

ein weiterer Rekonstruktionszugang mit den verschiedenen diskreten Approximationen der mittleren Krümmung[96] eröffnet werden.

Ein weiterführender Ansatz zur Flächenrekonstruktion auf Basis der diskreten Differentialgeometrie wird in [Bal10a] vorgestellt.

Es bleibt zu bemerken, dass die Rekonstruktionsansätze auf Basis der diskreten Differentialgeometrie mit der linearen Finite-Element-Methode eng verwandt sind, da bei beiden eine Oberflächenapproximation mittels polygonalen Netzen erfolgt und die Bestimmung der Divergenz bzw. Krümmung mit gleichen Ansätzen durchgeführt wird.

7.6 Quellen und Wirbel des Normalenfeldes

Die Grundfrage in diesem Kapitel ist die Frage nach dem Wissen über Oberflächen durch Auswertung der deflektometrischen Registrierung bei

---

[96]Siehe dazu Kapitel 3.2.1.2 und Hege und Polthier [Heg03].

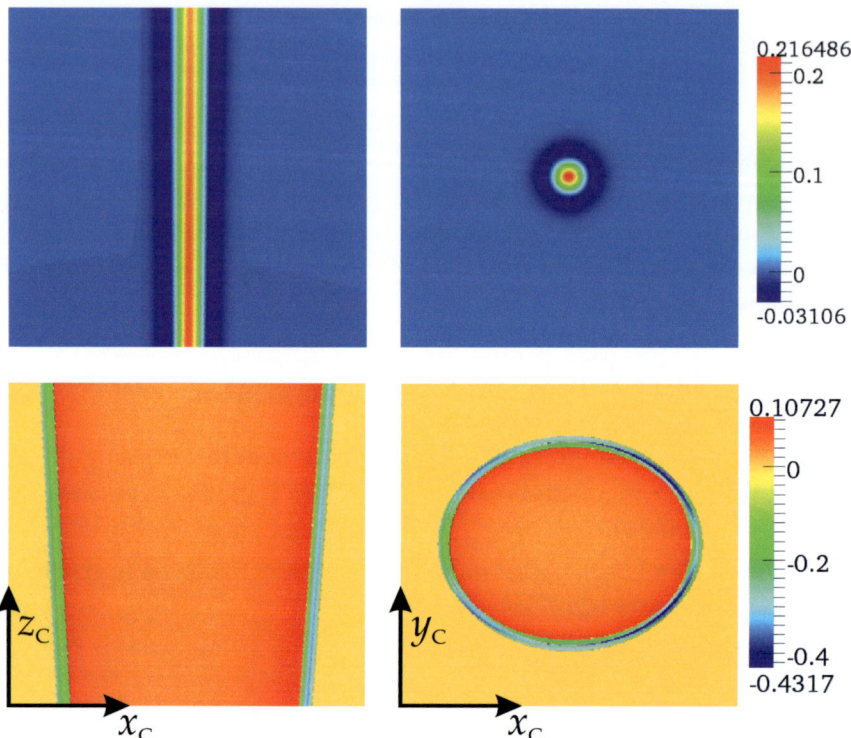

Abbildung 7.25: Vertikale und horizontale Schnitte durch das induzierte Divergenzfeld in Kamerakoordinaten: gaußförmiger Pickel (oberer Reihe) und Ellipsoidspiegel (untere Reihe)

Hinzunahme einer Systemkalibrierung. Dies führt zur Auswertung der deflektometrischen Messung, also des deflektometrischen Normalenfeldes. Die primäre Auswertung des Normalenfeldes besteht in dessen Integration, d. h. der Lösung des deflektometrischen Rekonstruktionsproblems. Dies wurde in den vorangehenden Abschnitten ausführlich dargelegt. Darüber hinaus kann das deflektometrische Normalenfeld auch selbst Gegenstand der Untersuchung sein. Dabei ergeben sich, über die Flächenrekonstruktion hinaus, weitere Zugänge zur visuellen Inspektion spiegelnder Oberflächen.

Im Bereich der Elektrotechnik werden die elektromagnetischen Felder wesentlich durch deren Quellen und Wirbel bestimmt (Maxwellsche

Gleichungen). Daraus ergibt sich in analoger Betrachtung die Frage nach der Interpretationsmöglichkeit der Quellen und Wirbel des deflektometrischen Normalenfeldes.

Die Quellen des deflektometrischen Normalenfeldes sind die mittleren Krümmungen der hypothetischen Lösungsflächen des deflektometrischen Rekonstruktionsproblems. Damit ist es auf einfache Weise möglich ein Prüfobjekt hinsichtlich der Abweichung der mittleren Krümmung von einer Sollkrümmung zu prüfen. Da sich die Divergenz des deflektometrischen Normalenfeldes längs Sichtstrahlen nur wenig ändert, genügt eine grobe Modellierung des Prüfobjektes zur Selektion von Divergenzen aus dem dreidimensionalen Divergenzfeld.

In Abbildung 7.25 sind vertikale und horizontale Schnitte durch die Divergenzfelder einer pickelförmigen Störung einer ebenen Fläche und einer elliposidförmigen Fläche dargestellt.

Neben der direkten Auswertung der Divergenzen (mittleren Krümmungen) lassen sich mit der Divergenzanalyse adaptive Netzverfeinerungen bei den Rekonstruktionsverfahren steuern.

Im Gegensatz zur Divergenz liefert die Rotation des deflektometrischen Normalenfeldes keine Aussagen über einzelne Lösungsflächen sondern beschreibt das geometrische Verhalten der Lösungsflächen untereinander. Betrachtet man zwei Lösungsflächen S^i und S^j und wählt als Weg den Rand ∂G eines ebenen Gebiets nach Abbildung 7.26, dann gilt:

$$U = \oint_{\partial G} \hat{n}_{\mathrm{m}} \cdot d\sigma$$

$$= \int_A^B \langle \hat{n}_{\mathrm{m}} | \hat{t}_\sigma \rangle \, d\sigma + \int_B^C \langle \hat{n}_{\mathrm{m}} | \hat{t}_\sigma \rangle \, d\sigma + \int_C^D \langle \hat{n}_{\mathrm{m}} | \hat{t}_\sigma \rangle \, d\sigma + \int_D^A \langle \hat{n}_{\mathrm{m}} | \hat{t}_\sigma \rangle \, d\sigma .$$

Die Integrale längs der Kurven von B nach C und von D nach A verschwinden, da $\hat{n}_{\mathrm{m}} \perp S^i, S^j$ und damit $\hat{n}_{\mathrm{m}} \perp \hat{t}_\sigma$. Weiter ist

$$\langle \hat{n}_{\mathrm{m}} | \hat{t}_\sigma \rangle = \left\{ \begin{array}{l} 1 \ \text{längs A nach B,} \\ -1 \ \text{längs C nach D,} \end{array} \right.$$

da nach Konstruktion $\hat{n}_{\mathrm{m}} \parallel \hat{t}_\sigma$ und $\|\hat{n}_{\mathrm{m}}\| = \|\hat{t}_\sigma\| = 1$ gilt.

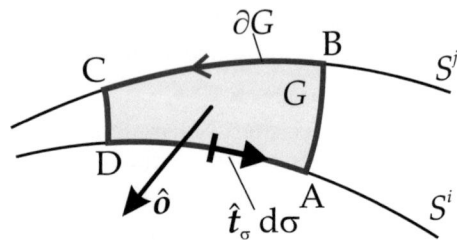

Abbildung 7.26: Zur Bestimmung der Abtandsänderung zweier Lösungsfächen

Daraus folgt, dass

$$U = \oint_{\partial G} \langle \hat{n}_m | \hat{t}_\sigma \rangle \, d\sigma = \int_A^B d\sigma - \int_C^D d\sigma$$

die Änderung des Abstandes der Lösungsflächen längs ∂G misst.

Es gilt nach dem Stokesschen Integralsatz:

$$U = \oint_{\partial G} \langle \hat{n}_m | \hat{t}_\sigma \rangle \, d\sigma = \int_G \langle \operatorname{rot} \hat{n}_m | \hat{o} \rangle \, do \, .$$

Die Rotation des Normalenfeldes kann damit anschaulich interpretiert werden[97] als „Abstandsgewinn" auf einem Weg längs den Kanten eines infinitesimalen Dreiecks nach Abbildung 7.27. Die Vektornorm $\|\operatorname{rot} \hat{n}_m\|$ beschreibt die kumulative Abstandsänderung nach einem vollständigen Umlauf und $\frac{\operatorname{rot} \hat{n}_m}{\|\operatorname{rot} \hat{n}_m\|}$ bestimmt die Orientierung des Flächenelements mit der größten Änderung.

Da auf einer hypothetischen Fläche S die Wirbelstärke des Normalenfeldes verschwinden muss, existiert das Potential $\nabla \varphi(x) = \hat{n}_m(x)$ und es kann keinen „Abstandsgewinn" auf geschlossenen Oberflächenpfaden geben. Damit gilt

$$\langle \hat{n}(x) | \operatorname{rot} \hat{n}_m(x) \rangle = 0 \quad \forall \, x \in S \, .$$

---

[97] Für einen besonders anschaulichen Zugang zur Interpretation von Rotation und Divergenz siehe Burg et al. [Bur06].

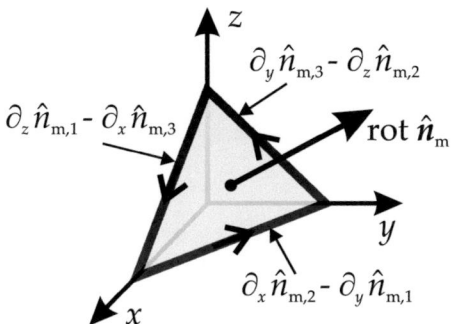

Abbildung 7.27: Zur Geometrie der Rotation

Wird die zu rekonstruierende Fläche S als Funktionsgraph

$$S = \{(x,y,z)^\top | z = f(x,y)\}, \quad \hat{n} = \frac{1}{\sqrt{(\partial_x f)^2 + (\partial_y f)^2 + 1}} \begin{pmatrix} -\partial_x f \\ -\partial_y f \\ 1 \end{pmatrix},$$

angesetzt, folgt sofort die partielle Differentialgleichung

$$\langle (-\partial_x f(x,y), -\partial_y f(x,y), 1)^\top | \nabla \times \hat{n}_{\mathrm{m}} (x,y,f(x,y)) \rangle = 0.$$

Die gesuchte Fläche muss immer senkrecht auf den Wirbeln des Normalenfeldes stehen.

In Bereichen nicht verschwindender Rotation lässt sich die Oberfläche also mit der quasinlinearen Gleichung 1. Ordnung

$$-\partial_x f(x,y) \, (\partial_y \hat{n}_{\mathrm{m},3} - \partial_z \hat{n}_{\mathrm{m},2}) - \partial_y f(x,y) \, (\partial_z \hat{n}_{\mathrm{m}1} - \partial_x \hat{n}_{\mathrm{m},3}) = -(\partial_x \hat{n}_{\mathrm{m},2} - \partial_y \hat{n}_{\mathrm{m},1})$$

rekonstruieren. Dabei bedeutet

$$\partial_z \hat{n}_{\mathrm{m},i} = \frac{\partial \hat{n}_{\mathrm{m},i}(x,y,z)}{\partial z} \Big|_{z=f(x,y)}.$$

Gilt in einem Bereich Ω'

$$\|\mathrm{rot}\, \hat{n}_{\mathrm{m}}\|(x) \approx 0 \quad \forall\, x \in \Omega',$$

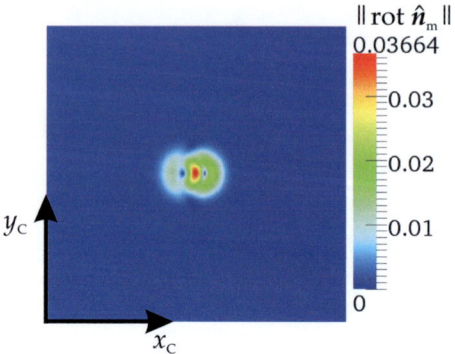

Abbildung 7.28: Horizontaler Schnitt durch das induzierte Normalenfeld eines gaußförmigen Pickels: Dargestellt ist die Norm der Rotation von $\hat{n}_m$.

dann lässt sich das deflektometrische Normalenfeld durch eine Distanz-funktion

$$\nabla\varphi(x) = \hat{n}_m(x), \quad \|\nabla\varphi(x)\| = 1, \quad x \in \Omega' \subset \mathbb{R}^3,$$

approximieren. Da die Niveauflächen einer Distanzfunktion für eine Ebene wiederum (parallele) Ebenen sind, die Lösungsmenge der Rekonstrukti-onsaufgabe für einen ebenen Spiegel aber nicht durch parallele Ebenen beschrieben werden kann, ist es im Allgemeinen nicht möglich, das de-flektometrische Normalenfeld durch eine Distanzfunktion darzustellen. Jedoch ist aufgrund der schwachen Abhängigkeit des Normalenfeldes in Sichtstrahlrichtung die Rotation in Bereichen mit geringer Flächenkrüm-mung vernachlässigbar (vgl. dazu Abbildung 7.28).

Zusammenfassend gibt es zwei Möglichkeiten das deflektometrische Nor-malenfeld $\hat{n}_m$ zu betrachten: anhand der Quellen und der Wirbel. Die Quel-len des Normalenfeldes legen das Krümmungsverhalten der Lösungsflä-chen des deflektometrischen Rekonstruktionsproblems fest und die Wirbel beschreiben das Abstandsverhalten dieser Lösungsflächen untereinander.

Die Betrachtung der Quellen führt auf ein Krümmungsanpassungspro-blem (Gleichung (7.25)) und bei Beachtung der Hodge-Zerlegung (Glei-chung (7.27) und (7.28)) zum Neumann-Problem nach Gleichung (7.31). Die Lösung dieser Gleichung führt zur Simultanlösung aller hypothetischen Flächen des deflektometrischen Rekonstruktionsproblems im Inspektionsbereich der Kamera. Diese Simultanlösung kann durch eine Distanzfunktion angenähert werden. Die Untersuchung der Wirbel des Normalenfeldes zeigt schließlich, dass diese Approximation (vgl. Gleichung (7.36)) umso besser ist, je kleiner die Wirbelstärke des Normalenfeldes in den betrachteten Bereichen ist.

8 Abschlussbemerkungen

8.1 Zusammenfassung

Im Rahmen der vorliegenden Arbeit wurde ein komplettes Sensorsystem zur automatischen Sichtprüfung und Rekonstruktion spiegelnder Oberflächen entwickelt und systematisch beschrieben.

Zur Mess- und Prüftechnik spiegelnder Flächen wurden dabei folgende methodische und algorithmische Beiträge geleistet:

- Das Sensorsystem zur automatischen Sichtprüfung wurde modelliert (vgl. Kapitel 4). Hierbei wird besonders auf die Einführung der Konzepte „relative Schirmüberdeckung" (Definition 21) und „Schirmbelegungsenergie" (Definition 22) hingewiesen. Diese Konzepte sind im Rahmen des Rapid-Prototyping von Sichtprüfsystemen (vgl. [Wer07d]) zur Bestimmung optimaler Prüfkonstellationen nützlich. Weiterhin wurde der Einfluss der Aufnahmekonstellation auf die Prüf- und Rekonstruktionsgenauigkeit ausführlich untersucht. Dies führte zu einer Reihe von Designfaustregeln für deflektometrische Sichtprüfsysteme (vgl. [Wer09a, Bal11]).

- Ein neuartiges Verfahren zur Kalibrierung von deflektometrischen Sensorsystemen wurde dargestellt (vgl. Kapitel 4.4). Dieses Verfahren verzichtet auf spezielle Kalibriermuster und ermöglicht die Bestimmung der extrinsischen und intrinsischen Systemparameter nur unter Zuhilfenahme eines ebenen Kalibrierspiegels. Besitzt der Spiegel drei zusätzliche Markierungen, gelingt auch eine vollständige Bestimmung der Hand-Auge-Kalibrierung des Handhabungssystems.

- Ein adaptiver Algorithmus zur Kodierung von Schirmpositionen bei der Bestimmung der deflektometrischen Registrierung wurde vorgeschlagen (vgl. Kapitel 6.1). Dieser Algorithmus minimiert das Problem der Phasensprünge bei mehrstufigen Phasenschiebeverfahren mit sukzessiver Verkleinerung der Periodenlängen und lässt sich bei (teilspiegelnden) Oberflächen mit wechselnden Krümmungen einsetzen.

- Das Konzept der inversen Muster zur schnellen Sichtprüfung von spiegelnden Bauteilen wurde eingeführt und ausführlich dargestellt (vgl. Kapitel 5.1 und [Wer07c]).

- Algorithmen zur Detektion von kleinen lokalen Defekten (Pickel, Poren, Falten) und von ausgedehnten Zerrungen wurden vorgeschlagen. Diese Algorithmen beruhen auf dem Konzept der wahrgenommenen Krümmung und sind demnach für eine visuelle Inspektion hervorragend geeignet (vgl. Kapitel 6.2).

- Die Möglichkeit zur Detektion von Riefenstrukturen in spiegelnden Flächen mittels Texturanalyse wurde aufgezeigt (vgl. Kapitel 6.2).

- Ein Algorithmus zur Konstruktion von Flächenpaaren, die sich durch deflektometrische (Multi-)Stereoansätze nicht voneinander unterscheiden lassen, wurde angegeben (siehe Algorithmus 3.1). Damit wird erstmalig die Existenz von globalen Mehrdeutigkeiten konstruktiv bewiesen. Die Untersuchung von Normalenfeldern liefert weiterhin den Hinweis, dass Flächen mit konstanter Krümmung eindeutig hinsichtlich des spekularen Stereo sind.

- Das Konzept der wahrgenommenen Krümmung als Abweichung des beobachteten von einem erwarteten Muster wurde eingeführt. Als Abweichung wurde die Kompression/Dehnung einer Textur sowie die Abweichung einer Kurve von einer Geraden untersucht. Diese Abweichungen werden verursacht

1. durch Normalenänderung längs Beobachtungskurven im Auge/Kamera-Koordinatensystems (der Zusammenhang von wahrgenommener Krümmung und spiegelnder Oberfläche wird dabei durch die Hesse-Matrix beschrieben) und

2. durch die lokale Normalenänderung relativ zu einer Sollnormalen, welche bei kleinen Störungen auf einfache Weise aus der ungestörten Umgebung geschätzt werden kann (die Bestimmung der Abweichung gegenüber einer Referenzfläche entspricht hier in direkter Weise dem vorgeschlagenen Konzept der wahrgenommenen Krümmung).

Im Zusammenhang der Wahrnehmung von Defekten auf spiegelnden Flächen ist auf das ausgezeichnete Auge/Kamera-Koordinatensystems hinzuweisen. Eine Bestimmung der differentialgeometrischen Krümmungen (bzw. der Weingartenmatrix) genügt für die Sichtprüfung von Bauteilen unter ästhetischen Gesichtspunkten nicht, da Störungen in einer spiegelnden Oberfläche aus unterschiedlichen Sichtrichtungen verschieden wahrgenommen werden können. Eine Oberflächeninspektion muss die Blickrichtung des Beobachters berücksichtigen und damit die Änderung der Oberflächennormalen bezüglich des Beobachtersystems als Prüfkriterium heranziehen. Damit spielt die Hesse-Matrix bei der wahrgenommenen Krümmung die Rolle der Weingarten-Matrix bei den differentialgeometrischen Krümmungen.

• Eine Auswertestrategie zur Auswertung struktureller Texturen am Beispiel schachbrettartiger Muster wurde angegeben (siehe Algorithmus 5.1). Damit ist eine einfache Bestimmung der zweiten Flächenableitungen möglich.

• Zur Regularisierung des deflektometrischen Rekonstruktionsproblems wurden drei neuartige Verfahren beschrieben (vgl. Kapitel 3.6): Regularisierung durch Fokusserien, Regularisierung mittels Lasertriangulation und Regularisierung durch Linearisierung mittels modellbasierter Selektion der „richtigen" Normalen. Dabei erfolgt die einfachste Auswahl durch einen ebenen Schnitt durchs Normalenfeld. Es wurde gezeigt, dass bei geschickter Prüfkonstellation der hierdurch verursachte Rekonstruktionsfehler klein gehalten werden kann (vgl. [Wer09a, Bal11]).

• Ein Algorithmus zur Bestimmung von Randwerten des deflektometrischen Rekonstruktionsproblems wurde dargestellt. Dabei wird ein monokularer Stereoansatz mit maximaler Stereobasis benutzt (vgl. [Wer07a, Wer07b]). Die Suchrichtung nach Punkten mit minimaler Stereodisparität erfolgt hierbei längs Suchrichtungen mit maximalem Vektorgradienten des Normalenfeldes.

• Ein neuartiger Algorithmus zur Lösung des deflektometrischen Rekonstruktionsproblems wurde vorgeschlagen. Dabei wird das zugrunde liegende nichtlineare Rekonstruktionsproblem durch eine iterative Lösung linearer Probleme gelöst.

Die Bedingungen für die Konvergenz des Fixpunktalgorithmus wurden angegeben. Es zeigt sich, dass der vorgeschlagene Algorithmus bei typischen Prüfeinsätzen des in dieser Arbeit vorgestellten Sensorkopfes, sehr schnell konvergiert.

Die Lösung der auftretenden linearen Probleme wurde ausführlich mittels Finite-Element-Methoden und Finite-Differenzen-Methode gezeigt. Bei der FE-Methode ist auf die randwert- und divergenzfreie Formulierung des Variationsproblems hinzuweisen, das einen besonders einfachen Aufbau der Systemmatrix ermöglicht. Der Vorteil der FEM liegt in der flexiblen Handhabung von triangulierten Netzen, die insbesondere beim Rekonstruktionsansatz in Kamerakoordinaten die projektiven Eigenschaften der deflektometrischen Messung mittels fester Netztopologie berücksichtigen. Hingegen kann die FDM ihren Geschwindigkeitsvorteil vor allem bei einem Rekonstruktionsansatz in Weltkoordinaten ausspielen. Darüber hinaus können alle Verfahren, die eine Lösung der auftretenden linearen Probleme ermöglichen, wie z. B. Methoden basierend auf der diskreten Differentialgeometrie, Approximationen durch Spline-Flächen oder Shapelets einfach integriert werden. Die Lösungsalgorithmen lassen sich in dem im Laufe dieser Arbeit entstandenen modularen Framework auf einfache Weise austauschen (vgl. [Wer09a, Wer09b]).

• Der Zusammenhang von Simultanlösungen aller hypothetischen Flächen des deflektometrischen Rekonstruktionsproblems mit impliziten Funktionen und der Approximation durch Distanzfunktionen wurde klar herausgearbeitet.

• Zur Rekonstruktion komplex geformter Oberflächen, die mehr als eine Aufnahmekonstellation bedürfen wurden verschiedene Strategien zur Fusion von Teilmessungen vorgeschlagen:

  1. Punkte auf schon rekonstruierten Teilpatches können als Regularisierungspunkte des Neumann-Problems betrachtet werden. Alle Teilpatches werden mit der gleichen Rekonstruktionsstrategie erzeugt.

  2. Randkurven können in den überlappenden Messbereichen generiert und damit für den neu zu rekonstruierenden Teilpatch gemischte Randwerte angesetzt werden.

3. Ein hierarchisches Rekonstruktionsverfahren wird vorgeschlagen. Dabei wird zunächst nur ein grobes Modell der zunächst unbekannten Oberfläche rekonstruiert und in relevanten Bereichen (z. B. in Bereichen mit großer mittlerer Krümmung) in einem nachfolgenden Schritt eine Rekonstruktion mit einem feineren Netz durchgeführt. Die rekonstruierten Punkte auf einer Rekonstruktionsstufe dienen als Regularisierungspunkte der nachfolgen Stufe. Dieses Verfahren entspricht einer adaptiven Netzverfeinerung mit dem Vorteil der reduzierten Speicheranforderungen bei sehr großen Problemen, da nicht für das ganze Netz, sondern nur für den neu zu betrachtenden Bereich, die Systemmatrix aufgebaut werden muss.

- Schließlich ermöglicht der vorgeschlagene Rekonstruktionsalgorithmus aufgrund seiner doppelten Optimalität (hinsichtlich der Normalen- und der Lageanpassung der rekonstruierten Fläche an die Messdaten) die Entwicklung von Prüfsystemen, die in *einem* Aufbau, Projektions- und Reflexionsmethoden kombinieren. Damit erhält man bei teilspiegelnden Oberflächen ein Prüfsystem, das sowohl die Gestalt als auch die (ästhetisch relevanten) Neigungsänderungen mit hoher Genauigkeit direkt misst.

Es bleibt abschließend zu bemerken, dass mit dem Konzept des deflektometrischen Normalenfeldes und der darauf fußenden Beschreibung des Rekonstruktionsproblems mittels nichtlinearen partiellen Differentialgleichungen, alle bisher bekannten deflektometrischen Verfahren methodisch beschrieben werden können. Im deflektometrischen Normalenfeld ist das gesamte, über visuelle Beobachtungsmethoden erreichbare Wissen über die 3D-Gestalt einer spiegelnden Oberfläche enthalten.

8.2 Ausblick

Die Weiterführung der automatischen Sichtprüfung spiegelnder Oberflächen sieht der Autor der vorliegenden Arbeit schließlich in den Bereichen

- Sensorik: Zum Einsatz deflektometrischer Methoden bei rauen Oberflächen bedarf es der Erzeugung von dynamisch veränderbaren

Mustern im thermischen Infrarot. Dies stellt nach aktuellem Kenntnisstand eine technische Herausforderung dar, die weiterer Forschung bedarf. Eine weitere Entwicklung deflektometrischer Sensorik muss darüber hinaus die benötigten Prüfzeiten gerade bei teilspiegelnden Oberflächen optimieren, um eine takthaltende Inspektion im industriellen Umfeld zu garantieren. Eine Möglichkeit dazu liefert der Einsatz geblitzter und variabler Muster mit hoher Strahldichte.

• Methodik: Das deflektometrische Rekonstruktionsproblem für eine einzelne Prüfposition kann als gelöst angesehen werden. Die Erweiterungsmöglichkeit zur Rekonstruktion von großen und komplex geformten Flächen wurde gezeigt. Die Weiterentwicklung der in dieser Arbeit vorgeschlagenen Verfahren zu einem automatisierten 3D-Scanner für spiegelnde Objekte bedarf jedoch weiterführender Forschung in den Bereichen Roboter-Bahnplanung und Modellgenerierung auf Basis deflektometrischer Rekonstruktionsdaten.

Die Inspektion großer und komplex geformter Objekte mittels kompakter Sensorik kann als Sensor-Einsatzplanung-Problem modelliert werden mit dem Ziel, Systeme zum Rapid-Prototyping von Sichtprüfsystemen zur Verfügung zu stellen.

Es bedarf darüber hinaus noch weiterer Untersuchungen der unterschiedlichen Rekonstruktionsverfahren hinsichtlich effizienter Implementierungen (Einsatz von Grafikprozessoren, Multigrid-Verfahren, hp-Finite-Elemente, schnelle Randelement-Methoden) um zu einer echtzeitfähigen Onlinerekonstruktion spiegelnder und komplex geformter Oberflächen zu gelangen.

A Anhang

A.1 Lax-Milgram-Lemma

Zur folgenden Darstellung siehe Jung und Langer [Jun01].

Definition. Die Bilinearform $a(\cdot|\cdot)$ heißt V_0-*elliptisch*, wenn eine positive Konstante μ_1 existiert, so dass die Ungleichung

$$a(v|v) \geq \mu_1 \|v\|^2 \quad \forall\, v \in V_0$$

gilt. Dabei ist $\|\cdot\|$ eine Norm im Raum V_0.

Die Bilinearform $a(\cdot|\cdot)$ heißt V_0-*beschränkt*, wenn eine positive Konstante μ_2 existiert, so dass die Ungleichung

$$|a(u|v)| \leq \mu_2 \|u\|\|v\| \quad \forall\, u,v \in V_0$$

erfüllt ist.

Definition. Q ist ein *beschränktes, lineares Funktional auf* V_0, wenn

$$|Q(v)| \leq c\|v\| \quad \forall\, v \in V_0$$

und

$$Q(\eta_1 v_1 + \eta_2 v_2) = \eta_1 Q(v_1) + \eta_2 Q(v_2) \quad \forall\, v_1,v_2 \in V_0 \;\; \forall\, \eta_1, \eta_2 \in \mathbb{R}$$

gelten, wobei c eine positive Konstante ist.

Satz. Sei $a(\cdot|\cdot) : V_0 \times V_0 \to \mathbb{R}$ eine V_0-beschränkte und V_0-elliptische Bilinearform. Sei außerdem Q ein beschränktes, lineares Funktional auf V_0. Dann existiert genau ein $u \in V_0$, so dass

$$a(u,v) = Q(v) \quad \forall\, v \in V_0$$

gilt.

Zum Beweis siehe z. B. Großmann und Roos [Gro05] oder für eine ausführliche Darstellung im funktionalanalytischen Kontext Atkinson und Han [Atk01].

A.2   Integralformeln

In diesem Abschnitt werden häufig benutzte Integralbeziehungen zusammengestellt (vgl. auch hierzu die Darstellung bei Jung und Langer [Jun01]).

Nachfolgend seien $u, v, w \in H^1(\Omega)$ und $\Omega \subset \mathbb{R}^d$.

Beginnen wir mit der Grundformel

$$\int_\Omega \frac{\partial w(x)}{\partial x_i} \, dx = \int_{\partial \Omega} w(x) o_i(x) \, do. \tag{A.1}$$

Dabei bezeichnet $o_i(x)$ die i-te Komponente der äußeren Einheitsnormale $\hat{o}(x)$ im Punkt $x \in \partial \Omega$. Wird $w = u\,v$ gesetzt, dann erhält man daraus die Formel der *partiellen Integration*

$$\int_\Omega \frac{\partial u(x)}{\partial x_i} v(x) \, dx = - \int_\Omega \frac{\partial v(x)}{\partial x_i} u(x) \, dx + \int_{\partial \Omega} u(x) v(x) o_i(x) \, do.$$

Wird in Gleichung (A.1) w durch eine Funktion w_i ersetzt und nachfolgend die Gleichungen für $i = 1, \ldots, d$ aufaddiert, so erhält man den *Gaußschen Integralsatz*

$$\int_\Omega \operatorname{div} w(x) \, dx = \int_{\partial \Omega} \langle w(x) | \hat{o}(x) \rangle \, do$$

mit $w(x) = (w_1(x), \ldots, w_d(x))^\top$ und $\operatorname{div} w = \partial w_1 / \partial x_1 + \ldots + \partial w_d / \partial x_d$.

Aus der Formel der partiellen Integration folgt die *Greensche Formel*

$$\int_\Omega \Delta u \, v \, dx = - \int_\Omega \left(\sum_{i=1}^d \frac{\partial u}{\partial x_i} \frac{\partial v}{\partial x_i} \right) dx + \int_{\partial \Omega} \left(\sum_{i=1}^d \frac{\partial u}{\partial x_i} o_i \right) do.$$

durch Ersetzung von u durch $\partial u / \partial x_i$ und anschließender Aufsummierung über alle i.

Mit $\Delta u \equiv \operatorname{div}(\operatorname{grad} u)) \equiv \nabla(\nabla u)$ und der Definition der *Normalenableitung*

$$\frac{\partial u}{\partial \hat{o}} := \sum_{i=1}^d \frac{\partial u}{\partial x_i} o_i = \langle \operatorname{grad} u | \hat{o} \rangle \equiv \langle \nabla u | \hat{o} \rangle$$

und

$$\sum_{i=1}^{d} \frac{\partial u}{\partial x_i} \frac{\partial v}{\partial x_i} = \langle \operatorname{grad} u | \operatorname{grad} v \rangle \equiv \langle \nabla u | \nabla v \rangle$$

kann die Greensche Formel auch folgendermaßen geschrieben werden:

$$\int_{\Omega} \Delta u \, v \, \mathrm{d}x = - \int_{\Omega} \langle \nabla u | \nabla v \rangle \, \mathrm{d}x + \int_{\partial \Omega} \langle \nabla u | \hat{o} \rangle v \, \mathrm{d}o$$

bzw.

$$\int_{\Omega} \operatorname{div} \left(\operatorname{grad} u(x) \right) v(x) \, \mathrm{d}x = - \int_{\Omega} \langle \operatorname{grad} u(x) | \operatorname{grad} v(x) \rangle \, \mathrm{d}x + \int_{\partial \Omega} \frac{\partial u(x)}{\partial \hat{o}(x)} v(x) \, \mathrm{d}o \, .$$

Sei $w : \mathbb{R}^3 \to \mathbb{R}^3$, dann gilt der *Stockessche Integralsatz*

$$\oint_{\partial G} \langle w | \hat{t}_\sigma \rangle \, \mathrm{d}\sigma = \int_{G} \langle \operatorname{rot} w | \hat{o} \rangle \, \mathrm{d}o$$

mit dem normierten Tangentenvektor $\hat{t}_\sigma$ an das Gebiet G und dem Randelement $\hat{t}_\sigma \, \mathrm{d}\sigma$.

Es gilt die Darstellung $\operatorname{rot} w \equiv \nabla \times w$.

Bemerkung: Für eine anschauliche Einführung der Integralsätze mittels Differentialformen siehe Burg et al. [Bur06].

A.3 Betreute Studien- und Diplomarbeiten

M. Mai: *Schnelle Oberflächenprüfung durch Applikation inverser Muster*, Diplomarbeit, Lehrstuhl für interaktive Echtzeitsysteme, Karlsruher Institut für Technologie, 2007.

D. Guerniche: *Lösung des deflektometrischen Randwertproblems*, Studienarbeit, Lehrstuhl für interaktive Echtzeitsysteme, Karlsruher Institut für Technologie, 2008.

S. Lin: *Untersuchung eines robusten Verfahrens zur Kodierung von Schirmpositionen bei der deflektometrischen Prüfung spiegelnder Oberflächen*, Studienarbeit, Lehrstuhl für interaktive Echtzeitsysteme, Karlsruher Institut für Technologie, 2008.

J. Unger: *Untersuchung multiskalenbasierter Ansätze zur Lösung einer deflektometrischen partiellen Differentialgleichung*, Studienarbeit, Lehrstuhl für interaktive Echtzeitsysteme, Karlsruher Institut für Technologie, 2008.

F. Mickler: *Untersuchungen zur optimalen Positionierung eines deflektometrischen Sensorsystems*, Studienarbeit, Lehrstuhl für interaktive Echtzeitsysteme, Karlsruher Institut für Technologie, 2010.

J. Unger: *Rekonstruktion spiegelnder und komplex geformter Oberflächen mittels partieller Differentialgleichungen*, Diplomarbeit, Lehrstuhl für interaktive Echtzeitsysteme, Karlsruher Institut für Technologie, 2010.

J. Dibbelt: *Level-Set-Evolutionen zur Lösung von Optimierungsaufgaben unter Nebenbedingungen*, Studienarbeit, Lehrstuhl für interaktive Echtzeitsysteme, Karlsruher Institut für Technologie, 2010.

A.4 Eigene Veröffentlichungen zum Thema

J. Balzer, S. Werling und J. Beyerer: „Regularization of the deflectometry problem using shading data", In: P. Huang (Hrsg.), *Two- and Three-Dimensional Methods for Inspection and Metrology IV, Optics East*, Proceedings of SPIE Vol. 6382, 2006.

S. Werling und J. Beyerer: „Deflektometrische Untersuchungen mit inversen Mustern", In: G. Fischerauer (Hrsg.), *XX. Messtechnisches Symposiums des Arbeitskreises der Hochschullehrer für Messtechnik*, S. 105–115, Shaker, 2006.

S. Werling und J. Beyerer: „Automatische Inspektion spiegelnder Oberflächen mittels inverser Muster", In: *Technisches Messen* **74** (4), S. 217–223, Oldenbourg Verlag, 2007.

S. Werling, J. Balzer und J. Beyerer: „Initial Value Estimation for Robust Deflectometric Reconstruction", In: A. Grün und H. Kahmen (Hrsg.), *Optical 3-D Measurement Techniques*, Zürich, Bd. 2, S. 386–392, 2007.

J. Balzer, S. Werling und J. Beyerer: „Deflektometrische Rekonstruktion teilspiegelnder Freiformflächen", In: *Technisches Messen* **74** (11), S. 545–552, Oldenbourg Verlag, 2007.

S. Werling, J. Balzer und J. Beyerer: „A New Approach for Specular Surface Reconstruction Using Deflectometric Methods", In: R. Koschke, O. Herzog, K.-H. Rödiger und M. Ronthaler (Hrsg.), *INFORMATIK 2007 Informatik trifft Logistik Band 1*, Lecture Notes in Informatics (LNI) - Proceedings, Bd. 109, S. 44–48, Springer, 2007.

S. Werling und J. Beyerer: „Smarter Sensorkopf für das Rapid-Prototyping von automatischen Sichtprüfungssystemen für spiegelnde Oberflächen", In: F. Puente León und M. Heizmann (Hrsg.), *Bildverarbeitung in der Mess- und Automatisierungstechnik, VDI-Berichte Nr. 1981*, S. 237–246, VDI-Verlag, 2007.

S. Werling, M. Mai, M. Heizmann und J. Beyerer: „Inspection of Specular and Partially Specular Surfaces", In: *Metrology and Measurement Systems* **16** (3), S. 415–431, Polish Academy of Sciences, 2009.

S. Werling: „Shape from Specular Reflection – Remarks on Shape Reconstruction and Experimental Design", Technischer Bericht: IES-2009-10, In: J. Beyerer und M. Huber (Hrsg.), *Proceedings of the 2009 Joint Workshop of Fraunhofer IOSB and Institute for Anthropomatics, Vision and FusionLaboratory*, S. 143–158, KIT Scientific Publishing, 2009.

J. Balzer und S. Werling: „Principles of Shape from Specular Reflection", In: *Measurement* **43** (10), S. 1305–1317, Elsevier, 2010.

J. Balzer, S. Höfer, S. Werling und J. Beyerer: „Optimization on Shape Curves with Application to Specular Stereo", In: M. Goesele, S. Roth, A. Kuijper, B. Schiele und K. Schindler (Hrsg.), *Pattern Recognition – DAGM Symposium*, Lecture Notes in Computer Science, Bd. 6376, S. 41–50, Springer, 2010.

S. Werling und J. Beyerer: „Stereobasierte Regularisierung des deflektometrischen Rekonstruktionsproblems", In: F. Puente León und M. Heizmann (Hrsg.), *Forum Bildverarbeitung*, S. 349–364, KIT Scientific Publishing, 2010.

S. Höfer, S. Werling und J. Beyerer: „ Neuartige Strategie zur vollständigen Kalibrierung eines Sensorsystems zur automatischen Sichtprüfung spiegelnder Oberflächen", In: F. Puente León und M. Heizmann (Hrsg.), *Forum Bildverarbeitung*, S. 25–34, KIT Scientific Publishing, 2010.

S. Werling und M. Heizmann: „Glänzende Einsichten – Deflektometrie schließt Lücke bei der Inspektion spiegelnder Oberflächen", In: *Industrial-VISION* **4**, S. 42–43, 2010.

J. Balzer, S. Werling und J. Beyerer: „Lineare Deflektometrie – Regularisierung und experimentelles Design", In: *Technisches Messen* **78** (1), S. 43–50, Oldenbourg Verlag, 2011.

S. Werling und J. Beyerer: „Oberflächenrekonstruktion mittels Stereodeflektometrie", In: *Technisches Messen*, 2011. (zur Veröffentlichung angenommen).

J. Balzer, S.Höfer, S. Werling, und J. Beyerer: „Multiview Specular Stereo Reconstruction of Large Mirror Surfaces", In: *Proc. of CVPR*, 2011. (zur Veröffentlichung angenommen).

J. Balzer und S. Werling: „A Newton-Type Algorithm for the Integration of Nonlinear Normal Fields", *Preprint*, online verfügbar unter http://sites.google.com/site/jonabalzer/ am 20.1.2011.

A.5 Patente

J. Balzer, S. Werling, J. Beyerer und M. Heizmann: „Verfahren zur Erfassung der Oberflächenform einer teilspiegelnden Oberfläche", Patent EP 1837623 B1, Anmeldetag: 17.3.2006.

J. Beyerer, M. Heizmann und S. Werling: „Konzept zur Erzeugung eines räumlich und/oder zeitlich veränderbaren thermischen Strahlungsmusters", Anmeldetag: 16.11.2010.

Literaturverzeichnis

[Abm94] W. Abmayr: *Einführung in die digitale Bildverarbeitung*. B. G. Teubner, Stuttgart, 1994.

[Ada03] R. Adams und J. J. F. Fournier: *Sobolev Spaces*. Elsevier Science Ltd, Oxford, 2003.

[Ade84] E. H. Adelson, C. H. Anderson, J. R. Bergen, P. J. Burt und J. M. Ogden: „Pyramid methods in image processing". *RCA Engineer* **29** (6), S. 33–41, 1984.

[Ago05a] M. K. Agoston: *Computer Graphics and Geometric Modeling: Implementation and Algorithms*. Springer, London, 2005.

[Ago05b] M. K. Agoston: *Computer Graphics and Geometric Modeling: Mathematics*. Springer, London, 2005.

[Aiz05] V. Aizinger: *Höhere Numerik: Diskretisierungsverfahren für partielle Differentialgleichungen*. Skript, IWR, Universität Heidelberg, 2005.

[Ami82] H. Amiri, R. Hahn und R. Ritter: *Neigungs- und Krümmungsmessung nach dem Reflexions-Raster-Prinzip einschließlich digitaler Bildverarbeitung*. VDI-Berichte Nr. 439, VDI-Verlag, 1982.

[Asw98] P. Aswendt und Höfling: *Verfahren und Vorrichtung zur Erfassung von Formabweichungen von Objekten*. Patent DE 198 21 059 C2, 1998.

[Atk01] K. Atkinson und W. Han: *Theoretical Numerical Analysis: A Functional Analysis Framework*. Springer, New York, 2001.

[Atk07a] G. A. Atkinson: *Surface Shape and Reflectance Analysis Using Polarisation*. Dissertation, University of York, 2007.

[Atk07b] G. A. Atkinson und E. R. Hancock: „Shape Estimation Using Polarization and Shading from Two Views". *IEEE Transactions on Pattern Analysis and Machine Intelligence* **29** (11), S. 2001–2017, 2007.

[Bak04]   L. R. Baker: *Metrics for High-Quality Specular Surfaces*. SPIE Press, Bellingham, Wash., USA, 2004.

[Bal06a] J. Balzer, S. Werling und J. Beyerer: *Regularization of the deflectometry problem using shading data*. In: *Two- and Three-Dimensional Methods for Inspection and Metrology, Proceedings of the SPIE Optics East Bd. 6382*, P. Huang (Hrsg.), 2006.

[Bal06b] J. Balzer, S. Werling, J. Beyerer und M. Heizmann: *Verfahren zur Erfassung der Oberflächenform einer teilspiegelnden Oberfläche*. Patent EP 1837623 B1, 2006.

[Bal07]   J. Balzer, J. Dibbelt und J. Beyerer: *Über die Eindeutigkeit der stereoregularisierten deflektometrischen Oberflächenrekonstruktion*. In: *Bildverarbeitung in der Mess- und Automatisierungstechnik, VDI-Berichte Nr. 1981*, F. Puente León und M. Heizmann (Hrsg.), S. 91–100, 2007.

[Bal08]   J. Balzer: *Regularisierung des Deflektometrieproblems – Grundlagen und Anwendung*. Dissertation, Universität Karlsruhe (TH), Universitätsverlag Karlsruhe, 2008.

[Bal10a] J. Balzer und S. Werling: „A Newton–Type Algorithm for the Integration of Nonlinear Normal Fields"2010. Preprint, [Online verfügbar am 20.1.2011]: http://sites.google.com/site/jonabalzer.

[Bal10b] J. Balzer und S. Werling: „Principles of Shape from Specular Reflection". *Measurement* **43** (10), S. 1305–1317, 2010.

[Bal11]   J. Balzer, S. Werling und J. Beyerer: „Lineare Deflektometrie – Regularisierung und experimentelles Design". *Technisches Messen* **78** (1), S. 43–50, 2011.

[Ban07]   W. Bangerth, R. Hartmann und G. Kanschat: „deal.II — a general-purpose object-oriented finite element library". *ACM Transactions on Mathematical Software* **33** (4), 2007. (Ohne Seitenangabe, Artikel 24).

[Bas09]   M. Bass (Hrsg.): *Handbook of Optics*. Mcgraw-Hill, 2009.

[Bec63]   P. Beckmann und A. Spizzichino: *The Scattering of Electromagnetic Waves from Rough Surfaces*. Pergamon Press, New York, 1963.

[Ber00]   M. Bertalmio, L.-T. Cheng, S. Osher und G. Sapiro: *Variational Problems and Partial Differential Equations on Implicit Surfaces: The Framework and Examples in Image Processing and Pattern Formation*, 2000.

[Bey94]   J. Beyerer: *Analyse von Riefentexturen*. Dissertation, Universität Karlsruhe (TH), VDI-Fortschritt-Berichte, Reihe 8, Nr. 390, VDI Verlag, Düsseldorf, 1994.

[Bey97]   J. Beyerer und D. Pérard: „Automatische Inspektion spiegelnder Oberflächen anhand von Rasterreflexionen". *Technisches Messen* **64** (10), S. 394–400, 1997.

[Bey02]   J. Beyerer und F. Puente León: „Die Radontransformation in der digitalen Bildverarbeitung". *at - Automatisierungstechnik* **50** (10), S. 472–480, 2002.

[Bey10]   J. Beyerer: *Vorlesung Automatische Sichtprüfung und Bildverarbeitung*. Fakultät für Informatik, Karlsruher Institut für Technologie, 2009/2010.

[Böh05]   J. Böhm: *Modellbasierte Segmentierung und Objekterkennung aus Distanzbildern*. Dissertation, Universität Stuttgart, 2005.

[Bäh07]   J. Bähr, U. Krackhardt und D. Dietrich: „Abbildungsfreies Vermessen spiegelnder Freiformflächen". *Photonik* **5**, S. 80–83, 2007.

[Bla88]   A. Blake und G. Brelstaff: *Geometry from Specularities*. In: *Proceedings of 2nd International Conference on Computer Vision*, S. 394–403, 1988.

[Bla90]   A. Blake und H. H. Bülthoff: „Does the brain know the physics of specular reflection?". *Nature* **343**, S. 165–168, 1990.

[Bla91]   A. Blake und H. Bülthoff: „Shape from specularities: Computation and psychophysics". *Philosophical Transactions of the Royal Society Series B* **331**, S. 237–252, 1991.

242   LITERATURVERZEICHNIS

[Boc05]   P. Bochev und R. B. Lehoucq: „On the Finite Element Solution of
          the Pure Neumann Problem". *SIAM Rev.* **47**, S. 50–66, 2005.

[Bol91]   R. M. Bolle und B. C. Vemuri: „On Three-Dimensional Surface
          Reconstruction Methods". *IEEE Transactions on Pattern Analysis
          and Machine Intelligence* **13** (1), S. 1–13, 1991.

[Bon03]   T. Bonfort und P. Sturm: *Voxel Carving for Specular Surfaces.* In:
          Proc. ICCV, S. 591––596, 2003.

[Bor06]   M. Born und E. Wolf: *Principles of optics: electromagnetic theory of
          propagation, interference and diffraction of light.* Cambridge Univer-
          sity Press, 7. Aufl., 2006.

[Bot03]   T. Bothe: *Verfahren und Vorrichtung zum Bestimmen der Struktur
          einer Oberfläche.* Patent DE 103 45 586 B4, 2003.

[Bou03]   J. Bouguet: *Camera Calibration Toolbox for Matlab.* Techn. Ber.,
          Microprocessor Research Labs and Intel Corp., 2003.

[Bär00]   C. Bär: *Elementare Differentialgeometrie.* Walter de Gruyter, Berlin,
          2000.

[Bra08]   G. Bradski und A. Kaehler: *Learning OpenCV.* O'Reilly, Sebastopol,
          CA, 2008.

[Buc93]   D. Buckley und J. P. Frisby: „Interaction of Stereo, Texture, and
          Outline Cues in the Shape Perception of Three-Dimensional
          Ridges". *Vision Research* **33** (7), S. 919–934, 1993.

[Bur06]   K. Burg, H. Haf und F. Wille: *Vektoranalysis.* Teubner, Wiesbaden,
          2006.

[Can02]   J. Cantarella, D. D. Turck und H. Gluck: „Vector Calculus and the
          Topology of Domains in 3-Space". *American Mathematical Monthly*
          109 (5), S. 409–442, 2002.

[Cau08]   Y. Caulier, K. Spinnler, S. Bourennane und T. Wittenberg: „New
          Structured Illumination Technique for the Inspection of High-
          Reflective Surfaces: Application for the Detection of Structural
          Defects without any Calibration Procedures". *EURASIP Journal
          on Image and Video Processing* **2008** (Article ID 237459), S. 1–14,
          2008.

[cga10]   CGAL, *Computational Geometry Algorithms Library.* [Online ver-
          fügbar am 17.5.2010]: http://www.cgal.org, 2010.

[Cha96]   T. M. Chan: „Optimal Output-Sensitive Convex Hull Algorithms
          in Two and Three Dimensions". *Discrete & Computational Geometry*
          16 (4), S. 361–368, 1996.

[Che00]   F. Chen, G. Brown und M. Song: „Overview of three-dimensional
          shape measurement using optical methods". *Opical Engineering*
          39 (1), S. 10–22, 2000.

[Cla88]   K. L. Clarkson und P. W. Shor: *Algorithms for Diametral Pairs and
          Convex Hulls that are Optimal, Randomized, and Incremental.* In: *SCG
          '88: Proceedings of the fourth annual symposium on Computational
          geometry, Urbana-Champaign, Illinois,* S. 12–17, 1988.

[Cle02]   M. Clerc und S. Mallat: „The Texture Gradient Equation for Reco-
          vering Shape from Texture". *IEEE Transactions on Pattern Analysis
          and Machine Intelligence* **24** (4), S. 536–549, 2002.

[Coh93]   M. F. Cohen und J. R. Wallace: *Radiosity and Realistic Image Synthe-
          sis.* Academic Press, 1993.

[Col55]   L. Collatz: *Numerische Behandlung von Differentialgleichungen.*
          Springer, Berlin, 1955.

[Col82]   E. N. Coleman und R. Jain: „Obtaining 3-Dimensional Shape of
          Textured and Specular Surfaces UsingFfour-Source Photometry".
          Computer Graphics and Image Processing **18** (4), S. 309–328, 1982.

[Coo82]   R. L. Cook und K. E. Torrance: „A Reflectance Model for Compu-
          ter Graphics". *ACM Transactions on Graphics* **1** (1), S. 7–24, 1982.

[Cre88]   K. Creath: *Phase-Measurement Interferometry Techniques.* In: *Progress
          in Optics,* E. Wolf (Hrsg.), Bd. XXVI, S. 349–393, Elsevier Science
          Publishers, Amsterdam, 1988.

[Cum93]   B. G. Cumming, E. B. Johnston und A. J. Parker: „Effects of Diffe-
          rent Texture Cues on Curved Surfaces Viewed Stereoscopically".
          Vision Research **33** (5–6), S. 827–838, 1993.

[Cut84] J. E. Cutting und R. T. Millard: „Three Gradients and the Percepti-
         on of Flat and Curved Surfaces". *Journal of Experimental Psychology*
         113 (2), S. 198–216, 1984.

[Dai07] X. Dai: „Finite element approximation of the pure Neumann
         problem using the iterative penalty method". *Applied Mathematics
         and Computation* **186** (2), S. 1367–1373, 2007.

[Dav04] T. A. Davis: „Algorithm 832: UMFPACK V4.3—an unsymmetric-
         pattern multifrontal method". *ACM Transactions on Mathematical
         Software* **30** (2), S. 196–199, 2004.

[dB08]   M. de Berg, O. Cheong, M. van Kreveld und M. Overmars: *Com-
         putational Geometry*. Springer, Berlin, 3. Aufl., 2008.

[dC76]   M. do Carmo: *Differential geometry of curves and surfaces*. Prentice-
         Hall, 1976.

[Des06] M. Desbrun, E. Kanso und Y. Tong: *Discrete Differential Forms for
         Computational Modeling*. In: *SIGGRAPH '06: ACM SIGGRAPH
         2006 Courses*, S. 39–54, ACM, New York, 2006.

[Dir88] J. J. J. Dirckx, W. F. Decraemer und G. Dielis: „Phase shift method
         based on object translation for full field automatic 3-D surface
         reconstruction from moire topograms". *Applied Optics* **27** (6), S.
         1164–1169, 1988.

[Dro01] R. O. Dror, T. K. Leung, E. H. Adelson und A. S. Willsky: *Statistics
         of Real-World Illumination*. In: *Proceedings of the IEEE Conference on
         Computer Vision and Pattern Recognition (CVPR)*, Nr. 2, S. 164–171,
         2001.

[Dro02] R. O. Dror: *Surface Reflectance Recognition and Real-World Illumina-
         tion Statistics*. Dissertation, MIT, 2002.

[Dyn01] N. Dyn, K. H. S.-J. Kim und D. Levin: *Optimizing 3D Triangulations
         Using Discrete Curvature Analysis*. In: *Mathematical Methods for
         Curves and Surfaces: Oslo 2000*, T. Lyche und L. L. Schumaker
         (Hrsg.), S. 135–146, Vanderbilt University, 2001.

[Elb09]   J. M. Elble, N. V. Sahinidis und P. Vouzis: *GPU computing with Kaczmarz's and other iterative algorithms for linear systems.* Preprint submitted to Parallel Computing, 2009.

[Ett07]   S. Ettl, J. Kaminski, E. Olesch, H. Strauß und G. Häusler: *Fast and robust 3D shape reconstruction from gradient data.* In: *DGaO Proceedings*, 2007.

[Ett08]   S. Ettl, J. Kaminski, M. C. Knauer, und G. Häusler: „Shape reconstruction from gradient data". *Applied Optics* **47** (12), S. 2091–2097, 2008.

[Fau04]   O. Faugeras und Q.-T. Luong: *The Geometry of Multiple Images: The Laws That Govern the Formation of Multiple Images of a Scene and Some of Their Applications.* MIT Press, 2004.

[Fei98]   H. G. Feichtinger und T. Strohmer (Hrsg.): *Gabor Analysis and Algorithms: Theory and Applications.* Birkhäuser, Boston, 1998.

[Fie87]   D. J. Field: „Relations between the statistics of natural images and the response properties of cortical cells". *Journal of the Optical Society of America A* **4** (12), S. 2379–2394, 1987.

[Fis71]   R. A. Fisher: *The design of experiments.* Hafner, New York, 1971.

[Fle04]   R. W. Fleming, A. Torralba und E. H. Adelson: „Specular reflections and the perception of shape". *Journal of Vision* **4**, S. 798–820, 2004.

[Fra88]   R. T. Frankot und R. Chellappa: „A method for enforcing integrability in shape from shading algorithms". *IEEE Transactions on Pattern Analysis and Machine Intelligence* **10** (4), S. 439–451, 1988.

[Fra06]   K.-H. Franke: *Computergrafik – Beleuchtung und Schattierung.* Vorlesungsskript, [Online verfügbar am 17.2.2010]: `http://kb-bmts.rz.tu-ilmenau.de/franke/Scripte/Grafik`, 2006.

[Fra08]   Y. Francken, T. Cuypers und P. Bekaert: *Mesostructure from Specularity Using Gradient Illumination.* In: *PROCAMS '08: Proceedings of the 5th ACM/IEEE International Workshop on Projector camera systems*, S. 1–7, ACM, 2008.

[Gao07] H. Gao und H. Dai: „Preconditioned Conjugate Gradient is M-Error-Reducing". *Journal of Information and Computing Science* **2** (1), S. 77–80, 2007.

[Gaw00] E. Gawrilow und M. Joswig: *polymake: a Framework for Analyzing Convex Polytopes.* In: *Polytopes — Combinatorics and Computation,* S. 43–74. Birkhäuser, 2000.

[Gib50a] J. J. Gibson: *The perception of the visual world.* Haughton Mifflin, Boston, 1950.

[Gib50b] J. J. Gibson: „The perception of visual surfaces". *American Journal of Psychology* **63**, S. 367–384, 1950.

[Gig98] D. Giglia und M. Pritt: *Two-Dimensional Phase Unwrapping.* Wiley, New York, 1998.

[Gol05] R. Goldman: „Curvature formulas for implicit curves and surfaces". *Computer Aided Geometric Design* **22** (7), S. 632–658, 2005.

[Gon08] R. C. Gonzalez und R. E. Woods: *Digital image processing.* Pearson Prentice Hall, 2008.

[Goo04] J. E. Goodman und J. O'Rourke (Hrsg.): *Handbook of Discrete and Computational Geometry.* Chapman & Hall/CRC, 2004.

[Göp09] A. Göpfert, T. Riedrich und C. Tammer: *Angewandte Funktional-analysis.* Vieweg+Teubner, Wiesbaden, 2009.

[Gro05] C. Großmann und H.-G. Roos: *Numerische Behandlung partieller Differentialgleichungen.* Teubner, Wiesbaden, 2005.

[Gru10] R. Gruna und J. Beyerer: *On Scene–Adapted Illumination Techniques for Industrial Inspection.* In: *Proc. IEEE Instrumentation and Measurement Technology Conference,* Austin, USA, 2010.

[Gu05] Y. T. Gu und G. R. Liu: *An Introduction to Meshfree Methods and Their Programming.* Springer, Dordrecht, 2005.

[Hac05] W. Hackbusch: *Theorie und Numerik elliptischer Differentialgleichungen.* Max-Planck-Institut für Mathematik in den Naturwissenschaften, Leipzig, 2005.

[Ham93] B. Hamann: „Curvature Approximation for Triangulated Surfaces". *Computing Supplements* **8**, S. 139–153, 1993.

[Har88] C. Harris und M. Stephens: *A Combined Corner and Edge Detector.* In: *Proceedings of the 4th Alvey Vision Conference*, S. 147–151, 1988.

[Har08] R. Hartley und A. Zisserman: *Multiple view geometry in computer vision.* Cambridge Univ. Press, 2008.

[HB02] M. Hanke-Bourgeois: *Grundlagen der Numerischen Mathematik und des Wissenschaftlichen Rechnens.* Teubner, Stuttgart, 2002.

[Hea88] G. Healey und T. O. Binford: „Local shape from specularity". *Comput. Vision Graph. Image Process.* **42** (1), S. 62–86, 1988.

[Heg03] H.-C. Hege und K. Polthier (Hrsg.): *Visualization and Mathematics III.* Springer, Heidelberg, 2003.

[Höf00] R. Höfling, P. Aswendt und R. Neugebauer: „Phase reflection – a new solution for the detection of shape defects on car body sheets". *Optical engineering* **39** (1), S. 175–182, 2000.

[Hib97] K. Hibino, B. F. Oreb, D. I. Farrant und K. G. Larkin: „Phase-shifting algorithms for nonlinear and spatially nonuniform phase shifts". *J. Opt. Soc. Am. A* **14** (4), S. 918–930, 1997.

[Hil07] B. Hils, T. Loffler, M. Thomson, W. von Spiegel, C. am Weg, T. May, H. Roskos, P. de Maagt, D. Doyle und R. Geckeler: *High-accuracy topography measurement of optically rough surfaces with THz radiation.* In: *Infrared and Millimeter Waves, 2007 and the 2007 15th International Conference on Terahertz Electronics. IRMMW-THz.*, S. 907–908, 2007.

[Höl05] K. Höllig, C. Apprich und A. Streit: „Introduction to the Webmethod and its applications". *Advances in Computational Mathematics* **23** (1-2), S. 215–237, 2005.

[Ho06] J. Ho, J. Lim, M.-H. Yang und D. Kriegman: *Integrating Surface Normal Vectors Using Fast Marching Method.* In: *Lecture Notes in Computer Science*, 2006.

[Ho09]   H. Ho und D. Gibbins: „Curvature-based approach for multi-
           scale feature extraction from 3D meshes and unstructured point
           clouds". *Computer Vision, IET* **3** (4), S. 201–212, 2009.

[Hor79]   B. K. P. Horn und R. W. Sjoberg: „Calculating the reflectance map".
           Applied Optics **18** (11), S. 1770–1779, 1979.

[Hor05]   J. Horbach und S. Kammel: *Deflectometric inspection of diffuse surfa-
           ces in the far–infrared spectrum.* In: *Machine Vision Applications in
           Industrial Inspection XIII*, J. R. Price und F. Meriaudeau (Hrsg.),
           Bd. 5679 d. Reihe *Society of Photo-Optical Instrumentation Engineers
           (SPIE) Conference Series*, S. 108–117, 2005.

[Hor06]   C. Horneber: *Phasenmessende Deflektometrie – Ein Verfahren zur
           hochgenauen Vermessung spiegelnder Oberflächen.* Dissertation, Uni-
           versität Erlangen–Nürnberg, 2006.

[Hor07]   J. Horbach: *Verfahren zur optischen 3D-Vermessung spiegelnder Ober-
           flächen.* Dissertation, Universität Karlsruhe(TH), 2007.

[Hou58]   A. S. Householder: „Unitary Triangularization of a Nonsymmetric
           Matrix". *J. ACM* **5** (4), S. 339–342, 1958.

[Häu99]   G. Häusler: *Verfahren und Vorrichtung zur Ermittlung der Form
           oder der Abbildungseigenschaften von spiegelnden oder transparenten
           Objekten.* Patentschrift DE 199 44 354 B4, 1999.

[Häu08]   G. Häusler, C. Richter, K.-H. Leitz und M. C. Knauer: „Microde-
           flectometry – a novel tool to acquire 3D microtopography with
           nanometer height resolution". *Optics Letters* **33** (4), S. 396–398,
           2008.

[Ihr08]   I. Ihrke, K. N. Kutulakos, H. P. A. Lensch, M. Magnor und W. Hei-
           drich: *State of the Art in Transparent and Specular Object Reconstruc-
           tion.* In: *STAR Proceedings of Eurographics*, 2008.

[Ike81]   K. Ikeuchi: „Determining Surface Orientations of Specular Surfa-
           ces by Using the Photometric Stereo Method". *IEEE Transactions
           on Pattern Analysis and Machine Intelligence* **3** (6), S. 661–669, 1981.

[ISO]   *ISO/TS 17450-1:2005, Geometrical product specifications (GPS) - General concepts - Part 1: Model for geometrical specification and verification.*

[Jos08]   M. Joswig und T. Theobald: *Algorithmische Geometrie*. Vieweg, Wiesbaden, 2008.

[Jun01]   M. Jung und U. Langer: *Methode der finiten Elemente für Ingenieure*. Teubner, Stuttgart, 2001.

[Kaf81]   O. Kafri und A. Livnat: „Reflective surface analysis using moiré deflectometry". *Applied Optics* **20** (18), S. 3098–3100, 1981.

[Kam04]   S. Kammel: *Deflektometrische Untersuchung spiegelnd reflektierender Freiformflächen*. Dissertation, Universität Karlsruhe (TH), Universitätsverlag Karlsruhe, 2004.

[Kam05]   S. Kammel und F. Puente León: *Deflectometric Measurement of Specular Surfaces*. In: *IMTC 2005 – Instrumentation and Measurement Technology Conference*, S. 531–536, 2005.

[Kam08]   J. Kaminski: *Geometrische Rekonstruktion spiegelnder Oberflächen aus deflektometrischen Messdaten*. Dissertation, Universität Erlangen–Nürnberg, 2008.

[Kar03]   B. Karaçali und W. Snyder: „Reconstructing discontinuous surfaces from a given gradient field using partial integrability". *Computer Vision and Image Understanding* **92** (1), S. 78 – 111, 2003.

[Kar04]   B. Karaçali und W. Snyder: „Noise Reduction in Surface Reconstruction from a Given Gradient Field". *Int. J. Comput. Vision* **60** (1), S. 25–44, 2004.

[Kic04]   R. Kickingereder und K. Donner: *Stereo Vision on Specular Surfaces*. In: *Proceedings of IASTED Conference on Visualization, Imaging, and Image Processing*, S. 335–339, 2004.

[Kic06]   R. Kickingereder: *Optische Vermessung partiell reflektierender Oberflächen*. Dissertation, Universität Passau, 2006.

[Kid01]   M. J. Kidger: *Fundamental Optical Design*. SPIE Press Monograph Vol. PM92, 2001.

[Kim02]   S.-J. Kim, , S.-K. Kim und C.-H. Kim: *Discrete Differential Error Metric for Surface Simplification*. In: *Proceedings of the 10th Pacific Conference on Computer Graphics and Applications*, S. 276, IEEE Computer Society, Washington, DC, 2002.

[Kir06]   B. Kirk, J. W. Peterson, R. H. Stogner und G. F. Carey: „libMesh: A C++ Library for Parallel Adaptive Mesh Refinement/Coarsening Simulations". *Engineering with Computers* **22** (3–4), S. 237–254, 2006.

[Kna00]   P. Knaber und L. Angermann: *Numerik partieller Differentialgleichungen*. Springer, Berlin, 2000.

[Kna04a] M. Knauer, G. Häusler und R. Lampalzer: *Verfahren und Vorrichtung zur Bestimmung der Form und der lokalen Oberflächennormalen spiegelnder Oberflächen*. Patent 102 004 020 419 B3, 2004.

[Kna04b] M. Knauer, J. Kaminski und G. Häusler: *Phase Measuring Deflectometry: a new approach to measure specular free-form surfaces*. In: *Optical Metrology in Production Engineering*, W. Osten und M. Takeda (Hrsg.), Bd. 5457, S. 366–376, Proc. SPIE, Strasbourg, France, 2004.

[Kna06]   M. C. Knauer: *Absolute Phasenmessende Deflektometrie*. Dissertation, Universität Erlangen–Nürnberg, 2006.

[Koe84]   J. J. Koenderink: „What does the occluding contour tell us about solid shape?". *Perception* **13**, S. 321–330, 1984.

[Koe92]   J. J. Koenderink und A. J. van Doorn: „Surface shape and curvature scales". *Image and Vision Computing* **10** (8), S. 557–565, 1992.

[Kov05]   P. Kovesi: *Shapelets Correlated with Surface Normals Produce Surfaces*. In: *ICCV '05: Proceedings of the Tenth IEEE International Conference on Computer Vision*, IEEE Computer Society, 2005.

[Kra05]   U. Krackhardt und J. Bähr: *Formerfassung von reflektierenden Oberflächen in Echtzeit*. Offenlegungsschrift DE 10 2005 007 244 A1, 2005.

[Kra07]   M. Kraus und M. Strengert: *Pyramid Filters Based on Bilinear Inter-polation*. In: *International Conference on Computer Graphics Theory*, Bd. GM-R, S. 21–28, 2007.

[Kří04]   M. Křížek, P. Neittaanmäki, R. Glowinski und S. Korotov (Hrsg.): *Conjugate Gradient Algorithms and Finite Element Methods*. Springer, Berlin, 2004.

[Krs97]   P. Krsek, T. Pajdla und V. Hlaváč: „Estimation of Differential Parameters on Triangulated Surface". *The 21st Workshop of the Austrian Association for Pattern Recognition* 1997.

[Krs98]   P. Krsek, C. Lukács und R. R. Martin: „Algorithms for Computing Curvatures from Range Data". *The Mathematics of Surfaces VIII, Information Geometers* S. 1–16, 1998.

[Kum08]   R. K. Kumar, A. Ilie, J.-M. Frahm und M. Pollefeys: *Simple Calibration of Non-overlapping Cameras with a Mirror*. In: *IEEE Conference on Computer Vision and Pattern Recognition, 2008. CVPR 2008*, S. 1–7, 2008.

[Kut08]   K. N. Kutulakos und E. Steger: „A Theory of Refractive and Specular 3D Shape by Light-Path". *International Journal of Computer Vision* **76** (1), S. 13–29, 2008.

[Lel08]   J. Lellmann, J. Balzer, A. Rieder und J. Beyerer: „Shape from Specular Reflection and Optical Flow". *International Journal of Computer Vision* **80** (2), S. 226–241, 2008.

[Li00]   A. Li und Q. Zaidi: „Perception of three-dimensional shape from texture is based on patterns of oriented energy". *Vision Research* **40** (2), S. 217–242, 2000.

[Li01]   C. Li: „An Adaptive CGNR Algorithm for Solving Large Linear Systems". *Annals of Operations Research* **103**, S. 329–338, 2001.

[Li03]   A. Li und Q. Zaidi: „Observers strategies in perception of 3-D shape from isotropic textures: developable surfaces". *Vision Research* **43** (26), S. 2741–2758, 2003.

[Li04]   W. Li, T. Bothe, W. Osten und M. Kalms: „Object Adapted Pattern Projection - partI: Generation of Inverse Patterns". *Optics and Lasers in Engineering* **41**, S. 31–50, 2004.

[Lin01]   L. Linsen: *Oberflächenrepräsentation durch Punktwolken*. Dissertation, Universität Karlsruhe (TH), Shaker Verlag, Aachen, 2001.

[Lip82]   H. W. Lippincott und H. Stark: „Optical–digital detection of dents and scratches on specular metal surfaces". *Applied Optics* **21** (16), S. 2875–2881, 1982.

[Mag07]   E. Magid, O. Soldea und E. Rivlin: „A Comparison of Gaussian and Mean Curvature Estimation Methods on Triangular Meshes of Range Image Data". *Computer Vision and Image Understanding* **107** (3), S. 139–159, 2007.

[Mal97]   J. Malik und R. Rosenholtz: „Computing Local Surface Orientation and Shape from Texture". *International Journal of Computer Vision* **23** (2), S. 149–168, 1997.

[Mal02]   J.-L. Maltret und M. Daniel: *Discrete curvature and applications: a survey*. Techn. Ber., Laboratoire des Sciences de l'Information des Systèmes (LSIS), 2002.

[Mar83]   H. Marguerre: „Dreidimensionale optische Formerfassung von Oberflächen zur Qualitätsprüfung". *Feinwerktechnik & Messtechnik* **91** (2), S. 67–70, 1983.

[Mas97]   J. Massig und B. Lingelbach: *Topometer für spiegelnde Flächen*. Patentanmeldung EP 0 924 494 A3, 1997.

[Mas01]   J. H. Massig: „Deformation measurement on specular surfaces by simple means". *Optical Engineering* **40** (10), S. 2315–2318, 2001.

[Mee00]   D. S. Meek und D. J. Walton: „On surface normal and Gaussian curvature approximations given data sampled from a smooth surface". *Computer Aided Geometric Design* **17** (6), S. 521 – 543, 2000.

[Mes77]   F. Mesch: „Systemtheoretische Beschreibung optisch-elektrischer Meßsysteme, Teil 1: Inkohärente Systeme mit beliebigen Blenden und mit Defokussierung – Einführung und Übersicht". *Technisches Messen atm* **7/8**, S. 249–258, 1977.

[Mey02] M. Meyer, M. Desbrun, P. Schröder und A. H. Barr: *Discrete Differential-Geometry Operators for Triangulated 2-Manifolds.* In: *Proceedings of the VisMath*, S. 35–57, 2002.

[Min86] E. Mingolla und J. T. Todd: „Perception of Solid Shape from Shading". *Biological Cybernetics* **53**, S. 137–151, 1986.

[Mor05] O. Morel, F. Meriaudeau, C. Stolz und P. Gorria: *Polarization Imaging Applied to 3D Reconstruction of Specular Metallic Surfaces.* In: *Machine Vision Applications in Industrial Inspection XIII*, J. R. Price und F. Meriaudeau (Hrsg.), Bd. 5679, S. 178–186, SPIE, 2005.

[Mov10] J. R. Movellan: *Tutorial on Gabor Filters.* [Online verfügbar am 19.3.2010]: http://mplab.ucsd.edu/tutorials/gabor.pdf, 2010.

[Nay91] S. K. Nayar, A. C. Sanderson, L. E. Weiss und D. A. Simon: *Solder Joint Inspection System and Method.* United States of America Patent: 4,988,202, 1991.

[Nic65] F. E. Nicodemus: „Directional Reflectance and Emissivity of an Opaque Surface". *Applied Optics* **4** (7), S. 767–773, 1965.

[Nic77] F. E. Nicodemus, J. C. Richmond, J. J. Hsia, I. W. Ginsberg und T. Limperis: „Geometrical Considerations and Nomenclature for Reflectance". *Final Report National Bureau of Standards, Washington, DC. Inst. for Basic Standards.* 1977.

[Nie93] H. Niedrig (Hrsg.): *Bergmann, Schaefer: Lehrbuch der Experimentalphysik, Band 3: Optik.* de Gruyter, 1993.

[Nol07a] J. Nolting und C. Lempart: „Bündelbegrenzung – Teil 1: Die Grundbegriffe". *DOZ* **9**, S. 50–55, 2007.

[Nol07b] J. Nolting und C. Lempart: „Bündelbegrenzung – Teil 2: Pupillenanpassung". *DOZ* **10**, S. 40–44, 2007.

[Nor04] J. F. Norman, J. T. Todd und G. A. Orban: „Perception of Three-Dimensional Shape From Specular Highlights, Deformations of

Shading, and Other Types of Visual Information". *Psychological Science* **15** (8), S. 565–570, 2004.

[Osh03] S. Osher und R. Fedkiw: *Level Set Methods and Dynamic Implicit Surfaces*. Springer, 2003.

[Par97] J. Parker, M. Czubko und N. Haven: *Method and System for Inspecting a Low Gloss Surface of an Object at a Vision Station*. Patent WO 97/40367, 1997.

[Ped07] F. L. Pedrotti, L. S. Pedrotti, W. Bausch und H. Schmidt: *Optik für Ingenieure: Grundlagen*. Springer, Berlin, 2007.

[Pet01] M. Petz und R. Ritter: *Verfahren und Vorrichtung zur Bestimmung der dreidimensionalen Kontur einer spiegelnden Oberfläche eines Objekts*. Patent DE 101 27 304 C2, 2001.

[Pet04] M. Petz und R. Tutsch: „Rasterreflexions-Photogrammetrie zur Messung spiegelnder Oberflächen". *Technisches Messen* **71** (7–8), S. 389–397, 2004.

[Pet05] M. Petz und R. Tutsch: *Reflection grating photogrammetry: a technique for absolute shape measurement of specular free-form surfaces*. In: *Proc. SPIE (5869)*. Optical Manufacturing and Testing VI, H. Stahl (Hrsg.), S. 58691D1 – 58691D12, 2005.

[Pet06] M. Petz: *Rasterreflexions-Photogrammetrie - Ein neues Verfahren zur geometrischen Messung spiegelnder Oberflächen*. Dissertation, Technische Universität Braunschweig, Shaker Verlag, Aachen, 2006.

[Pho75] B. T. Phong: „Illumination for Computer Generated Pictures". *Communications of the ACM* **18** (6), S. 311–317, 1975.

[Pon02] S. C. Pont und J. J. Koenderink: „Bidirectional reflectance distribution function of specular surfaces with hemispherical pits". *J. Opt. Soc. Am. A* **19** (12), S. 2456–2466, 2002.

[Pot01] H. Pottmann und J. Wallner: *Computational Line Geometry*. Springer, 2001.

[Pér01] D. Pérard: *Automated visual inspection of specular surfaces with structured-lighting reflection techniques*. Dissertation, Universität Karlsruhe (TH), VDI-Verlag, Düsseldorf, 2001.

[Rah01] S. Rahmann und N. Canterakis: *Reconstruction of Specular Surfaces using Polarization Imaging*. In: *Proc. IEEE Conf. Computer Vision and Pattern Recognition*, S. 149–155, 2001.

[Ren08] I. G. E. Renhorn und G. D. Boreman: „Analytical fitting model for rough-surface BRDF". *Opt. Express* **16** (17), S. 12892–12898, 2008.

[Rit83] R. Ritter und R. Hahn: „Contribution to Analysis of the Reflection Grating Method". *Optics and Lasers in Engineering* **4** (1), S. 1–24, 1983.

[Rot06] S. Roth und M. Black: „Specular Flow and the Recovery of Surface Structure". *Proceedings of IEEE Conference on Computer Vision and Pattern Recognition (CVPR)* **2**, S. 1869–1876, 2006.

[Roz07] S. Rozenfeld, I. Shimshoni und M. Lindenbaum: *Dense mirroring surface recovery from 1D homographies and sparse correspondences*. In: *IEEE Conference on Computer Vision and Pattern Recognition*, 2007.

[Rup95] J. Ruppert: „A Delaunay Refinement Algorithm for Quality 2-Dimensional Mesh Generation". *Journal of Algorithms* **18** (3), S. 548–585, 1995.

[Rys87] L. Rystrom: „Detection of flaws in curved metal surfaces". *Applied Optics* **26** (19), S. 4045–4048, 1987.

[Saa03] Y. Saad: *Iterative Methods for Sparse Linear Systems*. SIAM, 2003.

[Sac00] J.-R. Sack und J. Urrutia (Hrsg.): *Handbook of Computational Geometry*. North-Holland, 2000.

[Sal99] D. Salomon: *Computer Graphics & Geometric Modeling*. Springer, 1999.

[Sal04] J. Salvi, J. Pagès und J. Batlle: „Pattern codification strategies in structured light systems". *Pattern Recognition* **37** (4), S. 827–849, 2004.

[San88] A. C. Sanderson, L. E. Weiss und S. K. Nayar: „Structured Highlight Inspection of Specular Surfaces". *IEEE Transactions on Pattern Analysis and Machine Intelligence* **10** (1), S. 44–55, 1988.

[San90] P. T. Sanders und S. W. Zucker: „Inferring Surface Trace and Differential Structure from 3-D Images". *IEEE Transactions on Pattern Analysis and Machine Intelligence* **12** (9), S. 833–854, 1990.

[Sau53] R. Sauer: „Differenzengeometrie der infinitesimalen Flächenverbiegung". *Monatshefte für Mathematik* **57** (3), S. 177–184, 1953.

[Sau70] R. Sauer: *Differenzengeometrie*. Springer, Berlin, 1970.

[Sav04] S. Savarese, L. Fei-Fei und P. Perona: *What do reflections tell us about the shape of a mirror?*. In: *Proceedings of the 1st Symposium on Applied Perception in Graphics and Visualization*, S. 115–118, 2004.

[Sav05] S. Savarese, M. Chen und P. Perona: „Local Shape from Mirror Reflections". *International Journal of Computer Vision* **64** (1), S. 31–67, 2005.

[Sav07] E. Savio, L. De Chiffre und R. Schmitt: „Metrology of freeform shaped parts". *Annals of the CIRP* **56** (2), S. 810–835, 2007.

[Sch98] A. Schrijver: *Theory of Linear and Integer Programming*. John Wiley & Sons, 1998.

[Sch02] H. J. Schlichting und C. Ucke: „Der chinesische Zauberspiegel". *Physik in unserer Zeit* **3**, S. 138–140, 2002.

[Sch04] H.-R. Schwarz und N. Köckler: *Numerische Mathematik*. Teubner, 2004.

[Seß00] R. Seßner: *Verfahren zum optischen Messen der Form frei spiegelnder Oberflächen*. Patent DE 100 014 964 C2, 2000.

[Seß04] R. Seßner und G. Häusler: *Richtungscodierte Deflektometrie (RCD)*. In: *DGaO–Proceedings*, Onlinezeitschrift der Deutschen Gesellschaft für angewandte Optik, 2004.

[Seß09] R. Seßner: *Richtungscodierte Deflektometrie durch Telezentrie*. Dissertation, Universität Erlangen-Nürnberg, 2009.

[Seu01] R. Seulin, F. Merienne und P. Gorria: *Dynamic lighting system for specular surface inspection*. In: *Machine vision applications in industrial inspection IX, SPIE proceedings series 4301*, S. 199–206, 2001.

[Sie02] G. Sierksma: *Linear and Integer Programming: Theory and Practice.* Marcel Dekker, 2002.

[Sny98] W. C. Snyder und Z. Wan: „BRDF Models to Predict Spectral Reflectance and Emissivity in the Thermal Infrared". *IEEE Transactions on Geoscience and Remote Sensing* **36** (1), S. 214–225, 1998.

[Sol96] F. Solomon und K. Ikeuchi: „Extracting the Shape and Roughness of Specular Lobe Objects Using Four Light Photometric Stereo". *IEEE Transactions on Pattern Analysis and Machine Intelligence* **18** (4), S. 449–454, 1996.

[Šol04] P. Šolín: *Higher-Order Finite Element Methods.* Studies in advanced mathematics. Chapman & Hall, Boca Raton, 2004.

[Šol06] P. Šolín: *Partial Differential Equations and the Finite Element Method.* Pure and applied mathematics. Wiley-Interscience, Hoboken, New Jersey, 2006.

[Son99] M. Sonka, V. Hlavac und R. Boyle: *Image Processing, Analysis, and Machine Vision.* Brooks/Cole Publishing Company, 1999.

[Ste81] K. A. Stevens: „The Information Content of Texture Gradients". *Biological Cybernetics* **42** (2), S. 95–105, 1981.

[Ste08] O. Steinbach: *Numerical Approximation Methods for Elliptic Boundary Value Problems: Finite and Boundary Elements.* Springer, New York, 2008.

[Sti04] C. Stiller, S. Kammel und J. Horbach: *Verfahren und Vorrichtung zur Analyse zumindest partiell reflektierender Oberflächen.* Offenlegungsschrift: DE10 2004 033 526 A1, 2004.

[Sto69] P. Stockseth: „Properties of a Defocused Optical System". *Journal of the Optical Society of America* **59** (10), S. 1314–1321, 1969.

[Sto92] E. M. Stokely und S. Y. Wu: „Surface Parameterization and Curvature Measurement of Arbitrary 3-D Objects: Five Practical Methods". *IEEE Transactions on Pattern Analysis and Machine Intelligence* **14** (8), S. 833–840, 1992.

[Str]   K. H. Strobl, W. Sepp, S. Fuchs, C. Paredes und K. Arbter: *DLR Cal-De and DLR CalLab*. Institute of Robotics and Mechatronics, German Aerospace Center. [Online]: http://www.robotic.dlr.de/callab/.

[Str61]   D. J. Struik: *Lectures on Classical Differential Geometry*. Addison-Wesley, 1961.

[Str05]   W. Straßer: *Grafische Datenverarbeitung II, Kurseinheit 2: Lokale Beleuchtungsmodelle*. Kurs 1693, FernUniversität in Hagen, 2005.

[Str06a] M. Strengert, M. Kraus und T. Ertl: *Pyramid Methods in GPU-Based Image Processing*. In: *Workshop on Vision, Modelling, and Visualization VMV '06*, S. 169–176, 2006.

[Str06b] K. H. Strobl und G. Hirzinger: *Optimal Hand-Eye Calibration*. In: *International Conference on Intelligent Robots and Systems, Beijing*, 2006.

[Sun08]   C.-K. Sung, A. Jacubasch und T. Müller: *Flexible Robot-based Inline Quality Monitoring using Picture-giving Sensors*. In: *ICINCO-ICSO*, S. 297–301, 2008.

[Sup95]   B. J. Super und A. C. Bovik: „Shape from Texture Using Local Spectral Moments". *IEEE Transactions on Pattern Analysis and Machine Intelligence* **17** (4), S. 333–343, 1995.

[Sur96]   Y. Surrel: „Design of algorithms for phase measurements by the use of phase stepping". *Applied Optics* **35** (1), S. 51–60, 1996.

[Sur98]   Y. Surrel: „Phase-shifting algorithms for nonlinear and spatially nonuniform phase shifts: comment". *J. Opt. Soc. Am. A* **15** (5), S. 1227–1233, 1998.

[Tar05]   M. Tarini, H. P. A. Lensch, M. Goesele und H.-P. Seidel: „3D Acquisition of Mirroring Objects using Striped Patterns". *Graphical Models* **67** (4), S. 233–259, 2005.

[Ter88]   D. Terzopoulos: „The Computation of Visible-Surface Representations". *IEEE Transactions on Pattern Analysis and Machine Intelligence* **10** (4), S. 417–438, 1988.

[Tod83] J. T. Todd und E. Mingolla: „Perception of surface curvature and direction of illuminant from patterns of shading". *Journal of Experimental Psychology: Human Perception and Performance* **9**, S. 583–595, 1983.

[Tod87] J. T. Todd und R. A. Akerstrom: „Perception of ThreeDimensional Form From Patterns of Optical Texture". *Journal of Experimental Psychology: Human Perception and Performance* **13** (2), S. 242–255, 1987.

[Ton03] Y. Tong, S. Lombeyda, A. N. Hirani und M. Desbrun: *Discrete Multiscale Vector Field Decomposition.* In: *SIGGRAPH '03: ACM SIGGRAPH 2003 Papers*, S. 445–452, ACM, 2003.

[Tor67] K. E. Torrance und E. M. Sparrow: „Theory for Off-Specular Reflection From Roughened Surfaces". *Journal of the Optical Society of America* **57** (9), S. 1105–1114, 1967.

[Tra98] M. Trajkovic und M. Hedley: „Fast corner detection". *Image and Vision Computing* **16** (2), S. 75–87, 1998.

[Tsa89] R. Y. Tsai und R. K. Lenz: „A New Technique for Fully Autonomous and Efficient 3D Robotics Hand/Eye Calibration". *IEEE Transactions on Robotics and Automation* **5** (3), S. 345–358, 1989.

[Ung10] J. Unger: *Rekonstruktion spiegelnder und komplex geformter Oberflächen mittels partiellen Differentialgleichungen.* Diplomarbeit, Lehrstuhl für interaktive Echtzeitsysteme, Karlsruher Institut für Technologie, 2010.

[Vas08] Y. Vasilyev, Y. Adato, T. Zickler und O. Ben-Shahar: *Dense Specular Shape from Multiple Specular Flows.* In: *IEEE Conf. Computer Vision and Pattern Recognition*, 2008.

[ViA02] ViALUX Messtechnik und Bildverarbeitung GmbH: *Vorrichtung zur Oberflächenprüfung.* Gebrauchsmusterschrift DE 202 16 852 U1, 2002.

[Wag08] C. Wagner: *Vorrichtung und Verfahren zur Formerfassung und/oder zur Bestimmung des diffusen und/oder des gerichteten Reflexionsanteils eines Objekts.* Offenlegungsschrift DE 2008 022 292 A1, 2008.

[Wal05]   B. Walter: *Notes on the Ward BRDF*. Techn. Ber. PCG-05-06, Cornell Program of Computer Graphics, 2005.

[Wan93]   Z. Wang und S. Inokuchi: *Determining Shape of Specular Surfaces*. In: *The 8th Scandinavian Conference on Image Analysis, Tromso, Norway*, S. 1187–1194, 1993.

[War92]   G. J. Ward: „Measuring and modeling anisotropic reflection". *SIGGRAPH Comput. Graph.* **2** (2), S. 265–272, 1992.

[War07]   M. Wardetzky: *Discrete Differential Operators on Polyhedral Surfaces - Convergence and Approximation*. Dissertation, FU Berlin, 2007.

[Wei06]   U. Weidenbacher, P. Bayerl, H. Neumann und R. Fleming: „Sketching Shiny Surfaces: 3D Shape Extraction and Depiction of Specular Surfaces". *ACM Transactions on Applied Perception* **3** (3), S. 262–285, 2006.

[Wer07a]   S. Werling, J. Balzer und J. Beyerer: *A New Approach for Specular Surface Reconstruction Using Deflectometric Methods*. In: *INFORMATIK 2007 Informatik trifft Logistik Band 1*, R. Koschke, O. Herzog, K.-H. Rödiger und M. Ronthaler (Hrsg.), Lecture Notes in Informatics (LNI) - Proceedings, 109, S. 44–48, 2007.

[Wer07b]   S. Werling, J. Balzer und J. Beyerer: *Initial Value Estimation for Robust Deflectometric Reconstruction*. In: *Optical 3-D Measurement Techniques*, A. Grün und H. Kahmen (Hrsg.), Bd. 2, S. 386–392, Zürich, 2007.

[Wer07c]   S. Werling und J. Beyerer: „Automatische Inspektion spiegelnder Oberflächen mittels inverser Muster". *Technisches Messen* **74** (4), S. 217–223, 2007.

[Wer07d]   S. Werling und J. Beyerer: *Smarter Sensorkopf für das Rapid-Prototyping von automatischen Sichtprüfungssystemen für spiegelnde Oberflächen*. In: *Bildverarbeitung in der Mess- und Automatisierungstechnik, VDI-Berichte Nr. 1981*, F. Puente León und M. Heizmann (Hrsg.), S. 237–246, VDI-Verlag, Düsseldorf, 2007.

[Wer09a]   S. Werling: *Shape from Specular Reflection - Remarks on Shape Reconstruction and Experimental Design*. Technischer Bericht: IES-2009-10.

In: *Proceedings of the 2009 Joint Workshop of Fraunhofer IOSB and Institute for Anthropomatics, Vision and Fusion Laboratory*, J. Beyerer und M. Huber (Hrsg.), S. 143–158, KIT Scientific Publishing, 2009.

[Wer09b] S. Werling, M. Mai, M. Heizmann und J. Beyerer: „Inspection of Specular and Partially Specular Surfaces". *Metrology and Measurement Systems* **16** (3), S. 415–431, 2009.

[Whi02] R. T. Whitaker: *Isosurfaces and Level-Set Surface Models*. Techn. Ber., School of Computing, University of Utah, 2002.

[Whi03] D. J. Whitehouse: *Handbook of surface and nanometrology*. Institute of Physics Publishing, Bristol, 2003.

[Wol89] L. B. Wolff: „Surface Orientation from two Camera Stereo with Polarizers". *Proc. SPIE, Optics, Illumination, and Sensing for Machine Vision IV* **1194**, S. 287–297, 1989.

[Wol91] L. B. Wolff und T. E. Boult: „Constraining Object Features Using a Polarization Reflectance Model". *IEEE Transactions on Pattern Analysis and Machine Intelligence* **13** (7), S. 635–657, 1991.

[WW03] A. Würz-Wessel: *Free-formed Surface Mirrors in Computer Vision Systems*. Dissertation, Universität Tübingen, 2003.

[Yam07] M. Yamazaki, S. Iwata und G. Xu: „Dense 3D Reconstruction of Specular and Transparent Objects Using Stereo Cameras and Phase-Shift Method". *ACCV 2007, Part II, LNCS 4844* S. 570–579, 2007.

[Zha96] Z. Zhang: „Parameter Estimation Techniques: A Tutorial with Application to Conic Fitting". *Image and Vision Computing* **15**, S. 59–76, 1996.

[Zha98] Z. Zhang: *A Flexible New Technique for Camera Calibration*. Techn. Ber. MSR-TR-98-71, Microsoft Research, 1998.

[Zha99] Z. Zhang: „Flexible Camera Calibration By Viewing a Plane From Unknown Orientations". *Proceedings of the 7th International Conference on Computer Vision* S. 666–673, 1999.

[Zha00]   Z. Zhang: „A Flexible New Technique for Camera Calibration". *IEEE Transactions on Pattern Analysis and Machine Intelligence* **22**, S. 1330–1334, 2000.

[Zha05]   S. Zhang: *High-resolution, Real-time 3-D Shape Measurement*. Dissertation, Stony Brook University, Stony Brook, NY, 2005.

[Zha10]   S. Zhang: „High-resolution, High-speed 3-D Dynamically Deformable Shape Measurement Using Digital Fringe Projection Techniques". *Advances in Measurement Systems* 2010. (Invited).

[Zis89]   A. Zisserman, P. Giblin und A. Blake: „The information available to a moving observer from specularities". *Image Vision Comput.* 7 (1), S. 38–42, 1989.